너 누구니

너 누구니–젓가락의 문화유전자

초판 1쇄 발행 2022년 3월 23일
초판 4쇄 발행 2022년 6월 20일

지은이 이어령
펴낸이 정해종

펴낸곳 ㈜파람북
출판등록 2018년 4월 30일 제2018–000126호
주소 서울특별시 마포구 토정로 222 한국출판콘텐츠센터 303호
전자우편 info@parambook.co.kr **인스타그램** @param.book
페이스북 www.facebook.com/parambook/ **네이버 포스트** m.post.naver.com/parambook
대표전화 (편집) 02–2038–2633 (마케팅) 070–4353–0561

ISBN 979-11-92265-10-0 03120
책값은 뒤표지에 있습니다.

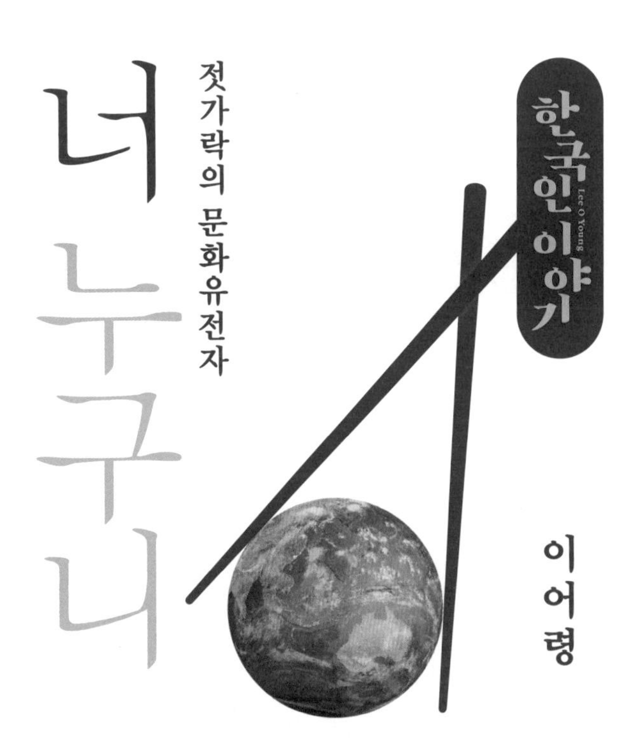

너 누구니

젓가락의 문화유전자

이어령

파람북

차례

이야기 속으로
in medias res

꼬부랑 할머니가 꼬부랑 고개를 넘어가는 이야기

아라비아에는 아라비아의 밤이 있고 아라비아의 이야기가 있습니다. 천하루 밤 동안 왕을 위해서 들려주는 이야기들입니다. 왕이 더 이상 듣기를 원하지 않으면 셰에라자드의 목은 사라집니다. 이야기가 곧 목숨입니다. 이야기가 끊기면 목숨도 끊깁니다.

한국에는 한국의 밤이 있고 밤마다 이어지는 이야기가 있습니다. 어렸을 때 들었던 꼬부랑 할머니의 이야기입니다. 아이는 할머니에게 이야기를 조릅니다. 할머니는 어젯밤에 했던 똑같은 이야기를 되풀이합니다. 꼬부랑 할머니가 꼬부랑 지팡이를 짚고 꼬부랑 고개를 넘다가 꼬부랑 강아지를 만나….

아이는 쉴 새 없이 꼬부랑이란 말을 따라 꼬불꼬불 꼬부라진 고갯길을 따라갑니다. 그러다가 이야기 속 그 고개를 다 넘지 못한 채 잠들어버립니다. 다 듣지 못한 할머니의 이야기들은 겨울밤이면 하얀 눈에 덮이고 짧은 여름밤이면 소낙비에 젖어 흘러갈 것입니다.

정말 이상한 이야기가 아닙니까. 왜 모두 꼬부라져 있는지. 가도 가도 꼬부랑이란 말만 되풀이되는데, 왜 같은 이야기를 매일 밤 조르다 잠들었는지 모릅니다. 옛날 옛적으로 시작하는 그 많은 이야기는 모두 다 잊혔는데, 꼬부랑 할머니의 이야기만은 아직도 남아 요즘 아이들이 부르는 노랫소리에서도 들을 수 있습니다. 신기한 일이 아니겠습니까. 이렇다 할 줄거리도 없고 신바람 나는 대목도 눈물 나는 장면도 없습니다. 그저 꼬부라지기만 하면 됩니다. 무엇이든 꼬부랑이란 말만 붙으면 다 좋습니다.

왜 모두가 꼬부랑일까요. 하지만 이렇게 묻는 우리가 이상합니다. 왜냐하면 옛날 할머니들은 누구나 다 꼬부랑 할머니였고, 짚고 다니던 지팡이도 모두 꼬부라져 있었지요. 그리고 나들이 다니던 길도 고갯길도 모두가 꼬불꼬불 꼬부라져 있었습니다. 외갓집으로 가는 논두렁길이나 나무하러 가는 산길이나 모두가 다 그랬습니다.

그러고 보니 생각납니다. 어렸을 때 말입니다. '너와 나'를 '너랑 나랑'이라고 불렀던 시절 말입니다. 그러면 정말 '랑' 자의 부드러운 소리를 타고 꼬부랑 할머니, 꼬부랑 고갯길이 보입니다. 한국 사람들이 잘 부르는 아리랑 고개도 틀림없이 그런 고개였을 겁니다. '꼬부랑' '아리랑' 말도 닮지 않았습니까. 이응으로 끝나는 콧소리 아름다운 세 음절의 낱말. 아리고 쓰린 아픔에도 '랑' 자 하나 붙이면 '아리랑'이 되고 '쓰리랑'이 됩니다. 그 구슬프면서도 신명 나는 노랫가락을 타고 한국인이 살아온 온갖 이야기가 들려옵니다.

그러고 보니 한국말도 아닌데 '랑' 자 붙은 말이 생각납니다. '호모 나랑스

Homo Narrans'란 말입니다. 인류를 분류하는 라틴말의 학명이라는 데, 조금도 낯설지 않은 것을 보면 역시 귀에 익은 꼬부랑의 그 '랑' 자 효과 때문인 듯싶습니다. 지식이나 지혜가 있다고 해서 '호모 사피엔스'요, 도구를 만들어 쓸 줄 안다 해서 '호모 파베르'라고 하는가, 아닙니다. 몰라서 그렇지 과학 기술이 발전한 오늘날에는 그런 것이 인간만의 특성이요 능력이 아니라는 점이 밝혀졌습니다. 그러나 어떤 짐승도, 유전자가 인간과 거의 차이가 없다는 침팬지도 밤하늘을 바라보면서 별 이야기를 만들어내고, 땅과 숲을 보며 꽃 이야기를 만들어낼 수는 없습니다. 짐승과 똑같은 동굴 속에서 살던 때도 우리 조상들은 인간이 살아가는 현실과는 전연 다른 허구와 상상의 세계를 만들어냈습니다. 그것이 신화와 전설과 머슴방의 '옛날이야기' 같은 것입니다.

세상이 변했다고 합니다. 어느새 꼬부랑 할머니를 볼 수 없게 되었습니다. 동네 뒤안길에서 장터로 가던 마찻길도 모두 바로 난 자동찻길로 바뀌었습니다. 잠자다 깨어 보니 철길이 생기고 한눈팔다 돌아보니 어느새 꼬부랑 고개 밑으로 굴이 뚫린 것입니다. 그런데도 이야기는 끝난 게 아니라는 겁니다. 바위 고개 꼬부랑 언덕을 혼자 넘으며 눈물짓는 이야기를 지금도 들을 수 있습니다. 호모 나랑스, 이야기꾼의 특성을 타고난 인간의 천성 때문이라 그런가 봅니다.

세상이 골백번 변해도 한국인에게는 꼬부랑 고개, 아리랑 고개 같은 이야기의 피가 가슴속에 흐르는 이유입니다. 천하루 밤을 지새우면 아라비아의 밤과 그 많던 이야기는 언젠가 끝납니다. 하지만 아이들에게 들려주는 꼬부랑 할머니의 열두 고개는 끝이 없습니다. 밤마다 이불을 펴고 덮어주듯이 아이들의 잠자리에서 끝없이 되풀이될 것입니다. 그것은 망각이며 시작입니다.

아니, 아무 이유도 묻지 맙시다. 이야기를 듣다 잠든 아이도 깨우지 맙시다. 누구나 나이를 먹고 늙게 되면 자신이 어렸을 때 들었던 이야기를 이제는 아이들에게 들려주려고 합니다. 천년만년을 이어온 생명줄처럼 이야기줄도 그렇게 이어져왔다고 생각하면 됩니다. 인생 일장춘몽이 아닙니다. 인생 일장 한 토막 이야기인 거지요. 산속에서 길을 잃고 헤매다가 선녀와 신선을 만나 돌아온 나무꾼처럼 믿든 말든 이 세상에서는 한 번도 듣도 보도 못한 옛날이야기를 남기고 가는 거지요. 이것이 지금부터 내가 들려줄 '한국인 이야기' 꼬부랑 열두 고개입니다.

젓가락질의 시작

젓가락은 문화유전자다

이번 꼬부랑 고개의 한국인 이야기는 젓가락에 대한 것입니다.

사람들은 이야기를 듣기도 전에 왜 하필 하찮은 젓가락이냐고 물을지 모릅니다. 그래서 하는 말입니다. 젓가락은 고사하고 '하찮다'라는 말이 '하지 아니하다'의 준말이라는 것도 잊고 산 지 오래인 우립니다. 요즘 아이들이 젓가락질을 '하지 아니하니까' 젓가락은 당연히 '하찮은' 것이 될 수밖에 없지요.

젓가락은 유물이 아니다

하지만 그게 정말 하찮은 것이라면, 어떻게 천년도 훨씬 넘은 백제의 무령왕릉에서 금관 장식과 함께 청동 수저가 발굴될 수 있었겠습니까. 단순히 젓가락이라는 도구를 두고 하는 소리가 아닙니다. 만약에 말입니다, 우리가 모두 젓가락질하는 방법을 잊었더라면, 그것은 단순한 두 개의 막대기에 지나지 않았을 겁니다. 젓가락은 옛날 유물이 아닙니다. 지금도 끼니때마다 하루도 거르지 않고 사용하는 물건입니다.

신기하지 않습니까. 천년 동안 내려온 젓가락과 젓가락질. 그 속에 한국인의 마음과 생활의식이 화석처럼 찍혀 있다면, 그것은 어떤 고전보다도 더 많은 이야기를 우리에게 들려줄 것입니다.

그런데 말입니다, 할머니가 들려주신 꼬부랑 고개 이야기 속으로 들어가면 늘 봐오던 젓가락이 갑자기 달라 보일 것입니다. 단순한 두 개의 막대기가 모음과 자음처럼 어울려 말을 합니다. 또 붓이 되어 글이 되기도 합니다.
포크 나이프로 식사하는 서양 사람들이 발톱으로 쥐를 잡아먹는 고양이처럼 보이고, 젓가락으로 밥 먹는 우리는 부리로 모이를 쪼아 먹는 새가 됩니다. 프랑스의 기호학자 롤랑 바르트가 동서양을 비교한 문화론에서 한 말입니다.

하지만 식사를 할 때도 전쟁하듯이 칼로 베고, 창으로 찌르는 서양 사람들이 젓가락에 대해서 뭘 알겠습니까. "군자는 주방을 가까이하지 않는다"• 는 맹자의 가르침에 따라 주방이나 도축장에서 사용하는 칼은 감히 밥상에 얼씬도 못 했다는 유교 문화권, 그러니 젓가락 하나를 알려고 해도 수천 년의 교양이 필요하다는 것이지요.

• 君子遠庖廚

성인의 젓가락질

어디 유교뿐이겠습니까. 노자의 《도덕경》 28장에도 중요한 말이 등장합니다. "통나무가 쪼개져 도구가 된다. 그것은 성인이 쓰는 것이다."• 라는 구절입니다. 언뜻 이해하기 어려운 말이지만, 젓가락을 놓고 생각하면 아주 쉽게 풀립니다. 통나무를 쪼개고 깎으면 젓가락이라는 도구가 되지 않습니까. 그러면서도 다른 도구와는 달리 젓가락은 통나무 본연의 소박 단순한 특성을 지니고 있지요. '통나무 박'• 이란 글자는 자연 그대로의 생나무로, 역시 소박 단순 꾸밈이 없는 상태를 뜻하기에 제자들이 스승인 노자를 가리키는 말이기도 합니다. 그래서 젓가락질이 바로 그다음에 나오는 '성인이 쓰는 것'이라는 구절과 곧바로 통하게 되는 것입니다. 인간이 만든 문명의 이기라는 것, 그리고 그 기술이라는 것은 성인이 쓰지 않는 한 위험천만한 것이라는 뜻을 담고 있습니다. 젓가락의 정신과 고전이 이렇게 통하는 것이지요.

• 樸散則爲器, 聖人用之 | 樸

고전이 아니라도 젓가락을 뇌 과학과 연결하는 경우도 있습니다. 실리콘 밸리에 가면 아시아계 사람들이 많습니다. 반도체를 만드는 나라는 모두가 쌀을 주식으로 하는 나라라고 합니다. 어려서부터 젓가락질을 하기 때문에 손재주가 생겨나고 IQ가 높다는 이론입니다. 그러나 직선가도를 피해 꼬부랑 고개의 원리로 들어가면, 그런 이야기들이 허황될 뿐만 아니라 한국인 이야기와도 별 상관이 없다는 사실을 알게 될 것입니다. 중국에서 일반인들이 젓가락을 사용하게 된 것이 유교와 관련이 없다는 근거는 아이누족들도 다양한 젓가락을 쓰고 있기 때문입니다. 그리고 실리콘 밸리의 아시아계 인물에는 인도인이 압도적으로 많은데, 그들은 젓가락은커녕 맨손으로 식사하는 사람들이니 더 말할 필요도 없습니다.

통나무의 지혜

그런 해석들이 다 옳다고 해도 그것은 모두 유교나 도교의 중국 한자문화권에서 통하는 공통적 특성이지, 한국만의 젓가락 이야기는 아닐 것입니다. 그래서 차라리 말과 함께 젓가락질을 보고 배웠던 세 살 때의 통나무의 지혜로 돌아가 생각하는 편이 만 권의 책이나 첨단과학의 기기를 사용하는 것보다 나을 것입니다. '양인*은 양손으로 식사하고, 한인*은 한 손으로 식사를 한다'는 무식해 보이는 농담 속에 의외로 진담이 들어있다는 것이지요.

한중일 3국은 다 같이 젓가락을 사용하지만, 그 길이나 생긴 모양이 제각기 다릅니다. 더구나 한국은 세계 인구의 3분의 1이 사용하는 젓가락 문화권에서는 특이하게 금속젓가락을 사용하는 나라고, 젓가락과 숟가락을 함께 짝을 이뤄서 쓰는 유일한 민족입니다.

• 洋人 | 韓人

젓가락 이름 비교

집단지성*의 결정체라 할 수 있는 이름만 비교해보아도, 한국 문화의 특성과 그 정체성이 주문 풀리듯 금시 풀릴 것입니다. 일본은 젓가락을 한자로 '箸'라 쓰고 '하시'라고 부릅니다. '하시'는 그 소리를 숫자로 쓰면 8과 4가 되기 때문에, 8월 4일을 젓가락 기념일로 삼고 있습니다. 또 하시는 사람이 건너다니는 다리*와 그 음이 같다 하여 젓가락을 사람과 사람 사이, 성*과 속*을 이어주는 상징으로 풀이하기도 합니다. 중국은 젓가락을 가리키는 말에 '저'* 외에도 여러 말이 쓰이고 있지만, 빠르다의 뜻을 가진 '콰'*를 사용하는 경우가 많습니다. 그래서 딸이 시집갈 때 아이를 빨리 낳으라고 젓가락을 주어 보내는 풍속이 생겼다고 합니다.

• 集合知 | 橋 | 聖 | 俗 | 箸 | 筷

손가락과 젓가락

그런데 말입니다, 중국이든 일본이든 아이누든, 먹을 것을 옮기는 식도구의 이름이 직접 인체와 연결되어 있는 것은 한국뿐입니다. 손가락에서 젓가락이란 말이, 그리고 숟가락이란 말이 생겨난 것이지요. 그래서 손가락과 연결된 젓가락, 숟가락은 바로 내 몸의 피와 신경이 통하는 아바타인 것입니다.

사람과 도구 사이만이 아닙니다. 저희끼리도 가락이라는 돌림자로 형제처럼 짝을 만들어 수저가 됩니다. 숟가락은 음으로 국물을 떠먹고, 젓가락은 양으로 그 속에 있는 건더기를 집습니다. 그 어려운 주역의 괘는 젓가락이 되고, 태극의 원은 숟가락의 동그라미가 됩니다.

사이 문화

어디 손가락뿐이겠습니까. 머리에서 갈라진 것이 머리카락이고, 발에서 갈라진 것이 발가락입니다. 온몸에서 갈라진 그 가락이 장단을 맞추면 노랫가락이 되고 신가락이 됩니다. 한국의 독특한 가락 문화, 짝 문화가 탄생하는 것이지요. 음식을 만드는 어머니는 주방에서 식칼로 도마질을 합니다. 한입에 먹을 수 있도록 잘게 썰어주는 것이지요. 그래서 음식을 만드는 사람과 먹는 사람 사이에, 한국의 독특한 '사이 문화'라는 인터페이스*가 생겨납니다. 왜 콩알을 숟가락으로 퍼먹지 까다롭게 젓가락으로 집어 먹느냐고 묻는 사람은 외국인만이 아닙니다. 그에 맞는 대답을 할 줄 알아야 한국인의 자격증을 얻게 되지요. 젓가락으로 한 알씩 집어 먹기에 남을 배려하는 문화가 생기고, 혼자 독식하는 이기심을 억제하게 되는 것이라고 말입니다. 한국말의 욕 가운데도 '퍼먹는다'라는 말이 있잖습니까. 한국인이 젓가락 문화를 상실하면 곧 혼자 퍼먹는 추악한 한국인의 모습으로 변하게 되는 겁니다.

• interface

아, 이쯤에서 결론을 내야 할 것 같습니다. 앞으로 젓가락의 꼬부랑 고개 이야기가 어떻게 펼쳐지고, 우리는 그 열두 고개를 어떻게 넘어야 할지 말입니다. 한마디로 포크 나이프는 배워서 몸에 익히지 않아도 누구나 사용할 줄 압니다. 침팬지도 포크 나이프로 바나나를 잘라 먹을 수 있습니다. 과학적인 조사 결과를 보면, 스푼은 생후 1년 안에도 사용이 가능하다고 합니다. 그러나 젓가락은 3년이 걸려야 비로소 손에 쥘 수가 있습니다. 말을 배우는 것과 거의 일치하지요. 그리고 처음에 잘못 배우거나, 잘 가르쳐주지 않으면 평생 바르게 젓가락질을 하지 못하게 됩니다.

DNA와 Meme

이 세상에 태어나면서 대물림으로 저절로 이어받는 것이 생물학적 유전자 DNA라면, 젓가락질은 대를 이어 전승되는 문화유전자 밈* 이라고 할 수 있습니다. 문화유전자는 생물학적 유전자와는 달리 문화적 관습이나 모방을 통해서, 거의 반은 무의식적으로 반은 의도적으로 배워서 몸에 익히는 것입니다.

우리는 이렇게 생물학적 DNA와 문화적 밈으로 이루어진 존재라고 할 수 있습니다. 자자손손 핏줄이 이어지듯, 세대에서 세대의 밥상머리를 통해서 그리고 음식을 젓가락, 숟가락으로 먹는 행위를 통해서 한국인의 이야기는 면발처럼 면면히 이어질 것입니다.

• Meme

고려가요의 분디나무 젓가락

고분에서 발굴된 젓가락을 볼 것도 없이 고려가요 〈동동〉의 맨 마지막, 동짓달에 나오는 노래를 들어보십시오. '분디나무로 젓가락을 깎아서 사랑하는 님에게 바쳤더니 엉뚱한 손이 그것을 입에 가져간다'는 그 마음을 알게 된다면 한국 문화의 모든 수수께끼가 풀릴 것입니다.

젓가락의 문화유전자는 과거로만 거슬러 가는 것이 아닙니다. 미래로도 열려있습니다. 인공지능의 스마트 젓가락을 만들면 일상적으로 먹는 모든 음식의 데이터가 한데로 모입니다. 약국을 연계해 데이터를 모으는 왓슨*이 문제겠습니까. 나트륨, 중금속, 혈당 등 끼니마다 전 국민이 먹는 음식의 데이터가 빅데이터*화한다고 생각해보세요. 그 효용성은 무한에 가까울 것입니다. 문화유전자가 생물학적 유전자가 되는 것이지요.

젓가락질을 한다는 것은 감상주의적 과거의 추억이 아닙니다. 미래에 던지는 희망이고 전략입니다. 애플도 구글도 못 하는 일이지요. 왜냐하면 그들은 젓가락질을 모르기 때문입니다. 젓가락은 미래의 경쟁력입니다.

• Watson: IBM의 인공지능 컴퓨팅 시스템으로 다방면에 활용되고 있음 | Big Data

나의 정체성

그래서 하찮게 보이던 젓가락이 어느새 나의 정체성이 되고, 서양과 동양 그리고 한중일 세 나라 문화의 차이를 재는 잣대가 됩니다. 그런데 어떻습니까. 요즘에는 애고 어른이고 젓가락질이 서툴다 보니, 젓가락 끝에 가는 홈을 파놓은 스테인리스 젓가락이 등장했습니다. 그것으로 냉면을 먹으면, 흡사 공장의 나사못이나 드라이버로 음식을 먹는 것 같아 그 맛이 꽤 익살맞습니다. 금속젓가락으로 콩알을 집어 먹는 민족이라서 전에는 병아리 감별사로 오늘날은 반도체와 줄기세포로, 개와 소를 복제하는 체

세포 복제기술로 세계를 주름잡는다고 자부하는 한국인데 말입니다.

포크로 냉면을 먹는 아이들

그래도 홈 파인 젓가락은 희망이 있습니다. 아예 냉면을 스파게티처럼 포크로 말아서 먹는 아이들. 무상급식은 정치 이슈가 되어도, 젓가락질 못하는 아이들은 교육 이슈가 되지 않는 나라. 그 많은 위기론에도 불구하고 젓가락 위기론을 들고나오는 사람은 없는 세상. 그래서 젓가락의 꼬부랑 이야기가 필요하다는 겁니다.

보릿고개를 넘어온 한국인이 이제는 젓가락 꼬부랑 고개를 넘어야 할 때가 온 것입니다. 그 이유가 무엇인지 그 해답이 어디에 있는지, 이제부터 나의 꼬부랑 이야기가 시작됩니다.

여는 시

생명공감 속으로

옹알이를 하며 말을 배우듯
아가야 이제는 젓가락을 쥐거라.
할머니의 할머니, 할아버지의 할아버지
천년 전 똑같이 생긴 이 젓가락으로
음식을 집으셨지.

그리고 젓가락처럼 늘 짝을 이루어
함께 일하고 사랑하며 오랜 날을 지내셨단다.
아느냐 아가야. 젓가락이 짝을 잃으면
아무짝에도 쓸모없다는 것을.

네가 젓가락을 잡는 날
오랜 역사와 겸상을 하고
신라 사람, 고구려 사람, 백제 사람 그리고
한국인이 되고 아시아인이 되는 거란다.

아가야 들리느냐 부엌에서 도마질하는 어머니
먹기 좋게 음식을 썰고 다지는 그 마음의 소리 있어
오늘도 우리는 먹는다. 젓가락 숟가락만으로.
아! 이 생명공감生命共感,
깃발처럼 젓가락을 들고 오너라.

오늘 아침 처음 젓가락을 잡은 내 아가야.

1

수저 고개

네가 누구냐고 묻거든

첫째 꼬부랑길
왜 젓가락인가

둘째 꼬부랑길
내가 물고 나온 수저

셋째 꼬부랑길
한국인의 신분증 찾기

첫째 꼬부랑길

왜 젓가락인가

밥을 먹을 때는 식사 도구, 문화를 이야기할 때는 비교의 잣대.
같은 젓가락인데도
서로 다른 문화를 품고 퍼지는 마음의 바이러스

01 왜 젓가락인가. 간단한 질문부터 해보겠다. "2,000년 전 고구려, 백제, 신라 사람인 우리 조상님들이 서울에 나타났다고 가정해 보자. 과연 그분들이 무엇을 알아볼 수 있을까?"
거리에 다니는 자동차도 아파트 안의 움직이는 쪽방 엘리베이터도 다 덮어두자. 방 안의 온갖 살림 도구 가운데 무엇을 알아볼 수 있겠는가. 우리에게는 너무나도 익숙한 텔레비전, 냉장고를 보고 그 궤짝의 용도를 짐작이나 하겠는가. 골동품이라고 갖다 놓은 옛날 도자기라 할지라도 제자리에 놓인 것이 없으니 알아보시기 힘들 게다.

02 그뿐이랴. 강아지는 옷 입고 다니는데, 무릎 찢어진 청바지 차림의 젊은 애들 보고는 혀를 차실 거다. 하늘나라 소문에 후손들 형편이 나아졌다고 들었는데, 옛날 사람도 안 입을 찢어진 바지라니! 한숨부터 내쉴 거다. 방 안에 뒷간이 있다는 걸 상상이라도 하겠는가. 변기를 보고는 신식 대야라 생각하고 세수를 할 수도 있고, 잘못 건드려 비데의 물줄기라도 터지는 날이면 대형 사고로 이어질 수도 있다.

03 그중에서도 유일하게 한눈에 알아볼 수 있는 것이 있다면, 그리고 쓸 수 있는 것이 있다면 그게 무얼까? 그래 맞다. 정답은 밥상에 놓인 숟가락과 젓가락이다. 백제 할아버지, 고구려, 신라의 할아버지가 처음으로 웃으실 거다. 음식은 낯설어도 젓가락질만은 예나 진배없이 익숙할 것이다. 이천 년이 지나도 조상과 우리 사이를 연결해주는 가막대기 나무다리가 걸쳐 있는 거다. 신기하지 않은가?

04 이번에는 서양 사람들이 우리 집에 온다고 생각해보자. 정반대 현상이 벌어질 거다. 정작 우리 조상들은 알아보지도 못하는 물건이 그들에게는 낯설지 않다. 자신들이 즐겨 쓰는 가전제품이 거기 다 있다. 삼성, LG, 상표도 알아본다. 하지만 밥 먹으라고 내놓는 수저를 보고는 어리둥절할지 모른다. 하물며 젓가락으로 음식을 집어 먹으려면 묘기 대행진에 참가한 기분일 게다. 반찬으로 콩자반이라도 있으면 하루가 걸려도 콩 한 알 집어먹기 힘들다.

05 바로 옆 나라의 중국과 일본 사람이라면 어떨까. 모든 것들을 다 알아보고 젓가락질도 잘한다. 하지만 쇠젓가락 앞에서는 서양 사람과 별반 다를 게 없다. 나무젓가락에 익숙한 그들에게 쇠젓가락은 힘든 도전이 될 게다. 더구나 젓가락만으로 식사를 하는 일본 사람이나, 숟가락을 따로 쓰는 중국 사람이 젓가락, 숟가락을 함께 쓰는 광경을 보면 눈이 더욱 커질 것이다. 젓가락과 함께 쓰는 숟가락을 보면 눈이 더욱 커질 것이다. 그들의 사전에 '수저'란 게 없으니까. 젓가락과 숟가락을 하나의 짝으로 보는 개념 자체가 없다.

06 그렇다. 천 년을 하루같이 삼시 세끼를 나와 함께 해온 것이 있다면 젓가락 말고 또 무엇이 있겠는가? 행복의 '파랑새'가 처마 밑 새장 속에 있었듯, 우리가 그렇게 찾아다니던 한국인의 역사와 문화가 지금 내 밥상 위에 가지런히 놓여 있다는 말이다.

그것도 모르고 우리는 그동안 큰 이야기만 찾아다닌 거다. 자유, 평등, 박애, 정의, 진리. 그 추상적인 말들은 현수막의 구호일 경우가 많다. 밥상의 젓가락처럼 우리 손에 잡히는 것이 아니다. 불과 백 년 전만 해도, 평등이란 말은 몰라도 젓가락만 있으면 밥을 먹을 수 있었던 한국인이 아닌가. 젓가락의 평등, 젓가락 앞에는 귀천이 없다. 금 젓가락이든 은 젓가락이든, 젓가락질하는 법은 왕도 노비도 다 똑같다.

07 한국인이 이상으로 삼은 선비 말이다, 그 선비도 붓 잡기 전에 젓가락부터 잡았다. 젓가락 다음에는 빗자루를 잡았다. 큰 벼슬을 한 사람일수록 처음엔 빗자루를 손에 들고 마당 쓰는 일부터 배웠다고 한다. 아침 일찍 일어나 '빗자루질'을 하면서 선비 정신을 배우고, 큰 뜻 품는 법을 익혔던 거다. 그것이 바로 작은 것으로 큰 것을 쌓아간다는 적소위대•의 선비 정신이다.

그렇구나. 젓가락은 작고 하찮은 것이 아니구나. 작은 것이 큰 것이다. 그냥 말만이 아니라 실제적인 생활에서도 말이다. 중국의 옛이야기가 떠오른다.

• 積小爲大

08 은나라 주왕•이 상아 젓가락을 만들자, 기자•는 두려워서 이렇게 말한다. "상아 젓가락을 만들면 국을 흙으로 만든 오지그릇에 담을 수 없으니, 반드시 뿔이나 주옥•으로 만든 그릇이 있어야 할

것입니다. 주옥 그릇이나 상아 젓가락을 사용하게 되면 반찬은 콩이나 콩잎으로는 어림도 없고, 필시 쇠고기나 코끼리 고기, 표범 고기를 차려놓아야 할 것입니다. 그런 고기를 먹게 되면 아무래도 짧은 털가죽이나 초가집으로는 당치 않으니, 마땅히 비단옷을 입고 고대광실에서 살아야 할 것입니다. 이처럼 모든 것을 상아 젓가락의 격에 맞추다 보면 천하의 재물을 총동원해도 모자랄 것입니다."•

상아 젓가락 하나가 음식을 바꾸고, 그릇을 바꾸고, 궁성을 바꾸고, 급기야는 주지육림•으로 나라를 망치는 결과를 가져온다. 기자는 결국 주왕을 떠나 머나먼 동쪽 나라로 도망하고, 그의 예언대로 은나라는 망한다.

• 紂王 | 箕子 | 珠玉 |《한비자》 제22권 설림편(상) | 酒池肉林

09 이런 젓가락 이야기가 오• 나라에도 있다. 전쟁에서 패한 월• 나라 왕 구천•은 자신의 원수인 오나라 왕 부차•를 망하게 하려고, 절세미녀 서시•를 바친다. 어느 날 부차가 월나라로부터 조공을 받아 아끼는 서시에게 무엇이든 골라 가지라고 권했다. 그러자 서시는 온갖 값진 물건 중에 상아 젓가락 한 벌만을 집어 들었다. 왜 값진 보물 다 놔두고 고작 상아 젓가락이냐고 묻자, 서시는 어릴 적에 집이 가난하여 상아 젓가락 한 벌 갖는 것이 소원이었다고 둘러댔다.

• 吳 | 越 | 句踐 | 夫差 | 西施

10 그 상아 젓가락에는 나뭇가지에 새 한 마리가 앉아 있는 그림과 '월조소남지'•라는 의미심장한 글자가 새겨있었다. 이 글은 '월나라, 즉 남쪽 나라에서 온 새는 언제나 고향에 가까운 남쪽 가지에만 둥지를 튼다'는 뜻으로, 서시의 변심을 경계하는 숨은 뜻이 담겨 있었던

것이다. 젓가락이란 항상 곁에 두고 일상적으로 쓰는 것이기에, 서시는 아무런 의심을 사지 않고 월나라와 비밀 통신을 하는 도구로 삼아 젓가락을 사용할 수 있었다고 한다.*

• 越鳥巢南枝 | 사마천의 《사기》

11 가릴 것 없고 고금 따질 것 없다. 작은 것으로 큰 것을 보는 것, 이 말의 의미는 서구 문화권에서 널리 알려진 아름다운 시를 읽어보면 안다.

한 알의 모래 안에서 세상을 보고

한 송이 들꽃 안에서 하늘나라를 보는 것

너의 손 안에서 무한을 쥐고

한순간에서 영원을 잡아라

12 블레이크의 시 〈순수의 전조〉* '너의 손 안에서 무한을 쥐고, 한순간에서 영원을 잡아라'의 시구를 젓가락으로 바꿔보라. 나의 손가락에 쥐어진 작은 젓가락 하나로 무한을, 그리고 영원을 집을 수가 있다.

가까이 있는 것, 늘 보아온 작은 것 속에 뜻밖에 깊고 소중한 의미가 담겨 있다. 내가 누구인지, 나와 함께 사는 이웃이 누구인지, 젓가락은 자신의 정체성을 깨닫게 하는 여의봉이 될 수 있다.

• William Blake, 〈Auguries of Innocence〉

13 스필버그는 호박 속에 박제된 모기 몸에서 뽑아낸 공룡의 유전자로 멸종한 공룡 이야기인 〈쥬라기 공원〉* 을 만들었다.
이제부터 우리는 젓가락 속에 숨은 문화유전자를 찾아, 한국인의 꼬부랑 이야기를 해보자는 거다. 한국인 이야기만이 아니다. 우리처럼 젓가락질을 하는 아시아인, 그리고 그 이전 인간이 침팬지로부터 처음 갈라져 나온 인간탄생의 이야기까지가 생생하게 재생될지 모른다.

* 〈Jurassic Park〉(1990년 발표된 마이클 크라이튼의 동명 소설을 영화화한 작품)

둘째 꼬부랑길

내가 물고 나온 수저

왜 나의 출생과 신분을 '수저'로 비유하는가?
그걸 알면 지옥을 천국으로 만드는
신비한 비법도 찾아낼 수 있다.

01 살다 보니 별 희한한 기준표가 다 있다. 인터넷에 떠도는 '수저 계급론' 기준표를 본 적이 있는가.

말 그대로 수저로 나눈 일종의 계급표다. 양반이니 노비니 하는 계급사회는 진작 넘어섰다고 생각했는데, 금수저부터 흙수저까지 총 4개의 계급이 존재한단다. 자산 규모, 연 수입, 거주지, 부모의 직업과 당사자의 직업 같은 경제적 요소만이 아닌, 평소 즐겨 입는 복장처럼 문화적 요소까지 더해져 그 기발함에는 경제학자, 문화인류학자들도 울고 갈 판이다.

1 수저 고개 2-샛길 〈수저 계급론〉

02 '금수저'는 돈 많고 능력 있는 부모를 둔 사람을 가리키는 반면, '흙수저'는 돈도 배경도 변변찮아 기댈 데가 없는 사람들이다.

최근에는 흙수저도 되지 못한 사람을 지칭하는 '플라스틱 수저'에 '무˚수저'까지 등장했다. 동수저 다음 급으로는 우리나라 전통의 놋수저도 있다. 물론 상위 수저들도 업그레이드돼서, 금수저 위로 다이아몬드에 플래티넘 수저까지 나왔다.

본인이 어느 수저에 해당하는지 궁금하다면 '수저계급론 빙고 게임'을 해

보면 된다.

• 無

03 ‘부모님 정기적 건강검진 안 받음’, ‘인터넷 쇼핑 시 최저가 찾느라 시간 투자함’, ‘에어컨 잘 안 틀거나 없음’, ‘집에 비데 없음’, ‘냉동실에 비닐 안에 든 뭔가가 많음’ 이것들이 바로 흙수저에 해당하는 지표들이란다. 빙고 게임으로까지 번진 흙수저 논의에 가슴이 무너지지만, 그래도 지금의 흙수저 기준표는 옛날에 비하면 하늘이다. 인터넷 쇼핑으로 최저가를 찾는다고 해도 컴퓨터나 스마트폰이 있다는 이야기고, 냉동실 비닐이라 해도 냉장고가 있으니 하는 말이다. 온 국민이 ‘잘살아보세’를 고래고래 외치던 시절이라면 모두가 금수저 감이다.

04 학교 다닐 때 선생님께서 말씀하셨다. “인생의 출발선은 누구나 똑같아.” 그러나 요즘 젊은이들에게 이 말은 속된 표현으로 ‘택도 없는’ 소리다. 누구는 백 미터 앞에서 출발하고, 심지어 누군가의 출발선은 뱁새가 황새 다리를 가져도 따라잡을 수 없는, 무려 천 미터 앞이다. 금수저가 천 미터 앞에 있다면, 흙수저도 못 되는 플라스틱 수저는 남의 슬리퍼 빌려 신고 어깨에 무거운 짐을 진 채 간신히 출발선에 선 사람이다.

05 수능성적 우수 학생들이나 서울대학교 합격생들의 부모 소득 수준을 보면, 공부 잘하는 것도 이제는 머리와 노력이 아니라 부모의 경제력이라는 이야기가 설득력 있게 들린다. ‘개천에서 용 난다’는 말은 이제 박물관 수장고에나 들어갈 속담이다.
하지만 여기에는 우리가 꼼꼼히 따져보지 못한 궁금증 하나가 있다. 금수저든 흙수저든 왜 하필 '수저'란 말로 그 새로운 계급론을 만들어냈을까 하는 점이다.

06 수저계급론을 만들어 낸 지금의 젊은이들은 정작 젓가락질도 제대로 못 한다. 맥도날드에서 빅맥을 먹는 시대에 포크 나이프 접어두고, 수저란 말을 가져온 것이 기특하다는 생각이 들기도 한다.
왜 하필 자신의 신분 계급을 '수저'에다 비겼을까? 그것도 숟가락이 아닌 '수저'라는 한국어 특유의 표현을 사용하고 있는가 말이다. 이 의문은 수저계급론의 경제적 사회적 관심을 언어의 문화적 세계로 시선을 돌리게 한다. 그 순간 깜깜하던 터널 속에서 작지만 분명한 한 점의 불빛과 만나게 된다.

07 흙수저 금수저와 함께 유행되는 '헬조선'만 해도 순수 토박이 말이 아니다. 헬•은 지옥이라는 영어고, 조선•은 고조선 때부터 있던 한자 말이다. 수저처럼 우리가 옛날부터 써오던 밥상머리 토박이 말이 아니라는 게다. 따지고 보면 금, 은, 동으로 계층을 표시하는 것도 그 혈통이 김치가 아니라 빅맥이다.
오늘날 올림픽 시상대에서 목에 걸어주는 메달 색도 소크라테스 때를 시작으로, 오랫동안 서양인들 사이에서 내려온 그들의 사회 풍습인 것이다.

• Hell | 朝鮮

08 플라톤의 《국가론》•에서 소크라테스가 한 말을 듣고 기절한 적이 있다.
"여러분은 이 나라의 형제들입니다. 그러나 신께서 여러분을 만들 때 통치자로 적합한 사람에게는 황금을 섞고, 그들을 돕는 보조자에게는 은을, 그 밖의 농부와 노동자에게는 무쇠와 청동을 섞은 겁니다." 이른바 민주주의 발생지라는 그리스에서도 사람은 태어날 때부터 목에 금, 은, 동의 메달을 걸고 세상에 나온 게다 .

• 플라톤, 《국가론(Πολιτεία; Politeia)》 415a~415c

09

'수저를 물고 나온다'는 말도 서양에서 온 말이다. 위키피디아 영문판에는 그런 전후 내력이 소상히 기록돼 있다. 중세 서양 사람들은 요즘의 지갑이나 열쇠처럼 자신의 스푼을 몸에 지니고 다녔다고 한다. 그 말이 오늘날까지 남아서, 은 스푼이 상류층의 신분을 나타내는 유행어가 된 것이다.

그러다 드디어 '은 스푼을 물고 태어난다'•는 말이 등장한다. 그 유명한 세르반테스의 소설 《돈키호테》•의 한 대목이다. "여보, 반짝인다고 모두 금이 아니에요. 모든 사람이 은 스푼을 물고 태어나지도 않고요." 산초를 향해 쏘아붙이던 부인의 입을 통해서다.

이 말이 굴러굴러 미국의 한 록밴드의 인기곡인 〈Fortunate Son〉으로 이어진다. "어떤 사람들은 날 때부터 은 스푼을 들고 나오지"•라는 노랫말로 말이다.

• 'born with a silver spoon in his mouth' | Miguel de Cervantes Saavedra, 《Don Quixote》 | "Some folks are born silver spoon in hand."

10

결국 무슨 말인가. 흙수저 계급론에서 '수저'라는 말만 빼고는, 모두가 알게 모르게 외래문화의 산물이라는 이야기다. 하지만 '수저'만은 순수한 우리말일 뿐 아니라, 그 의미도 서양의 스푼과는 아주 다른 문화를 나타낸다. 수저란 숟가락과 젓가락을 합친 말이다. 따라서 은 스푼이 은수저가 되려면 포크와 스푼이 하나가 되어야 한다. 그런데 포크와 스푼은 말부터 전혀 닮지 않았다. 숟가락, 젓가락은 그 이름에 가락이란 말이 들어가 있어서 서로 잘 어울린다. 형제처럼 돌림자가 같다.

11 뒤에서 다시 자세하게 다뤄 보겠지만, 이처럼 스푼과 포크는 이름부터 닮은 데가 없다. 억지로 두 말을 합쳐 '스포크'라 한다면, 그건 별개의 새 상품으로 특허를 받는다➦ 이름만이 아니다. 실제로 포크는 왼손으로, 스푼과 나이프는 오른손으로 각기 따로 잡는다. 식탁에 놓을 때도 포크와 나이프는 좌우로 갈린다. 과격파는 왼쪽 좌석에, 보수파는 오른쪽 좌석에 앉던 프랑스 혁명 때의 의원들처럼 말이다.

➦ 11 분디 나무 고개 1 〈스포크의 습격〉

12 그런데 숟가락 젓가락은 어떤가. 사이좋게 한곳에 나란히 놓인다. 젓가락은 두 막대가 짝을 이룬 것인데, 숟가락과 만나 또 하나의 짝을 이룬다. 이 단짝들은 급기야 한 몸이 되어 '수저'라는 이름으로 재탄생한다. 그렇다고 스포크처럼 서로 붙어 한 몸이 되는 게 아니다. 따로, 그러면서도 서로 조화로운 결합을 보이는 것이 '수저'의 철학이다.

13 수저가 포크나 스푼과는 다르다는 것이 분명하지 않은가. 스푼은 금은동의 물질적 요소로 그 경제적 가치가 결정되지만, 수저의 젓가락은 숟가락과 어울려 한국 특유의 문화적 가치를 낳는다.
젓가락 없는 숟가락은 바늘 없는 실이다. 짝의 문화, 짚신도 짝이 있다는 말 그대로다. 금수저이든 은수저이든 심지어 플라스틱 수저라 해도 짝이 있다는 점에서는 다를 게 없다. 금속의 값보다는 짝의 값이 더 깊고 심원하다. 왜냐하면 그건 음과 양이 하나의 짝이 되는 세상을 상징하기 때문이다. 금은동의 물질로 세상을 보는 이념과는 그 바탕부터가 다르다.

14

그러고 보면 흙수저 이야기는 바로 금세기 최고의 경제학자라는 피케티*의 세습 자본주의 이론과 일란성 쌍둥이인 셈이다. 그는 매우 설득력 있게, 우리가 '세습적 자본주의'로 후퇴하고 있다는 주장을 펼친다. 세습적 자본주의에서 경제는 부의 크기뿐만 아니라 세습된 재산에 의해 지배되며, 노력이나 재능보다 태어난 출생 자체가 더 중요시되기 때문이다. 다만 한쪽은 숫자로, 한쪽은 숟가락으로 보여줄 뿐이다. 먹지 못하는 숫자로 들을 때는 와 닿지 않더니, 나와 가장 가까이 있는 수저로 이야기하니까 한결 설득력 있게 다가온다.

* Thomas Piketty

15

세습 자본주의 이론도 '수저'라는 한국어 특유의 말로 돌려보면 서양과는 다른 세계가 풀려나온다. 사회 경제적 측면에서 바라보던 때와는 차원이 다른 새로운 세계가 펼쳐지는 것이다. '수저'라는 두 마디 말, 세 살 때 배운 그 말을 다시 새겨보면, 어려운 책을 읽거나 졸린 강연을 듣지 않고서도 한국인만의 별난 세계로 갈 수 있는 여권이 생긴다.

N포 세대의 현실 인식-수저 계급론

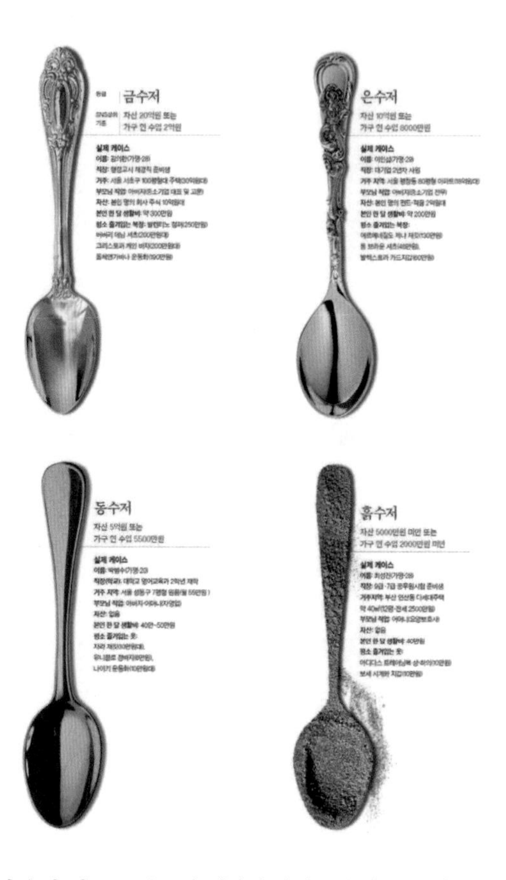

언론에 소개된 수저 계급론. 부모의 재산에 따라 금수저, 은수저, 동수저, 그리고 흙수저로 나뉘어 있다.*

* "농담인데 불편하네 '수저 계급론'" 《중앙일보》 2015년 10월 28일자

흙수저 빙고

BINGO

화장실에 물 받는 다라이가 있다	연립주택에 살고 있다	세뱃돈이 10만원 단위를 못 넘겨보았다	알바를 해 본적이 있다	부모님이 정기 검진을 받지 않으신다
집에 욕조가 없다	집에 장판이 뜨거나 뜯긴 곳이 있다	부모님이 취미생활이 없으시다	부모님이 자식 교육에 집착이 심한 편이다	집에 TV가 브라운관이거나 30인치 이하 평면TV
냉동실에 비닐안에 든 뭔가가 많다	부모님이 음식을 남기지 말라고 잔소리를 하신다	가계 부채가 있다	고기 요리를 할때 국으로 된 요리를 자주 먹는다	중고나라 거래를 해본적이 있다
부모님이 이혼을 하셨다	1년에 신발 한 두개를 번갈아 신는다	식탁 유리아래 식탁보가 비닐로 되어있다	집에 비데가 없다	여름에 에어컨을 잘 안틀거나 에어컨이 없다
본가가 월세나 1억 이하의 전세이다	인터넷 쇼핑할때 최저가를 찾는데 시간을 많이 투자한다	집에 차가 없거나 연식이 오래되었다 (7년 이상)	옷장 안에 유행이 지난 후 쟁여두는 옷들이 많다 (특히 두꺼운 옷)	집에 곰팡이 핀 곳이 있다

요즘 젊은 사람들의 SNS를 통해 널리 공유된 뼈 있는 우스개 중의 하나가 〈수저계급론〉이다. 금수저, 흙수저로 표현되는 출신 배경이 삶을 결정한다는 N포 세대의 자조적인 현실인식인 게다. 각 수저 구분의 제1 조건은 바로 부모의 경제력이다.*

• "직장인 65% '나는 흙수저'… 85% 수저계급론 현실", 《이뉴스투데이》 2016년 2월 10일자

셋째 꼬부랑길

한국인의 신분증 찾기

젓가락은 나와 한국인의 정체성을 나타내는 신분증이다.
나의 정체성을 가장 잘 나타낼 수 있는 셀프 아이덴티티,
그게 바로 수저다.

01 누군가 "당신은 누구요?"라고 묻는다면 어떻게 대답할 것인가? 만약 "나요"라고 하면 물었던 사람이 되묻겠지. "내가 누구냔 말이요?" 그때 또 앵무새처럼 "내가 나지 누구란 말이요"라고 한다면? 사람 놀리는 거냐며 싸움이 벌어질 게다. 물론 '내가 나'라는 것은 너무나도 당연하고 분명한 사실이다. 나를 가장 잘 아는 사람은 누군가. 나다. 그런데 '내가 나'라는 말은 내 정체를 묻는 사람에게 대답이 될 수 없다. 지금 세상에서 나라는 존재는 항상 내가 아닌 다른 것에 의해서 증명되어야 한다.

02 그래서 내 정체성을 밝히기 위해 여러 장치가 존재한다. 그중 가장 확실한 것이 신분증이라는 거다. 신분증에는 생년월일이 있고, 발급기관의 도장이 찍혀 있다. 또 있다. 사진이 있다. 진짜 내 얼굴을 두고도 카메라로 찍은 사진이 나보다 힘이 세다. 하늘의 달을 보지 않고 강물 속의 달을 건지려는 격이지만, 온 세상 사람들이 그리하는데 나 혼자 어쩌랴. 그래서 성형수술하고 출국하려다 여권 사진과 다르다 하여 말썽이 생기기도 하는 거다.

03 슬픈 이야기지만 옛날 문인들은 몹시도 가난해서 외상술 먹는 일이 다반사였다. 시계를 잡혀도 안 되고 옷을 벗어도 안 될 때, 마지막으로 내놓는 것이 주민등록증이었다. 인질인 게다. 나를 맡겨놓고 오는 거다. 그래서 당시 통금에 걸리면 나는 없다. 술집에 가보라고 할 밖에.

04 세상이 바뀌면 신분증도 바뀐다. 조선조 때는 호패가 있었다. 일제 때는 아예 신분증조차 없이 살다가, 해방 후에야 시민증과 도민증이란 것이 생겼다. 그래서 시민증 가진 서울 사람이 시골 사람을 얕잡아 볼 때 쓰는 말이 도민증이었다. 서울에 살아도 어수룩한 짓을 하면 '도민증'이라고 불렸다. 당시의 흙수저 계급론인 셈이다.

05 이제는 세상이 변해서 주민등록증 맡겨놓고 술 마시는 시대가 아니다. 술집에서도 비자카드요 비씨카드다. 그것이 내 신분을 대신한다. 그래서 '신용'카드라 부르지 않는가.
하지만 해외 관광 백만 시대인 요즘은 공항 밖만 나가도 주민등록증은 쓸모없는 휴지조각이다. 대신 여권이라는 것이 있다. 디지털 영역에서는 또 어떤가. 이 가상공간의 시민* 이 되려면 필요한 것이 ID와 패스워드다. 또 다른 내가 필요한 게다.

• netizen

06 그렇다면 이런 거추장스러운 또 하나의 내가 아니어도, 진짜 나를 보증할 수 있는 무엇이 없을까. '나'라는 존재가 조직이나 기관에 의해 증명되는 것이 아니라, 기관의 도장이 없어도 '나'라는

한 개인, 그리고 '우리'라는 한 집단의 정체성을 부여하는 것 말이다. 있다, 바로 '문화'다. 문화야말로 너와 내가 서로 같다는, 유효기간 없는 신분증인 게다.

외국에 나갔을 때 어디선가 들려오는 한국말이 반갑게 느껴진 적이 있지 않은가. 낯선 사람들 속에서 한국말을 쓰는 사람을 만나면, 생판 모르는 남인데도 반갑고 가깝게 느껴진다. 그 순간 그와 나는 같은 동족, 한국인으로서의 정체성이 생기는 것이다.

07

그러고 보면 언어는 발급되지 않은 신분증과 같다. 내 목소리나 말투, 이것이 나의 신분증이고, 조금 더 나가면 내 사투리가 내 고향 사람으로서의 정체성이 된다. 내 사투리가 바로 관인의 도장이 찍히지 않은 도민증인 것이다. 문화는 관이 만든 신분증과 달라서 소외현상을 일으키지 않는다. 공기처럼 함께 숨 쉬는 어떤 것이 존재한다. 언어, 습관, 식생활, 입는 옷, 이런 것이 모두 문화다.

08

젓가락이 나와 한국인의 정체성을 나타내는 신분증이라면 이제 납득이 가는가? 한국에서만 아니라, 아시아의 젓가락 문화권에 가면 그래서 마음이 통한다. 서양 사람이라도 한식당에서 수저로 밥을 먹고 있으면 낯설지가 않다. 한 번 볼 거 두 번 본다. 갑작스레 그 거리가 줄어드는 거다. '한국에서 살다 온 사람? 6·25전쟁 참전 용사? 그 부인이 한국인?' 이런저런 상상도 해본다. 마치 삼국시대 우리 조상님들이 악수나 포옹은 할 줄 몰라도, 젓가락 보면 달려오는 거나 마찬가지인 게다. 시간과 공간을 뛰어넘는 내 정체성의 확산이다.

09 이처럼 도장 찍힌 종잇조각이나 자기* 테이프 붙은 플라스틱 신용 카드, 디지털 영역의 ID, 패스워드 따위가 아니고서도 나의 정체성을 나타낼 방법, 그게 바로 수저였던 거다. 수저는 셀프 아이덴티티다. 수저라는 두 음절의 말은 내 신분, 정체성, 한국, 나아가 아시아 문화권을 나타내고 그와 대비되는 서양 문화권을 풀 수 있는 열쇠 구실을 한다.

• 磁氣, magnetic

10 이제부터 이 수저라는 키워드로 꼬부랑 언덕을 넘어가는 여러 고갯길이 우리 앞에 나타날 것이다. 그 고개만 다 넘으면 한국인이 누군지, 서양인이 누군지, 이웃 나라가 어떻게 우리와 비슷하거나 다른지를 알 수 있다. 그러면 내가 누구인지 알게 되어 잃어버렸던 나를 되찾을 수 있고, 되찾은 나를 다시 새로운 나로 바꿔나가는 동력으로 삼을 수 있다.

11 이제 곧 '열려라 참깨'로 육중한 문이 열리고, 보물 가득한 창고가 눈 앞에 펼쳐질 것이다. 컴퓨터 할 때나 은행의 금고문 열 때, 패스워드를 잊어버리면 얼마나 고생이 막심한가. 그러나 알리바바*의 '열려라 참깨'처럼, 컴퓨터의 패스워드처럼, 수저라는 두 글자만 있으면 그 육중한 문을 열 수 있다. 삼엄한 철통 보안의 은행 금고라 할지라도 패스워드만 집어넣으면, 바위가 쪼개지듯이 어떤 엄중한 문도 열리는 법이다.

• Alī Bābā

12 수저라는 열쇠를 찾았으니 비밀의 암호문 찾는 일만 남았다. 암호문을 알려면 가락 문화도 알아야 하고, 짝 문화도 알아야

하고, 수저에 담긴 숟가락 젓가락의 의미도 알아야 한다. 그래야 문이 열린다. 이제부터 우리가 넘으려는 고개에는 숟가락 젓가락에 숨겨진 보물 같은 이야기들이 꼬부랑길을 따라 굽이굽이 펼쳐질 것이다. 어디서도 들어보지 못한 재미난 이야기들이다.

그러면 우선, 젓가락에서 짝이란 무엇인지, 짝의 문화란 어떤 것인지 그 고개부터 넘어보자.

샛길

넌 도민증? 난 시민증!

《굳세어라 금순아》 6·25 전쟁 60주년 기념 특별전 도록

해방 후 1950년, '도민증'과 '시민증' 제도가 생겼다. 초기의 도민증은 각 도 별로 발급되어 모양새가 다 달랐고, 서울에서만 도민증 대신 시민증을 발급했다. 그래서 서울 사람들이 시골 사람들을 깔보거나 무시할 때 "넌 도민증이야? 난 시민증 가진 사람이야"라며 으스대곤 했다. 이것은 단면의 수첩과 같은 형태인데, 세로쓰기로 사진과 지문, 본적지와 출생지, 그리고 현주소까지 들어가 있다. 이 도민증과 시민증은 1962년 주민등록법이 제정되고, 1968년 첫 주민등록증이 발급될 때까지 신분증으로 쓰였다. 현재 우리가 사용하고 있는 플라스틱 주민등록증은 주민등록증 제도가 시행된 이래 4번째 개정된 형태로, 2000년 6월부터 사용되었다.

식사 도구로 나눈 인류

이 세상에 사는 인류를 분류하는 방법은 다양하다. 그중 식사 도구로 인류를 나누어 보면 전 인류의 30%가 포크, 나이프를, 30%가 젓가락을 사용한다. 나머지 40%는 손으로 먹는다. 포크 나이프는 주로 서양에서, 젓가락은 아시아에서 사용하며, 손으로 먹는 수식* 문화는 인도를 비롯한 동남, 서남아시아, 그리고 아프리카 쪽이다. 밥을 먹고 반드시 손을 씻는 것과 왼손으로 먹지 않는 것은 수식문화의 불문율이다.

식도구의 차이는 단순히 '미개하다', '그렇지 않다'로 나눌 수 있는 것이 아니라 그 나라의 식문화의 특성에 따라서 결정된 것이다. 우리가 가장 선진적이라고 생각하는 서양에서도 여전히 수식문화는 남아있어 음식을 먹기 전에 손을 씻는 핑거볼이 있지 않나.

식도구로 그 식문화와 문화적 특성, 풍토 그리고 역사 전체를 알아낼 수가 있다. 그러니 식도구에는 모든 정보가 저장되어있는 셈이다. 과거의 자연환경과 문화, 생활양식을 추출할 수 있는 암호들로 말이다.

• 手食

2

짝꿍 고개

조화의 짝 문화

첫째 꼬부랑길

젓가락 행진곡

둘째 꼬부랑길

우리만의 수저 문화

첫째 꼬부랑길

젓가락 행진곡

젓가락은 외짝으로는 절대 쓰지 못한다.
반드시 두 개를 합쳐서 짝을 이루어야 한다.
이것이 짝의 문화유전자다.

01 양손의 검지 두 개를 나란히 모으면 젓가락 모양이 된다. 이 두 개의 손가락만으로도 충분히 연주가 가능한 피아노곡이 〈젓가락 행진곡〉이다. 전 세계에 피아노 치는 사람들 가운데 이 곡을 모르는 사람이 없을 테고, 피아노를 모르는 사람도 한 번쯤은 들어봤을 것이다. 나는 피아노를 거의 치지 못하는데도, 아이들이 처음 피아노를 배울 때 옆에서 함께 이 곡을 치던 기억이 있다.

02 젓가락 행진곡의 원제목은 〈The Celebrated Chop Waltz〉다. 1877년 영국에서 16살 소녀 유페미아 앨렌•이 아르투르 데 륄리•라는 가명으로 발표한 곡이다. 연주할 때 손동작이 꼭 젓가락질하는 것 같다고 해서 이런 이름이 붙었다고 한다. 실제로, 발표 당시의 앨범 표지에도 식탁에서 젓가락을 들고 있는 동양인의 모습이 담겨 있다.

• Euphemia Allen | Arthur de Lulli

03 16살 소녀가 만든 젓가락 행진곡. 두 손가락만 있으면 어머니와 딸이, 아버지와 아들이 그리고 친구, 그 누구와도 함께 칠 수 있는 이 곡은, 인생이란 혼자서는 살 수 없고 둘이 함께 힘을 합하면 아름다운 선율을 만들 수 있다고 말해준다. 젓가락처럼 두 개가 짝을 이뤄야 제구실을 하는 화합의 세계를 상징적으로 보여준다.

04 우리는 몇천 년 동안 사용해왔고, 지금도 매일 젓가락으로 식사를 한다. 그런데도 왜 우리는 젓가락 행진곡이 작곡된 것처럼, 젓가락을 문화로 만들지 못했을까? 엉뚱하게 젓가락질도 못 하는 서양 사람이 만든 찹스틱 왈츠라는 곡을, 그걸 어쩌다 우리가 치고 있는지 한 번쯤 생각해볼 일이다. 젓가락 문화권에서 젓가락 왈츠 같은 음악이 작곡되지 않은 사실을 어떻게 받아들여야 할까. 이것도 등잔밑이 어둡다고 하면서 그냥 지나칠 것인가.
흔하게 보는 하찮고 작은 것에서 문화의 단초를 끌어내, 응용하고 창조하는 힘을 기르지 못한다면 앞으로 우리가 21세기를 살아가는 일이 만만치 않을 거다.

05 언젠가 '한국의 문화는 2인칭 문화'라는 글을 쓴 일이 있다. 그냥 너와 내가 아니다. 너랑 나랑, 니캉 내캉. 듣기만 해도 정이 물씬 배어난다. 그게 한국 특유의 짝 문화라는 거다. 우리는 어려서부터 단짝이니 짝꿍이니 하는 두 사람이 하나가 되는 문화 속에서 자랐고, 운동회에서는 이인삼각* 경기가 빠지지 않았다. 어른이 되어서도 제일 생각나는 친구는 학교 때 늘 붙어 다니던 짝꿍이다.

* 二人三脚

06 '짚신도 짝이 있다'라는 옛 속담처럼, 우리는 두 개가 모여 하나의 짝을 이루는 문화다. 우리나라 병풍에 그려진 꽃 그림의 꽃의 수를 세어보라. 예외 없다. 반드시 짝이 맞아떨어지는 짝수다. 홀수가 아니다. 짝 없이 있는 꽃은 하나도 없다. 이러한 짝 문화의 바탕이 바로 음양사상이다. 음과 양이 짝을 이뤘을 때, 모든 존재의 근원이 되는 태극• 이 이루어진다. 다른 책에서도 언급했지만, 보어•가 완성한 양자역학의 새로운 이론도 태극 모양에 눈독을 들여 문장•까지 만든 그 사연을 생각해보면 안다.

• 太極 | Niels Henrik David Bohr(1885~1962) | 紋章

07 젓가락은 외짝으로는 절대 쓰지 못한다. 아무리 상아 젓가락같이 귀한 것이라도 외짝으로는 제 기능을 할 수 없는 한낱 막대기일 뿐이다. 반드시 두 개를 합쳐서 잡아야 한다. 이것이 젓가락에 숨겨진 짝의 문화유전자다. 짝의 문화는 젓가락질처럼, 생물학적 유전자로 전해오는 것이 아니라 학습해서 전승되는 문화유전자다. 그래서 배워야 한다. 젓가락질 못 하는 아이는 자연히 짝의 문화도 함께 잃었다고 할 수 있다. 요즘 아이들은 카톡 한방으로 수십 명의 친구를 동시에 만든다. 이런 공동체는 짝의 문화가 아니다. 젓가락과 함께 짝의 문화도 붕괴되고 있는 것이다.

08 피아노를 생각해보자. 피아노의 정식 명칭은 피아노포르테•다. 이름이 다소 길다 보니 흔히들 피아노로 줄여 부른다. 피아노는 약하다는 뜻이고, 포르테는 강하다는 뜻이다. 이 약하고 강한 두 소리가 어우러지면서 비로소 하프시코드•나 클라비코드•와는 다른 차원

의 소리를 만들어낸다. 피아노와 포르테. 약한 것과 강한 것이 짝을 이루는 조화의 힘으로 피아노포르테는 오늘날 가장 대표적인 악기가 되고, 하프시코드나 클라비코드는 피아노에 밀려 서서히 자취를 감춘다.

• Pianoforte | Harpsichord | Clavichord

09

오늘날 한국 사회는 많은 대립과 갈등을 안고 있다. 포르테, 목소리 큰 사람들이 지배하고 피아노, 약한 소리는 전혀 들리지 않는다. 약한 것과 강한 것이 서로 공명하면서, 젓가락의 두 짝처럼 짝을 이루는 그 정신이 어느 때보다 절실한 때다. 공동체 만들기는 힘들다 해도, 너와 내가 '우리가 남이가' 하면서 짝 만들기는 잘했는데, 요즘은 그 짝 문화가 사라졌다. 그게 없으면 하프시코드나 클라비코드처럼 강약 없이 단조로운 음박에 연주할 수 없다.

10

서양도 부부•는 짝이다. 형제, 자매도 짝이다. 단어 자체에 짝의 뜻이 들어있는 것이다. 그래서 가족주의를 말할 때는 짝의 문화가 동서양이 다를 바 없지만, 사실 본래 서양의 문화는 짝 문화가 아니다. 개인 아니면 바로 집단이다. 사회공동체를 말할 때는 개인과 전체지, 그사이에 짝의 문화라는 것이 우리처럼 두드러진 현상이 아니다. 그런 서양에도 새로운 짝 문화의 현상이 나타나기 시작했다.

미국의 실리콘 밸리, 그 유명한 첨단기술 연구단지에서 짝의 문화가 새로운 문화 패러다임으로 주목받고 있는 것이다.

• 夫婦

11 미국에서 벤처 사업을 기반으로 큰 회사로 성공한 기업들은 대부분 짝으로 시작한다. 처음 시작은 휴렛 팩커드*다. 윌리엄 휴렛과 데이비드 팩커드가 회사 이름을 지을 때, 누구 이름부터 앞세우느냐를 동전 던지기로 정했다는 사실은 유명한 일화다. 그때 동전이 뒤집혔더라면 우리는 패커트 휴렛으로 알게 되었을 거다.

- HP, Hewlett Packard

12 '매크로-하드' 세상에서 '마이크로-소프트' 세상으로 패러다임을 바꾼 마이크로소프트 역시 그렇다. 빌 게이츠가 자기보다 조금 선배인 폴 앨런과 만든 기업이다. 애플은 컴퓨터의 귀재 스티브 워즈니악과 스티브 잡스 두 사람이 창업했다. 컴퓨터의 속성을 잘 모르고 그래픽을 하던 스티브 잡스가 워즈니악을 만나지 않았더라면 오늘날의 애플은 존재하지 않았을 게다. 지금 세계에서 제일 잘 나가는 기업, 구글은 또 어떤가. 스탠포드에서 만난 세르게이 브린과 래리 페이지가 대학원 때 시작한 기업이라는 사실은 알 만한 사람은 다 아는 일이다.

13 사실 우리에게는 오래전부터 짝의 문화가 있었다. '백지장도 맞들면 낫다'던 한국인이 아닌가. 그런데 이 짝의 정신을 살리지 못해서 지금 한반도가 남북으로 갈리고, 끼리끼리 모이고, 여야가 싸우고, 전부 갈가리 찢겨있는 거라고 한다면 단순한 과장이라고 웃어넘길 텐가. 이제는 백지장도 서로 함께 드는 것이 아니라, 저마다 자기편으로 끌어당겨 산산이 찢기는 상황을 밤낮없이 연출하고 있다.
요즘 나는 텔레비전 켜기가 겁이 난다. 켜는 순간 고함소리가 터져 나온다. 부부 싸움, 부자간의 싸움. 드라마 속 가정만 그런 게 아니다. 모든 뉴스 뒤에는 주먹 쥐고 고함치고, 1인 시위 아니면 집단 시위다.

14

우리와 달리 대립이나 갈등, 긴장을 사회 역사발전의 원동력으로 삼았던 서구의 텔레비전을 본 적이 있는가. 내가 프랑스에 있을 때 제일 싱거운 게 텔레비전이었다. 켜면 잠이 온다. 가끔 데바* 라고 해서 과격하게 언쟁을 하는 방송에서도 웃음과 유머가 터져 나오는 경우가 많다.
폭력장면이 그렇게 심해도 그 아래로는 따뜻한 휴머니즘이 흐르고 있다. 우리보다 잘나서도 아니요, 평화로운 감각 때문도 아니다. 오랜 투쟁과 전쟁과 갈등으로 점철된 유럽 역사이기에 피아노포르테를 만들어 낸 거다. 우리는 귀중한 그것을 잃어 가는데, 그들은 오히려 짝과 조화의 문화를 익혀간다.

• débat(토론시간)

15

짝에 배어있는 문화유전자는 DNA와 다르다. 우리 머리카락이 학습한다고 노래지겠는가, 파래지겠는가. 염색하지 않는 한 달라지지 않는다. 반면 문화유전자는, 청바지가 이념이 다른 공산권까지도 뚫고 들어가듯, 무서운 파급력이 있다. 오죽하면 마인드 바이러스라고 했겠나. 우리가 한류와 함께 세계로 내보냈어야 할 젓가락 문화가 역수입될 지경에 이르렀다면 어찌할 것인가.
길은 하나다. 가까이에 있는 그 흔해 빠진, 하루 세끼 내 분신처럼 놓여 있는 젓가락을 처음 보는 것처럼 다시 한번 바라보는 게다. 그래서 거기에 묻어 있는 천년을 내려온 우리 문화유전자의 코드를 읽어내는 일이다.

샛길

실리콘 밸리 짝의 문화

래리 페이지와 세르게이 브린이 구글을 시작한 캘리포니아 실리콘 밸리의 차고

마치 남자와 여자가 만나서 아이를 낳는 것처럼, 세계적인 벤처기업들도 두 사람의 힘에 의해 이루어졌다. 구글도 마찬가지다. 스탠포드 대학원 동창생 둘이 만든 회사가 지금의 구글이다. 여기서 희한한 게 차고다. 처음엔 다 초라한 차고에다가 공장 차려서 그것이 전 세계적 기업으로 커졌다. 이 차고 기업들로부터 오늘날의 막강한 미국을 만드는 실리콘 밸리가 생겨났다.

엄청난 국가기관이나 어마어마한 재벌 시스템에서 미래를 바꾸는 기업이 생겨나는 것이 아니다. 두 사람의 힘, 즉 다시 말하자면 개인 두 사람의 머릿속에서, 그 애정 속에서, 또는 신뢰 속에서 새로운 역사가 피어난다는 거다. 짝 문화가 이게 얼마나 새로운 거냐. 미래의 모델이 된 거다. 요즘 페어링, 쉐어링 하는 것 그것도 동양의 짝 문화다.

그 최초의 시작이 라이트 형제의 자전거포다. 조그마한 데이턴의 아주 작은 자전거포에서 기계에 몰두하느라 대학도 안 갔다. 이런 것을 보면 라이트형제는 지금도 최첨단인 거다. 우리가 지금 얘기하는 실리콘 밸리, 최첨단 아이티 산업에 있어서도 라이트형제는 여전히 모델이 될 수 있다. 랭글리라 하는 국가기관의 원조를 받은

세르게이 브린과 래리 페이지

스미스소니언 인스티튜트의 힘보다도 자전거포 수리공 했던 시골에 있었던 이 두 사람의 힘, 형제의 힘이 세다는 것을 보여주는 거다.
성경의 이사야서 34장 15~16절을 보자.

> "부엉이가 거기에 깃들이고 알을 낳아 까서 그 그늘에 모으며 솔개들도 각각 제 짝과 함께 거기에 모이리라 / 너희는 여호와의 책에서 찾아 읽어보라 이것들 가운데서 빠진 것이 하나도 없고 제 짝이 없는 것이 없으리니 이는 여호와의 입이 이를 명령하셨고 그의 영이 이것들을 모으셨음이라."

성경에서도 짝을 강조하는 거다. 아담과 이브, 에덴동산의 생명의 나무와 지식의 나무, 카인과 아벨, 소돔과 고모라, 다윗과 골리앗, 요셉과 마리아…. 대충 유명한 것만 꼽아 봐도 열 손가락이 한참이나 모자란다.

행복한 동행, 젓가락 행진곡

〈젓가락 행진곡(The Celebrated Chop Waltz)〉 연주 모습과 발표 당시 악보집 표지

두 손가락으로 치는 젓가락 행진곡, 〈The Celebrated Chop Waltz〉에는 피아노 앞에 둘이 앉아 함께 건반을 치던 어린 시절의 기억이 담겨있다. 이 곡의 실제 작곡가인 유페미아 앨렌(1861~1949)은 처음 아르투르 데 륄리(Arthur de Lulli)라는 가명으로 악보를 출판했다. '륄리'라는 가명 때문에 프랑스 작곡가 장바티스트 륄리(Jean-Baptiste Lully, 1632~1687)와 종종 혼동되기도 해서, 지금도 인터넷을 찾아보면 이 곡을 프랑스의 궁정 음악가 륄리의 것으로 소개하는 곳이 많다.

처음에는 혼자 연주하는 형태의 곡이었지만, 나중에 한 피아노에 나란히 앉아 함께 연주하는 형태로 편곡되어 어린이를 위한 피아노 교육에 적극 활용되고 있다. 원본 멜로디가 쉬운 데다 교사가 옆에서 풍부한 화음으로 반주해줄 수 있기 때문이다. 모차르트가 아니라도 행복했던 이 피아노곡 속에도 작은 것 속에서 큰 것을 얻는 적소위대의 생명공감이 있다.

둘째 꼬부랑길

우리만의 수저 문화

음과 양, 그것은
어려운 주역에 있는 것이 아니다. 수저 속에,
매일 먹는 밥그릇 옆에 그 오묘한 진리가 있다.

01 젓가락만 보면 한국은 일본이나 중국과 별반 다를 게 없다. 그러나 한국은 젓가락만 쓰지 않고, 숟가락과 나란히 하나의 짝을 이룬다는 점에서 그들과는 다른 독특한 수저 문화를 낳았다.

수저란 숟가락, 젓가락을 하나로 합친 개념에서 생긴 독립된 말이다. 이런 개념이 중국, 일본에는 없다. 연암 박지원의《열하일기》에 나오는〈혹정필담〉* 을 보아도 중국에는 우리처럼 수저라는 개념이 없다. 젓가락만으로 밥도 먹고, 음식도 집어먹는다. 숟가락이 있기는 하나 여간해서 사용하지 않는다.

중국에서 숟가락이 일상적인 식사 도구로 쓰였는지 어땠는지에 대해서는 민간설화를 통해 살펴보는 것도 한 방법이다.

• 鵠汀筆談: 혹정(鵠汀) 왕민호(王民皥)를 비롯한 중국의 여러 문사들과 천문, 서학 등 다양한 문물제도와 관련하여 담화한 내용을 기록한 글

02 우렁이에서 나온 각시가 총각에게 밥 차려주는 이야기는 한국의 설화로만 알고 있지만, 사실 중국 문헌에도 우렁이(또는 조

개)에서 나온 각시 이야기가 있다. 위진남북조 시대 동진* 의 학자 간보* 가 지은 소설이라는 《수신기》* 에 나오는 이야기다. 우렁이에서 나온 각시가 밥 차려주는 것부터, 온갖 집안일을 해주는 이야기* 의 구조는 동일하다. 차이가 있다면 한국의 구전설화에는 반드시 '밥상을 차리고 수저를 놓아 준다'는 구절이 있으나, 중국 이야기에는 수저에 대한 언급이 없다.

• 東晉 | 干寶 | 搜神記 | 螺女形

03

또 다른 중국의 소수민족 백족의 설화 〈장생의 보물〉을 보아도 숟가락은 나오지 않는다. 형인 장보가 아버지의 유물을 독차지하는 바람에, 빈털터리가 된 장생은 어쩔 수 없이 집을 떠난다. 도중에 괴물을 퇴치하고 용왕의 딸을 아내로 맞이한다. 용왕의 생일을 맞아 아내와 함께 용궁으로 간 장생은 화려한 금은 젓가락을 모두 거절하고 "우리는 대나무 젓가락으로 식사를 합니다"라고 말한다. 용맹하면서도 정직한 장생은 용왕에게 마법의 표주박을 선물로 받고 돌아와 행복하게 살았다는 이야기다.

04

이런 옛 자료들을 보아도 식사 때 숟가락을 사용했다는 흔적이 없다. 결국 숟가락, 젓가락을 한 벌로 식사하는 한국의 수저 문화는, 일본은 물론이요 중국에서도 볼 수 없는 우리 고유의 문화임을 알 수 있다. 물론 중국이나 일본에도 숟가락이 있지만, 평소에는 잘 사용하지 않는다. 그들의 숟가락은 주로 국물용으로, 자루가 짧고 깊이가 깊어서 밥을 떠먹지는 못한다.

그렇다면 우리만의 고유한 수저란 무엇인지, 어떻게 이 독특한 수저 문화가 생기게 되었는지 궁금하지 않을 수 없다.

05

수저는 액체와 고체, 두 음식을 동시에 포괄하는 식사 도구다. 숟가락은 주로 국물을 떠먹는 것으로 음•에 속한다. 젓가락은 양•에 속하는 것으로 건더기를 집는 데 사용된다. 젓가락은 양, 숟가락은 음. 건더기는 양, 국물은 음이다. 양으로 양을 집고, 음으로 음을 뜬다. 이렇게 해서 음과 양의 대립이 조화를 이룬다. 프로이트가 한국의 수저를 몰랐기에 망정이지, 봤으면 난리 났을 거다. 전형적인 남녀 심볼이 되지 않는가.

• 陰 | 陽

06

오해하지 마라. 음양이 갈라졌다는 이야기가 아니다. 음 속에 양이 있고, 양 속에 음이 있는 것, 그게 음양이다. 그래서 한국의 음식은 김치나 깍두기처럼 양 속에 음이 있어서 국물이 있는 거다. 국물인데도 젓가락이 들어가고, 건더기인데도 숟가락이 들어간다. 이런 것이 진짜 음양의 조화라는 거다. 그런데 일본의 다꾸앙•이나, 중국의 짜차이•는 국물 한 방울 없이 뽀송뽀송해서 숟가락 들어갈 데가 없다. 양은 양이고, 음은 음이다. 원자의 구조를 밝혀 1922년 노벨물리학상을 받은 닐스 보어의 태극 문장에는 근엄하게 라틴어로 다음과 같은 글이 쓰여 있다.
'Contraria Sunt Complementa', '대립은 상보•다'의 뜻이다.

• たくあん(일본식 단무지) | 榨菜(중국의 반찬요리) | 相補 | 4 밥상 고개 2-12

07 한국 음식의 주류를 이루는 것은 국 문화와 탕 문화다. 채소건 육식이건 모두 국물이 들어있다. 설렁탕, 갈비탕, 삼계탕, 곰탕…. 이루 헤아릴 수가 없다. 서양의 수프나 일본의 시루• 와는 성격이 다르다. 말이 국물 음식이요 탕 음식이지, 오히려 그 안에 건더기가 주를 이룬다.

한국을 대표하는 김치는 또 어떤가. 아예 물김치는 놔두고, 그냥 김치 깍두기라 해도 국 속에 건더기가 있듯이 건더기에는 또 국이 있다. '김칫국부터 마신다'는 말도 있지 않은가. 깍두기보다도 깍두기 국물 맛에 더 군침을 흘리는 사람이 많다.

• しる(汁)

08 생각해 봐라. 뜨거운 국 속의 건더기를 손가락으로 집어먹겠는가, 숟가락으로 떠먹겠는가. 건더기는 젓가락으로 집는 게 수다. 국인데도 숟가락보다 젓가락이 맹활약을 한다. 그뿐인가. 그 미끄러운 콩알도 숟가락으로 떠먹지 않고, 쇠젓가락으로 한 알 한 알 집어 먹지 않는가.

그런데 웬 숟가락이냐. 마른 음식에도 김칫국처럼 국이 있기 때문이다. 그것은 납작한 숟가락이 아니면 국물을 뜰 수가 없다.

09 건식• 에 편중돼 있는 서양의 식기가 주로 접시 위주인데 비해, 국물• 문화의 한국 식기는 움푹 파인 것들이 많다. 종지, 뚝배기, 사발, 모두가 그렇다. 같은 젓가락 문화권인 일본이나 중국이 한국처럼 수저를 같이 쓰지 않는 이유는, 그들 음식은 고체와 액체가 명확하게 분리돼 있는 식문화이기 때문이다.

• 乾食 | 濕食

10 그래도 모르겠거든 태극기의 태극문* 이 아니라, 그 오리지널 도형을 보면 안다. 피시 아이* 라고 해서, 검은 음의 문양에는 하얀 점이 박혀 있고, 하얀 양의 문양에는 검은 점이 찍혀 있다. 같은 젓가락 문화권이라 해도, 그 눈알을 뺀 것이 일본과 중국의 음식 코드다. 그래서 젓가락 따로 숟가락 따로 논다. 한국만이 음 속에 양, 양 속의 음이라는 음양의 조화를 제대로 음식에 반영시킨 문화이기에 젓가락의 양, 숟가락의 음이 서로 떨어질 수 없는 거다.

• 太極紋 | fish eye

11 한국의 숟가락은 국만이 아니라 김칫국물 같은 것도 떠먹기 좋도록 돼 있다. 서양의 움푹 파인 수프 전용 스푼으로 김칫국물 떠먹어봐라. 불고기 국물 떠먹어봐라. 고이지도 않는다. 그야말로 국물도 없다. 중국 일본에도 숟가락이 있지만, 그것 역시도 서양의 스푼과 다를 바 없다.
서양의 스푼이나 일본의 샤쿠시,* 중국의 탕츠* 는 모두 움푹하게 깊다. 탕츠는 열하일기에 등장하는 연꽃 모양의 중국식 국자다. 샤쿠시는 도자기로 만든 중국식 숟가락을 가리키는 일본식 명칭이다. 연꽃잎이 흩어진 모습을 닮았다고 해서 '흩어진 연꽃'이라는 뜻의 치리렌게* 라 불리던 것을 오늘날엔 '렌게'라 부르고 있다.

• しゃくし(杓子) | 湯匙 | 散り蓮華(ちりれんげ)

12 특이하게도 한국 숟가락만은 납작하다. 국물뿐 아니라 밥도 떠먹는다. 같은 쌀밥인데도 중국 일본은 숟가락으로 먹지 않는다. 아니, 중국의 '렌게'나 일본의 '사지'로는 밥을 떠먹을 수가 없다. 국물만 뜨는 용도라서 서양의 스푼처럼 움푹 파여 있다. 밥뿐이 아니다. 그

들의 숟가락으로는 김칫국물도 떠먹기 힘들다.

13 우리는 야박한 사람, 여유가 없는 사람을 욕할 때 '국물도 없다'라고 한다. 이 국물 문화와 수저 문화는 밀접한 관계가 있다. 군더더기처럼 불필요한 것을 '제거하느냐' 그대로 '포용하느냐' 하는 태도의 차이는 문화의 패러다임을 결정짓는 중요한 요인이다.

14 요리를 할 때 음식을 익히려면 물이 필요하다. 기름으로 볶거나 숯불로 구울 때면 몰라도, 모든 음식은 물과 불의 조화에서 이루어진다. 엄격히 말하면 물은 음식물을 만들기 위한 보조적인 것으로, 완성되면 국물은 버리거나 짜낸다. 불로 익히는 음식이 아니라 발효음식이라도 일본의 단무지를 봐라. 발효되고 난 무나 쓰케모노*는 국물을 다 짜내고 건더기만 남긴다.

그런데 우리는 음식의 자연 발효과정에서 나오는 일종의 군더더기인 그 국물을 버리기는커녕, 오히려 그것으로 맛을 돋운다. 김칫독 잘못 열면 국물이 증발하고, 국물이 마르면 그건 김치라고 할 수 없다.

* つけもの(漬物)

15 다른 나라에도 김치 비슷한 음식이 있기는 하지만 국물이 없다. 일본인들의 반찬은 대부분 국물 없이 바짝 마른 음식이다. 일본은 의도적으로 조리 과정에서 생기는 국물을 배제하는 데 비해, 한국인들은 오히려 그 국물을 받아들이고 적극적으로 이용한다. '닭이 먼저냐 알이 먼저냐'처럼 어느 것이 먼저인지는 알 수 없으나, 일본에는 일찍이 휴대할 수 있는 '벤또(도시락)'가 발달해왔다. 이 도시락과 국물 음

식은 상관관계가 깊을 듯싶다.

16 음식을 조리하거나 저장할 때 부수적으로 생성되는 이 국물은 정보이론에 대입해 보면 '노이즈(잡음)'• 와 같은 것이다. 한국 음식은 이 노이즈 같은 국물을 그냥 놔둘 뿐만 아니라, 오히려 그것을 적극적으로 끌어들이려는 음식 문화다. 노이즈를 막거나 제거하여 필요한 요소만을 남겨두려는 투명한 문화와는 전적으로 다르다.

• noise, 雜音

17 재미난 것은 북을 보면 안다. 대개 북은 가죽만 친다. 그것도 가운데 동그라미를 그려놓고 거기만 친다. 그런데 우리는 변두리, 변죽을 때린다. 그게 노이즈다. 북소리와는 다른 잡음이다. 일부러 옆을 때려서 변죽을 울리는 거다.

본음에 변죽을 때리는 음을 끌어들여 소리를 혼탁하게 만든다. 즉 잡음을 끌어들이는 거다. 이런 걸 인클루시브• 문화라고 그런다. 그리고 불필요한 것을 도려내는 것을 익스클루시브• 문화(배제적, 배타적 문화)라고 한다.

• inclusive | exclusive

18 요즘 젊은 아이들은 식성이 변했다고 한다. 패스트푸드에 익숙해지면서 입맛이 어지간히 서구화된 게다. 김치를 못 먹는, 안 먹는 젊은이들이 많아졌다. 장독대의 어머니 손맛을 잃은 지도 오래다. 젊은이들이 즐겨 먹는 그 뽀송뽀송한 맥도날드 프렌치프라이를 먹어본 적이 있는가. 감자의 습기를 완전히 뽑아내고, 가장 순도 높은 감자의 원래 성분만 남겼다. 그래서 수분 많은 강원도 감자로는 그 프렌치프라

이를 못 만든단다.

그런 음식에 익숙한 아이들도 이탈리아 스파게티를 먹을 때면 국물이 그리운 게다. 그래서 한국 이탈리아 음식점에, 세계 어디서도 볼 수 없는 뚝배기 파스타란 것이 생겼다. 고슬고슬한 그 맛에 먹는 스파게티에 얼큰한 탕 문화를 섞어서, 젊은이들이 드나드는 파스타 집에 신풍속*을 만들어 낸 것이다.

• 新風俗

19 중국 음식을 청요리라고 부르던 우리 세대만 하더라도, 항상 '청요릿집'에 가면 햄릿이 됐다. 짜장면이냐 짬뽕이냐의 갈등이다. 어쩔 수 없는 양자택일의 운명이므로 청요릿집 햄릿은 선택을 해야 한다. 짜장면의 마른 음식인가, 짬뽕의 국물 음식인가의 갈림길에서 말이다.

그런데 요즘은 어떤가. 중국집에 가면 희한한 메뉴가 생겼다. 짬짜면이란다. 짬뽕의 국물과 짜장면을 함께 즐기는 거다. 메뉴만이 아니라 아예 담는 식기마저 움푹한 짬뽕기와 납작한 짜장면 그릇이 사이좋게 반반 붙어 나온다. 어찌 이탈리아 요리, 중국 요리뿐이겠는가. 전통식인 한국의 냉면까지도 비냉과 물냉을 반반씩 함께 서비스하는 한식당이 늘어가고 있다. 문화유전자라는 것은 무섭구나. 생물학적 유전자만큼 문화유전자란 것도 참 무서운 게다.

20 과거에는 중국과 일본에서도 숟가락을 함께 사용했다는 기록을 찾을 수 있다. 일본 덴리교* 대학교 부속 세계민속박물관에는 일왕의 식탁을 찍은 영상 자료가 소장돼 있다. 그 영상을 보면 놀랍게도 한국처럼 숟가락과 젓가락이 나란히 놓여 있다.* 중국 역시 마찬가지다. 송나라* 휘종* 때 작품인 〈문회도〉*라는 그림에도 젓가락과 함께

놓인 숟가락이 보인다.

식도구는 음식 문화나 시대의 변천에 따라 바뀌어 간다. 숟가락은 그 변화의 흐름 속에서 일본과 중국 식탁에서는 사라지고, 우리에게만 없어서는 안 될 식도구로 남게 된 것이다.

• 天理敎 | 현대미술관회 이성낙 회장 〈한중일 식탁문화의 차이점을 찾아서〉 | 宋(960~1279) | 徽宗(1082~1135) | 文會圖

21 우리는 모든 것을 버리는 민족인 줄 알았다. 중국이나 일본은 우리보다 전통을 더 중요시하는 나라로 알아 왔다. 그런데 수저 하나를 놓고 보면, 옛 식사 풍습을 지금까지 그대로 지켜오는 것은 한국이 아닌가.

음양 사상 다 버리고 디지털 문화에 익숙한 3국의 젊은이들, 그중에서도 초등학교 때부터 브로드 밴드로 온라인 게임을 하는 우리의 엄지족들. 면을 먹을 때도 스파게티처럼 포크로 먹는 그런 아이들인데도, 국물 문화 못 버리고 숟가락 못 버린다.

22 이런 현실은 무엇을 말하는가. 국물 문화의 문화유전자가 수저를 타고 맑은 지하수처럼 어딘가에 고여 있었던 게다. 그러다, 옹달샘 물이 솟아나듯 그렇게 샘솟아 나오는 거다. 신선한 충격이다. 사라진 게 아니라 어디에 고여 있던 것이다.

먼 훗날, 잊힌 줄 알았던 우리의 문화유전자가 생물학적 유전자와 어울려 새로운 한국인으로, 새로운 한국 문화로 창조된다면 그건 어떤 모습일지 궁금하지 않은가. 그래서 우리는 또 많은 고개를 넘어가야겠다.

샛길

우리나라의 수저

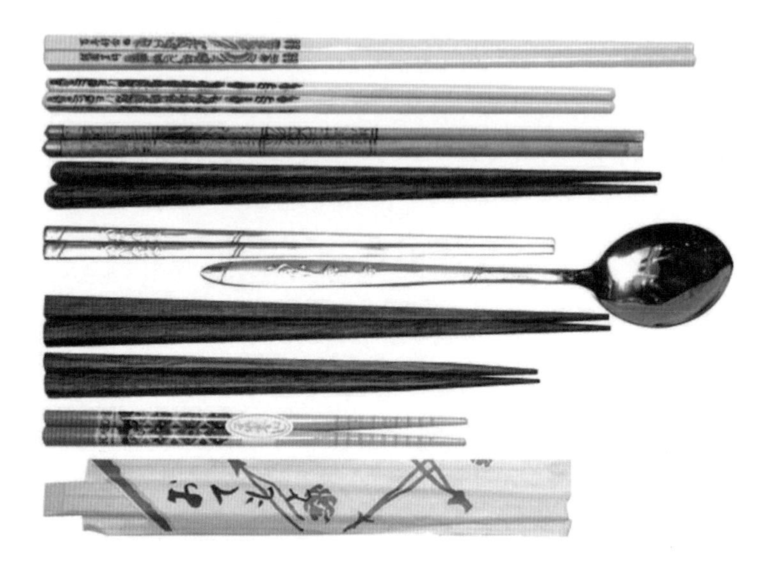

(위에서부터) 대만의 플라스틱 젓가락, 중국의 사기 젓가락, 티벳의 대나무 젓가락, 인도네시아(베트남 스타일)의 야자나무 젓가락, 한국의 스테인리스 젓가락(숟가락과 한 쌍), 일본의 커플 세트(2짝), 일본의 아이들 젓가락, 일회용 젓가락인 와리바시

영문 위키피디아 "Chopsticks" 항목의 각 나라의 젓가락 사진이다. 젓가락 설명임에도 우리나라만은 젓가락과 숟가락을 한 쌍으로 표시하고 있다. 한국은 젓가락과 숟가락이 떨어질 수 없는 거다. 한국에서는 국물만이 아니라 밥도 숟가락으로 먹는 것이 정석이다. 젓가락으로 밥을 먹으면 '복이 떨어진다'며 야단을 맞기도 한다. 또, 숟가락을 쓰는 동안 젓가락은 밥상에 내려놔도 되지만, 젓가락을 쓸 때는 숟가락을 밥그릇에 걸쳐놓도록 한다. 숟가락과 젓가락을 반드시 함께 쓰는 한국만의 독특한 식탁 예절이다.

놋쇠 수저, 청동 수저(고려)

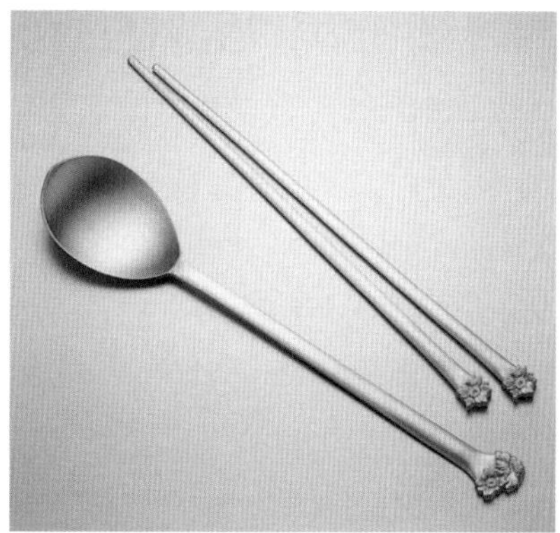
금속장 엄기순이 만든 현대의 수저

지금도 한국 여성들은 시집갈 때 부부용 '은수저' 두 벌을 가지고 간다. 한국에서 수저는 단순한 살림살이 이상의 의미를 가진다. 혼인할 때 신부가 그릇과 더불어 수저를 준비해 가는 것은 수저가 복을 가져오는 복주머니라고 생각하기 때문이다. 따라서 아이가 태어나면 친가에서 손자의 이름을 새긴 작은 은수저를 보내주거나 아기의 첫돌 선물로 수저를 주며 복을 기원한다.

혼인 예물이 간단해진 요즘도, 최소한의 약식 예단 품목에 시부모가 쓸 은수저 세트가 반드시 들어간다. 수저에 담긴 장수를 기원하는 뜻에서다. 손잡이 부분에는 거북, 학 등의 장수하는 동물을 새겨 넣거나, 산삼 모양을 넣기도 하고, 숟가락의 앞부리에 복 복(福) 자나 목숨 수(壽) 자 등을 새겨 넣는다. 복과 장수를 비는 것은 다른 나라에서는 볼 수 없는 풍습이다.

한국에서 전해지는 숟가락 젓가락에 관한 미신에는 삶과 죽음에 직접 관련되는 것도 있다. 젓가락의 길이가 다르면 부모님 중 한 분이 먼저 돌아가신다는 것이다. 이러한 미신은 젓가락이 곧 생명이요, 우리의 신체를 의미한다는 생각의 반영이다.

박지원의 《열하일기》 혹정필담 중에서

(한국고전번역원)

국자는 마치 숟갈과 비슷하면서 자루가 없어서 술잔 같기도 하나, 또 발이 없어서 모양은 연꽃 한쪽*과 흡사하였다. 나는 국자를 집어서 한 공기 밥을 떠보려 하였으나 그 밑이 깊어서 먹을 수 없기에, "빨리 월왕(越王)을 불러 오셔요" 하고는, 무심코 웃었다. 학지정은 나더러 "무슨 말씀이셔요" 한다. 나는 "월왕의 생김새가 목이 썩 길고 입부리가 까마귀처럼 길었답니다" 하였더니, 지정은 혹정의 팔을 잡고 웃느라 입에 들었던 밥이 튀어나오며 재채기를 수없이 한다. 지정은 이내 "귀국 풍속에는 밥을 뜰 때에 무엇을

쓰십니까" 하고 묻기에, 나는 "숟갈을 쓴답니다" 했더니, 지정은 "그 모양이 어떻게 생겼습니까" 한다. 나는 "작은 가지 잎 같습니다" 하고는, 이내 탁자 위에다 그려 보였더니, 둘은 더욱 배꼽을 움켜쥐고 절도한다.

지정은 곧,

어떻게 생긴 가지 잎 숟갈이 何物茄葉匕
저 혼돈한 구멍을 뚫었던고 鑿破混沌竅

라고 읊자, 혹정은,

많고 적은 영웅들 손이 多少英雄手
젓가락 비느라 얼마나 바빴으랴 還從借箸忙

한다.

〈문회도〉 속 수저

〈문회도(文會圖)〉 부분, c.1100~1125, 184.4×123.9cm, 대만 국립고궁박물관 소장

송나라 휘종 시대에 그려진 〈문회도〉의 상차림을 보자. 궁중 생활양식을 세부적으로 묘사해 당시 궁중 세태와 연회 모습을 살펴볼 수 있는 그림이다. 젓가락과 나란히 놓인 숟가락이 있다. 이 시기에는 중국도 한국처럼 젓가락과 숟가락을 함께 사용한 모양이다.

중국에서도 기원전 5000년 전의 것으로 추정하는 숟가락이 출토되기도 했다. 중국인도 숟가락을 오랫동안 생활 용기로 사용해왔음을 알 수 있다. 그런데 명나라 이후 차츰 기름지고 뜨거운 음식에 숟가락보다 젓가락을 사용하는 게 보편화되면서 숟가락이 설 자리를 잃었다고 한다. 이와 달리 한국은 온갖 찌개류와 국물류가 주도하는 식탁에서 숟가락을 빈번하게 사용해온 것이다.

숟가락과 관련해 흥미롭게도 중국의 경우에는 '진화 의식'을, 일본의 경우에는 '순응 의식'을 엿볼 수 있다. 그리고 한국의 경우에는 예나 지금이나 사회를 지배하는 '평등 의식'을 엿볼 수 있다.*

• "중국 · 일본 식탁에는 숟가락이 없다", 《브라보 마이 라이프》, 2016년 3월 8일자

3

가락 고개

젓가락 속의 '가락 문화'

첫째 꼬부랑길

밈Meme의 가장 중요한 세포인 언어

둘째 꼬부랑길

생명의 리듬, 가락

셋째 꼬부랑길

젓가락이 품고 있는 한국의 가락 문화

첫째 꼬부랑길

밈Meme의 가장 중요한 세포인 언어

우리의 젓가락과 중국의 쾌자(筷子),
일본의 하시(はし)는 그 의미가 조금씩 다르다.
언어는 문화유전자를 담고 있기 때문이다.

01 중국에서 젓가락의 명칭은 문헌상으로 '저'• 라는 것이 제일 먼저 나온다. 대나무 죽• 밑에 놈 자• 자를 썼으니, 처음 만든 젓가락이 대나무에서 비롯되었음을 알 수 있다. 냉전시대 중국을 '죽의 장막'이라고 했다. 임어당• 이 중국인은 대나무에서 태어나 대나무에서 죽는다고 말했듯이 요람도 대요, 무덤으로 가는 상여도 대나무다. 그러니 젓가락 역시 대나무에서 비롯되었다고 해서 이상할 게 없다.

• 箸 | 竹 | 者 | 林語堂(1895~1976, 중국의 소설가, 문명비평가)

02 지금 중국 사람들은 젓가락을 '저'라고 하지 않고, '쾌자'• 라고 부른다. 쾌자라는 글자 역시 대나무 죽 자가 붙어 있기는 하나 뜻이 다르다. 빠를 쾌, 빠르다는 뜻으로 쓴 거다. 이 '쾌'라는 글자는 중국 발음으로 '콰이'다. 중국 사람들이 '콰이콰이'라고 하는 말을 많이 들어봤을 거다. 우리말로 하자면 '빨리빨리'라는 뜻이다.

• 筷子

03 왜 '저'가 '쾌자'로 바뀌었을까? 중국의 남쪽은 해양문화, 북쪽은 대륙문화다. 춘추전국시대 이후 한나라, 당나라는 수도가 북쪽에 있어서 대륙문화를 바탕으로 한다. 남송 이후는 양자강 남쪽에 거점을 두었기에 해양문화를 배경으로 삼았다. 그래서 남쪽은 '배', 북쪽은 '말'이라 하여 남선북마* 라는 말이 생겨났다. 즉 바다의 상징인 배와 대륙의 상징인 말* 로 나뉘는 게다. 그 때문에 황하 문화는 주로 말과 관련이 있고, 양자강 문화는 배와 관계가 깊다.

'쾌자'라는 젓가락 이름 하나로도, 밥을 먹는 풍습이 중국 전역에 퍼진 것이 해양 문화가 발달한 남송 무렵이라는 사실을 알 수 있다.

• 南船北馬 | 혹은 말 대신 양

04 뱃사람들은 순풍에 돛을 달고 가야지 바다나 강에서 멈추면 죽는다. 그래서 '빠르다'와 발음이 같은 '쾌(快)'를 사용해 빠른 항해를 바란 것이다. 이때 많은 젓가락이 참대로 만들어졌기에, '쾌' 자 위에 대나무 죽을 더해 '쾌(筷)'라고도 썼다.

청나라 조설근의《홍루몽》* 을 보면 '저'와 '쾌'가 함께 나온다. 딸이 시집갈 때 젓가락을 챙겨주는 풍습이 있었는데, 여기에는 자식이 빨리 생기기를 바라는 의미가 쾌자의 '子'를 '아들 자' 자로 풀이한 게다.

명칭이 바뀐다는 것은 문화유전자가 바뀌는 것을 의미한다. 젓가락 이름을 '저'라는 데서 '콰이'로 바꾸면, 자연히 느리게 가던 사람도 빨라진다. 중국 사람들이 가장 많이 하는 말이 '만만디'라고, 느긋한 사람들이라 하지만 적어도 이 젓가락만큼은 빠르다는 뜻을 담고 있다.

• 曹雪芹, 《紅樓夢》

05 중국인들이 서양 사람과 접하게 된 것도 남송 때다. 17세기 영국이 중국과 무역을 하는데, 중국 수부들이 젓가락을 '콰이쯔, 콰이쯔' 하는 거다. 영국 수부들에게는 이 말이 '찹, 찹'• 으로 들린 모양이다. 서양에서 '찹, 찹'이라 하면 '빨리빨리', 이런 뜻이다. 외국인들이 한국에 와서, 한국 사람은 '빨리빨리'를 입에 달고 사는 민족이라고 비판하는데 이건 억울한 면이 있다. 전 세계 네티즌들이 애용하는 온라인 백과사전 위키피디아•의 '위키'•도 실은 하와이 말로 '빨리빨리'라는 뜻이다. 찹스틱의 '찹'도 '빨리빨리'라는 뜻이니까, 한국 사람만 빨리빨리 증후군이 있는 게 아니다. 인류의 문화유전자에는 다 빨리빨리 하려는 게 있는 거다.

• Chop, Chop | wikipedia | wiki

06 일본은 젓가락을 '하시'•라고 한다. 한자의 젓가락 '저'• 자를 써놓고는 '하시'라고 읽는데, 이것도 문화유전자에서 나온 거다. 우리나라에서는 '海에게서 소년에게'라고 쓴 것을 '바다에서 소년에게'라고 읽지는 않는다. 海는 해라고 반드시 음독을 한다. 그런데 일본 사람들은 海라고 써놓고 '우미'•라고 훈독•을 한다. 그 단어의 '음'이 아닌 '뜻'으로 읽는다.

• はし | 箸 | うみ | 訓讀

07 '백매'•라는 한자를 '하쿠바이•'라고 음으로 읽으면 중국 매화를 뜻하는 것이고, '시라우메'•라고 뜻으로 읽으면 일본 매화를 의미한다. 이렇게 한자가 한국에 들어왔을 때는 어떻게 됐고, 일본에 들어갔을 때는 또 어떻게 변했는가를 아는 것만으로도 우리는 또 하나의 문화유전자를 알게 된다. 젓가락 하나를 놓고도 그 문화의 차이와

깊이를 읽을 수 있는 것이다.

• 白梅 | はくばい | しらうめ

08 일본의 젓가락인 '하시'라는 말은 '구치바시'• 에서 나왔다고 한다. 구치바시는 새의 부리라는 뜻이다. 우리가 젓가락으로 무언가를 집는 모양이 꼭 새들이 주둥이로 '콕, 콕' 쪼아 먹는 모습과 같지 않은가. 일본 젓가락의 모양을 보면 이 말이 더욱 설득력 있다. 일본 젓가락의 끝은 다른 나라에 비해 유난히 뾰족하다. '하시'• 는 끝이라는 뜻인데, 일본 젓가락은 끝이 새 주둥이처럼 뾰족하다. 그래서 '하시'라는 명칭이 나온 것으로 본다.

'하시'는 또 '다리'• 라는 뜻도 있다. '젓가락은 두 개를 이어주는 다리다. 하늘과 나를 이어주고 너와 나를 이어주는 거다. 밥과 나를, 음식과 나를 다리 놓아주는 거다.' 이렇게 생각해서 '하시'라고 했다는 설도 있다. 일본 사람들은 젓가락을 서로 연결하고 결합해준다는 뜻으로도 쓴 모양이다.

• くちばし(嘴, 주둥이) | 端 | 橋

09 그런 의미에서 젓가락을 성• 과 속• 을 연결해주는 상징으로 여겨 매우 신성시했다. 일본 식탁에서는 젓가락을 우리처럼 세로가 아닌 가로로 놓는다. 음식은 하늘이 주신 것으로 성의 세계에 속하고 우리는 속의 세계에 속하므로, 그 경계의 표시로 젓가락을 한 일 자로 놓는다는 게다.

일본의 상은 메이메이젠• 이라는 개인 독상의 개념으로 매우 작아서, 자리를 차지 않게 하려고 그렇게 놓는다고도 한다. 또, 젓가락 끝이 상대방을 향하면 그 사람을 위협하는 공격의 의미가 있기 때문이란다.

• 聖 | 俗 | 銘銘膳

10 이처럼 젓가락은 음식을 먹기 위한 단순한 식도구가 아니다. 그 안에는 다양한 문화적 의미가 담겨 있다. 일본에서는 똑같은 젓가락인데도 색깔만 달리해서, 우리나라에는 없는 부부 젓가락을 세트로 만들어 파는 것도 그 한 예다. 남편과 아내를 결합시킨다는 뜻인데, 하나는 길고 하나는 조금 짧다. 이 부부 젓가락은 비싼 가격에도 불구하고 꽤 잘 팔린다고 한다. 젓가락 한 벌에서도 일본인 특유의 상인 기질*을 엿볼 수 있다. 이런 젓가락은 보통 우리 돈 2~3만 원부터 100만 원에 이르는 것까지 종류도 다양하다. 심지어 1억짜리도 있단다. 상상이 가는가. 한 번 쓰고 버리는 일회용 '와리바시'를 만들어낸 나라에서, 금값보다 비싼 1억짜리 젓가락도 있다니.

• 商魂

11 어떤가. 젓가락은 같아도 그걸 부르는 명칭에 따라 서로 다른 역사와 문화를 읽을 수 있지 않은가. 그래서 언어는 문화유전자를 전해주는 가장 중요한 세포라는 게다.
같은 젓가락 문화권이라 해도, 한중일 3국은 젓가락의 형태부터가 조금씩 다르다. 그건 각 나라마다 젓가락의 문화유전자가 다르기 때문이다. 과연 어떻게 다른지 이제부터 차근차근 알아보자. 우선, 우리의 '젓가락'은 어떤 것일까.

둘째 꼬부랑길

생명의 리듬, 가락

우리의 젓가락은 한자 '저(箸)'를 그대로 들여와
'가락'이라는 토박이말을 붙였다.
한자와 우리말의 아름다운 결합이다.

01 한국의 '젓가락'은 중국에서 들어온 한자 '저' 뒤에 '가락'이라는 토착어가 붙어서 만들어진 말이다. 이상하지 않나. 어느 나라든지 외래어가 토착어와 서로 공생은 하지만 혼합해서 쓰이는 경우는 드물다. 한자어면 한자어, 토착어면 토착어가 따로 사용된다. 60퍼센트 정도가 밖에서 들어온 말이라는 영어에서도 토착어라 할 수 있는 앵글로색슨• 본래의 말과 라틴, 독일, 프랑스 같은 외국에서 들어온 말이 여간해서는 섞이지 않는다. 사전 한번 찾아봐라.
예를 들어 영어에는 뱀을 지칭하는 두 개의 단어가 있다. '서펜트'•와 '스네이크'•다. '서펜트'는 라틴어 '세르팡'•에서 온 말이고, '스네이크'는 본래의 토착어다. 속옷은 아래를 지칭하는 '언더셔츠'•인데, 땅 아래로 지나가는 것은 '서브웨이'•다. '언더'는 토착어고, '서브'는 라틴어다. 이처럼 서로 엄격히 분리해서 사용되며, 품고 있는 의미도 다르다.

• Anglo-Saxon | Serpent | Snake | Serpens | Undershirt | Subway

02

일본어도 마찬가지다. 일본은 '도카이* 우미*'라는 말은 절대로 없다. '도카이'면 '도카이', '우미'면 '우미'지, '도카이 우미'라는 말은 쓰지 않는다. 거의 예외가 없다. 앞에서도 이야기하지 않았나. '하쿠바이', '시라우메'처럼 우리 것, 외국에서 들어온 것을 딱 잘라 분리한다.
그런데 우리는 '동해바다'라고 한다. 동해라는 한자어에, 바다라는 우리의 순수 토착어를 붙여서 새로운 단어로 만들어내는 거다.

• とかい(東海, 동해) | うみ(海, 바다)

03

이런 예는 무수히 많다. 옷을 거는 기구를 옷걸이라고 하지만, 한자어와 우리말을 섞어서 '의걸이'라고도 부른다. '의'*는 중국에서 온 한자어고, 걸이는 토착어다.
이미 다른 책에서도 여러 번 이야기했듯이, 호*나라에서 떡과 비슷한 것이 들어오니 '호떡'이 되고, 일본에서 '모찌'*가 들어오면 '모찌떡'이 된다. 또 바다 건너 서양에서 빵이 들어오니 '빵떡'이라 부른다.
이런 사람들에게 젓가락인들 예외겠는가. '저'는 중국 한자고, '가락'은 한 가락 두 가락 하는 순수 우리말이다. 한국처럼 '가락'이라는 말을 독특하게 쓰는 언어도 드물 거다.

• 衣 | 胡 | もち

04

우리말의 '가락'은 눈으로 보이는 것도, 귀로 들리는 것도 가락이다. 노랫가락은 눈에는 보이지 않지만 귀로 듣는 거다. 가락지, 엿가락, 손가락은 눈에 보이는 시각으로 인지되는 가락이다. '저 사람 한가락 하네' 할 때의 가락은 또 어떤가. 뭔가 장기가 있는 사람을 뜻한다. 눈으로 볼 수 없고, 귀로도 들을 수 없는 가락. 눈과 귀를 넘어 마음에 파고드는 추상의 언어로서의 가락인 게다.

05 외래의 것을 받아들여서 독특한 우리만의 것으로 환골탈태* 한 가장 대표적인 예가 있다면, 뭐니 뭐니 해도 '젓가락'이라는 말일 게다. 젓가락은 곧바로 손가락의 연장이 아닌가. 일본어, 중국어의 젓가락 이름에는 이 손가락을 연상시키는 말이 없다. 유독 우리는 '저'에 '가락'이라는 말을 붙여서, 젓가락이 손가락의 연장임을 눈으로 보듯이 보여준다.

이처럼 젓가락의 문화유전자는 한국적인 리듬이 내재된 가락 문화의 상징이요, 신바람 나는 생명의 리듬, 신 가락이 담긴 우리의 문화유산이다.

* 換骨奪胎

셋째 꼬부랑길

젓가락이 품고 있는 한국의 가락 문화

눈으로 보는 '젓+가락'을 두드리니
귀로 듣는 '노래+가락'이 된다.
귀로 듣는 가락은 다시 마음을 움직이는 '신 가락'이 된다.

01 앞에서 보았듯, 우리나라의 문화를 이야기할 때 빠질 수 없는 것이 '가락' 문화다. 엿가락, 신 가락, 노랫가락, 국수 가락. 우리말에는 이 '가락' 붙은 게 참 많다. '가닥을 잡을 수 없다'는 말도 가락에서 나온 거다. 가닥을 못 잡겠다는 말은 분위기나 상황 파악이 안 돼서 어찌해야 할 바를 모르겠다는 뜻이다. 가락을 모르면 아무것도 모르는 것이다. 손에 있는 손가락. 발에 있는 발가락. 머리에 있는 머리가락.* 신체의 일부를 나타날 때도 모두 '가락'을 사용한다.

• 머리카락

02 가락이라는 말은 한군데서 갈라져 나온 것을 뜻한다. 하나가 두 개로 갈라진 것은 두 가락, 세 개로 갈라지면 세 가락이다. 하지만 갈라진 것은 원래 하나였다. 손이 하나인데 여기서 갈라져서 손가락이고, 몸뚱이가 하나인데 거기서 갈라져서 가랑이가 된다. 강물을 '가람'이라고 한 옛말도 물길이 갈라져 냇물이 되었기 때문이다.
그런데 젓가락은 원래 하나가 아닌 두 개의 막대기가 한 쌍이다. 중국의

'저'나 일본의 '하시'라는 말은 이 두 개의 막대기를 표현하지 못한다. 한국말의 젓가락은 이 '가락'이 붙음으로써, 두 개가 하나인 짝으로 완성된다. 둘이 합치면 하나요, 하나가 갈라지면 둘이 되는 독특한 한국의 가락 문화가 젓가락에도 배어있는 거다.

03 한국 사람은 술 마시고 신명이 나면 젓가락을 두드린다. 세계 어느 곳을 다녀 봐도 내 경험상, 밥상에서 젓가락 두드리며 장단을 맞추는 나라는 한국밖에 없다. 그게 '신가락'에서 나오는 거다. 노랫가락이라고도 한다.

같은 젓가락을 가진 중국의 경우는, 젓가락으로 다른 물건을 두드리는 걸 매우 교양 없는 행동으로 본다. 어떤 지역에서는 '젓가락을 두드리면 평생이 고달프다'는 속담이 있을 정도다. 특히 젓가락으로 그릇을 두드리면 걸인이나 하는 짓이라며, 음식을 구걸하는 행동으로 본다. 젓가락 하나 잘못 두드렸다가 평생이 고달프고, 그릇이라도 칠라치면 당장 거지 취급을 받게 되는 것이다.

04 젓가락으로 상을 두드릴 때는 젓가락만 치는 게 아니다. 손장단도 같이 친다. 젓가락과 손장단으로 아주 묘한 리듬을 만들어내는 거다. 붉은 악마의 엇박자 구호가 세상 사람들에게 신선한 충격을 주었는데, 그 원조는 술자리에서 누구나 두들기던 젓가락 장단에 있었다. 0.01초 템포가 약간 어긋나는 것. 이게 배구라면, 스트라이커가 때리는 그 미묘한 시간차 공격과도 같은 것이다.

05 한중일 3국 중에 유일하게 쇠젓가락을 가진 민족이 우리다. 나무젓가락은 무엇을 두드리든 소리가 나지 않는다. 하지만 쇠젓가락은 밥상을 두드려도 소리가 나니, 소주병 잡고 즉석 연주도 가능하다. 쇠젓가락은 가락을 좋아하는 우리 민족 누구나가, 아무 데서고 쓸 수 있는 훌륭한 악기였던 거다.

눈으로 보는 '젓+가락'을 두드리니, 귀로 듣는 '노래+가락'이 된다. 귀로 듣는 가락은 다시 마음을 움직이는 '신+가락'이 된다. 결국 밥상의 젓가락이 싸이 춤의 신 가락으로 이어진 게다.

06 안타까운 것은 우리 자신은 우리 문화의 소중함을 모르고 있다는 사실이다. 그렇다고 남의 것을 배척하자는 말이 아니다. 어느 순간부터 한류가 열풍이다. 아시아권을 넘어 싸이의 '강남스타일'이 전 세계를 강타했다. 싸이의 말춤 추는 영상을 30억 명의 네티즌이 보았단다. 춤이라 하면 왈츠, 맘보, 차차차 등 별의별 춤이 다 있는데, 족보에도 없던 그 말춤이 전 세계인에게 춤바람을 가져왔다. 왜냐하면 싸이의 춤에는 그들에겐 없는 한국의 신 가락 문화유전자가 있기 때문이다.

07 서양 사람들의 춤이라는 건 늘 보던 걸음과 별반 다르지 않다. 어떤 복잡한 춤이라도 걸음걸이의 범주를 벗어나지 못한다. 왼손이 나가면 오른발이 가고, 오른발이 나가면 왼손이 간다. 손과 발이 반대로 교차한다. 하지만 한국 춤에는 서양 춤과는 전혀 다른 춤사위가 있단다. 왼손, 오른손이 같이 올라가는 특이한 춤사위가 있다는 거다. 마치 탈춤처럼.

정상적인 걸음걸이와는 다른 손과 발의 변칙적인 움직임, 거기서 독특한 몸짓과 리듬감이 나온다. 그게 신 가락을 돋우는 게다.

08

부산 만덕동에 석불사라는 조그마한 절이 있다. 그 석불사의 석탑에 새겨진 부조 하나가 어느 외국인의 눈에 띄어 세상에 알려졌다. 이 부조는 부처의 수호신이라는 '금강역사'• 를 새겨놓은 것인데, 부조 속 금강역사의 포즈가 영락없이 싸이의 말춤 그대로다.
정작 우리는 모르고 그냥 지나쳤는데, 싸이를 좋아하는 어떤 외국 팬 하나가 이를 보고 인터넷에 올린 거다. 그래서 이 영상이 엄청 퍼진 게다.
문화가 이렇게 무서운 것이고, 숨길 수 없는 것이고, 남들이 외부의 눈으로 보면 더 잘 보인다. 그게 문화유전자라는 것이다.

• 金剛力士

샛길

금강역사와 싸이

금강역사

가수 싸이의 노래 〈강남스타일〉 안무와 그 동작이 비슷해 화제가 되었던 '금강역사' 부조.

금강역사는 다른 말로 옹호신장이라고도 불리며, 본래는 부처님을 지키는 역할을 했다고 한다. 이름에 역(力)자가 들어있는 만큼, 엄청난 힘(코끼리 100마리보다 더 힘이 세단다)을 근육질의 상반신을 드러내는 것으로 표현한다. 현대에는 불교의 수호신으로 대체로 사찰의 문 양쪽을 지키는 수문신장*의 역할을 담당한단다. 우리가 절에 들어갈 때 일주문 다음의 문인 금강문에서 만나게 되는 것이 바로 금강역사다.

3층 석탑의 1층 부분에 새겨진 금강역사의 부조로 유명해진 부산 북구 만덕동의 석불사는 한동안 석탑을 직접 확인하려는 사람들로 예불에 지장을 줄 정도였다고 한다.

• 守門神將

4

밥상 고개

하늘과 땅의 만남

첫째 꼬부랑길

아시아의 젓가락 형태 비교

둘째 꼬부랑길

모순의 긴장이 만들어 낸 궁극의 디자인

셋째 꼬부랑길

헨리 페트로스키의 젓가락론

첫째 꼬부랑길

아시아의 젓가락 형태 비교

한중일 3국 젓가락의 모습이 다른 것은
지정학적 위치 때문이 아니라
세 나라의 음식문화가 달랐기 때문이다.

01 우리나라 속담에는 서로 모순되는 것들이 있다. '돼지 얼굴 보고 잡아먹느냐.' 이는 맛만 좋으면 된다는 뜻이다. 그런데 '보기 좋은 떡이 먹기도 좋다'는 속담도 있지 않은가. 또 있다. '같은 값이면 다홍치마'란 말도 이왕이면 보기에 좋은 것이 더 좋다는 장식의 중요성에 방점이 찍힌 표현이다. 그런가 하면, '허울 좋은 하늘타리'라는 속담은 그와 반대다. 하늘타리•는 잎이 풍성하고 꽃과 유실이 탐스럽기는 하나, 먹지는 못한다. 마땅히 쓸 만한 데가 없다. 그러니 외형 좋은 것에 비해 실속이 떨어지는 소위 장식주의에 대한 비난인 게다. '빛 좋은 개살구'도 비슷한 뜻이다.

• 박과의 여러해살이 덩굴풀

02 본래 모든 도구는 기능을 위해서 존재한다. 신체의 연장•이요, 확장•인 게다. 그래서 처음 도구가 생길 때부터 기능과 장식은 끝없는 논쟁거리였다. 장식은 외형만의 문제가 아니라, 그 기능에도 영향을 주기 때문이다. 우리는 제비를 보면, 겉모양만으로도 날쌔게

날아가는 그 비상을 직감적으로 연상하지 않는가.
손가락을 연장한 가장 단순한 도구인 젓가락, 어쩌면 인간이 사용한 최초의 도구였을 이 젓가락만 해도, 장식과 기능을 두고 '조화냐 대립이냐'라는 참으로 재미난 화두를 던진다.

• 延長 | 擴張

03 누구나 한 번쯤 이런 경험이 있을 거다. 젓가락 없이 산행에 나섰다가, 음식을 먹으려고 젓가락으로 쓸 나뭇가지를 고른 경험 말이다. 그때의 기준은 무엇이었나? 보기에 좋은 나뭇가지를 골랐는가? 아니다. 젓가락의 기능에 맞춰 손에 잡기 쉽고, 강도도 알맞은 나뭇가지를 선택했을 것이다. 골라온 나뭇가지를 보고 누군가, "이걸로 먹으라고 꺾어온 거냐?" 하고 비난한다면, 그건 기능상의 문제다.

04 이번에는 기능에 적합한 나무를 줘봐라. 반드시 다듬는다. 한 번 쓰고 버릴지언정 기능과 상관없는 부분까지도 깨끗이 말이다. 물론 더 쓰기 좋게 하려는 거지만, 보기에도 다듬는 쪽이 좋다.
로빈슨 크루소가 무인도에서 우산을 만든다. 보는 사람이 아무도 없는데 다 만들어 놓고, 멋있는지 아닌지 혼자서 평가를 한다. 봐주는 사람 하나 없는데도 되도록 예쁘게 꾸미려고 한다.

05 《논어》〈옹야〉 편에 이런 말이 나온다. "자왈, 질승문칙야, 문승질칙사, 문질빈빈 연후군자"* 공자님 말씀이, 본바탕(기능)이 겉꾸밈(장식)을 이기면 촌스럽고, 겉꾸밈이 본바탕을 이기면 간사하니, 본바탕과 겉꾸밈이 조화를 이루어야 군자니라, 했단다. 기능과 장식

이 조화를 이뤄야 한다는 게다.

이 말은 한국인의 도구에 대한 생각과 다르지 않다. 문질빈빈, 너무 장식에 치중하는 것도, 그렇다고 기능만을 강조하는 것도 좋아하지 않는다. 이 생각은 젓가락에도 잘 나타나 있다.

• "子曰, 質勝文則野 文勝質則史 文質彬彬 然後君子"(《논어》, 〈옹야〉 제16장)

06 젓가락의 형태는 기능과 장식, 양쪽이 복합적으로 나타난다. 한중일 3국의 젓가락을 비교해보면 제일 짧은 것이 일본 젓가락이고, 가장 긴 것은 중국 젓가락이다. 한국 젓가락은 두 나라의 중간 길이다. 젓가락 끝부분의 굵기도 일본 것이 제일 뾰족하고, 중국 것이 가장 뭉툭하다. 이번에도 한국 젓가락은 일본과 중국 젓가락의 중간이다.

참 절묘하지 않은가? 대륙인 중국과 열도인 일본 사이에 한반도가 자리하고 있듯이, 젓가락 또한 그렇다. 그러나 3국의 젓가락 모습이 다른 것은 지정학적 위치 때문이 아니라, 세 나라의 음식문화가 달랐기 때문이다.

4 밥상 고개 1-샛길 〈한중일 세 나라의 젓가락〉

07 일본은 메이메이젠이라 하여 독상 문화다. 그릇은 나무로 만들어 작고 가볍다. 음식을 먹을 때는 그릇을 들고 먹는다. 젓가락이 길 필요가 없는 게다. 거기에 생선을 자주 먹으니 생선 가시를 바르기 쉽도록 끝이 뾰족하다. 반면 중국은 음식을 식탁 한가운데 놓고, 온 가족이 둘러앉아 밥을 먹는다. 음식과 거리가 멀다. 멀리 있는 음식을 내 앞의 접시에 덜어오려니 자연 젓가락이 길어지는 거다. 또 기름에 볶는 요리가 많으니 미끄럽지 않도록 그 끝이 뭉툭하다.

한국은 어떤가. 온 가족이 둘러앉아 밥을 먹기는 하나 음식을 덜어올 필요가 없다. 반찬 접시에 놓인 것을 그냥 집어먹으면 된다. 거기에 밥그릇을 들고 먹으면 거지나 하는 짓이라고 혼이 난다. 중국 것보다는 짧고, 일본 것보다는 긴 게 당연하다.

08 일본과 중국의 젓가락은 목제가 많다. 요즘 중국은 합성수지, 플라스틱으로 만든 것도 많이 쓰긴 하지만. 우리는 백제의 청동 젓가락을 시작으로 은, 백동, 놋쇠로 만든 젓가락을 사용하다가 지금은 스테인리스제가 대부분이다.
외국 사람은 물론이고 한국 사람까지도, 왜 유독 우리는 금속젓가락을 쓰느냐고 묻는다. 나무젓가락에 비해 미끄럽고 무거워, 집기도 힘들고 불편하다. 금속젓가락으로 동그란 콩알을 집어 입에 넣는 한국인의 젓가락질은 서양인의 눈에는 가히 곡예에 가깝단다.

09 한국만이 금속젓가락을 쓰는 이유는 우리의 독특한 수저 문화와 함께 국물 문화에서 찾을 수 있다. 국물 문화의 영향으로 한국은 중국 일본과 다르게 수저 문화가 발달했다. 그런데 나무는 물과 상극이니, 국물을 떠먹자면 자연 숟가락은 금속이어야 한다.
실가는 데 바늘 간다고 숟가락이 금속인데, 그 짝을 이루는 젓가락만 나무젓가락을 쓸 수는 없지 않은가. 이름 그대로 '수저'이니, 숟가락에 맞춰 젓가락도 같은 금속제를 쓴 것이다. 한국인도 그 뻔한 비밀을 모른다.

10 다른 해석도 있을 수 있다. 금속활자를 봐라. 우리는 예로부터 금속을 주무르는 야금술*이 뛰어났다. 누군 금속 다룰 줄 모르나? 할 게다. 라블레*의 《가르강튀아》*를 보면, 세상에서 가장 큰 종

이 노트르담•의 종이라 했는데, 그건 우리 봉덕사 신종에 대면 방울 수준이다. 물론 중국에도 큰 종이 있기는 하지만 울리지 않는, 그냥 금속 덩어리다. 현존하는 종 가운데 웅장한 소리를 내며 울리는 가장 큰 종은 봉덕사의 성덕대왕 신종•이다. 신라 때부터 이런 큰 종을 만든 야금술이니 식탁에 금속젓가락이 올라온 게다.

• 冶金術 | 프랑수아 라블레(François Rabelais, c.1494~1553) | Gargantua, Notre Dame | 聖德大王神鍾

11 이유는 또 있다. 생명의 궁극적 목표는 말 그대로 '죽지 않고 사는 것'이니, 음식은 어느 나라나 건강과 직결된 문제다. 과거 권력자들에게 가장 무서운 게 무엇이었을까. 하루 세끼 꼬박꼬박 먹어야 하는 바로 그 밥이다. 그 안에 독이라도 들어있다면? 그래서 한국의 왕에게는 기미상궁이 있었고, 서양의 영주들에게는 시식 시종이 있었다. 히틀러도 독살을 우려해 때아닌 기미상궁 검식관을 열다섯 명이나 두었다지 않나. 일본의 도노사마•나 귀족들 집에서는 금붕어를 길러 먼저 음식을 먹어보게 한 뒤, 독의 유무를 판별하기도 했단다. 그런데 독에 민감하기로는 은만 한 게 없다. 은수저를 사용한 한국의 선조들은 독에 관한 한, 최고 권력자 수준의 보살핌을 받은 셈이다.

뒤에 다시 이야기하겠지만, 이렇게 훌륭한 젓가락 기술을 이어받은 후예들이 스마트 젓가락을 만들자는데 왜 못 만드나. 참 딱하다.

• とのさま(殿樣, 영주)

12 금속젓가락을 사용하는 건 우리만이 아니다. 몽골인도 금속젓가락을 사용한다. 몽골인은 초원의 유목민•이라 끝없이 이동

하며 산다. 음식은 주로 야외에서 먹는다. 그래서 젓가락과 나이프를 칼집에 넣어 함께 가지고 다닌다. 육식 위주의 식생활이기 때문이다. 양을 도살하면 뼈째 요리해 나이프로 요령껏 고기를 발라내서 먹는데, 발라낸 고기를 나이프에 얹은 채 그대로 입으로 가져간다. 나이프로 고기를 자를 때, 회 뜨듯이 해서 먹기 때문에 처분도•라고도 불렀다. 나이프와 젓가락을 넣는 칼집은 세공한 보석으로 화려하게 장식하고, 섬세한 조각이 들어간 상아나 뼈, 은으로 된 젓가락을 쓰기도 한다.

결국, 우리는 문화적 유전자로 보면 중국과 가깝지만, 생물학적 유전자로는 몽골 쪽에 가깝다. 우리가 금속젓가락을 쓰게 된 데는, 우리의 먼 혈연의 덕도 있는 것 같다.

• nomad, 노마드족 | 處分刀

13

나무젓가락을 사용하는 중국과 일본에는 쓰이는 목재에 따라 다양한 풍습이 있다. 중국에서 뽕나무 젓가락은 중풍을 예방하는 용도다. 일본은 삼나무 젓가락을 가장 많이 쓰는데, 상록수인 삼나무가 생명을 이롭게 한다고 해서 장수를 기원하는 의미가 있다. 또, 감나무 젓가락도 많이 쓴다. 감나무는 열매를 많이 맺을 뿐 아니라, 일본 말로 감이라는 '가키'•가, 무엇을 풍성하게 거둬들인다는 '가키이레'•와 음이 같아서 풍요를 상징한다.

• 柿 | 書(き)入れ

14

불교에서는 버드나무를 수목의 왕이라 하여 성목•으로 여긴다. '눈이 내려도 꺾이지 않는다'라는 말처럼, 버드나무는 목질이 차져서 가벼우면서도 질기다. 나뭇결도 희다. 게다가 봄이 오면 제일 먼저 새싹이 나오는 나무다. 일본에서는 그 상징성을 귀하게 여겨, 정월이면 자손 번영이나 축사• 를 위해 버드나무로 젓가락을 만들어 계절 요리를 먹는다. 이때 사용하고 난 젓가락은 분질러 버리는 풍습도 있다.

• 聖木 | 祝辭

15

우리는 여간해서 내 수저, 네 수저를 구분하지 않는다. 집에서는 물론, 음식점이나 고속도로 휴게소도 마찬가지다. 깨끗하게 씻었다 해도, 결국 그건 남이 쓰던 수저 돌려쓰는 거다.

한중일 3국 가운데 가장 청결에 세심한 일본은 한 가족끼리도 젓가락을 돌려쓰지 않는다. 각자 제 젓가락이 따로 있다. 학교급식이라도 자기 식도구는 제가 가지고 다닌단다. 일회용 젓가락 와리바시가 나오게 된 배경이다. 반면 중국에서는 친밀함의 표시로 자신의 젓가락을 다른 가족이나 손님에게 허용하기도 한다.

16

젓가락 하면 떼놓을 수 없는 게 밥상이다. 예전의 우리 풍습은 상마다 음식의 가짓수가 달랐다. 일본과는 조금 다른 독상 문화이기 때문이다. 집안의 가장 어른인 할아버지부터 남자들, 여자들, 그리고 저 마지막 돼지에 이르기까지 무수한 '상물림'이 있었다. 그 상과 상 사이에는 다양한 계층이 존재한다. 위로부터 남긴 음식을 차례로 먹으니 대단히 불평등한 것 같지만, 사실은 한 음식을 나눠 동식• 하는 거다. 그래서 뒤에 먹는 사람을 위해 절대 생선을 뒤집지 않는다.

• 同食

17

한국의 젓가락은 다른 나라에서는 볼 수 없는 금속을 사용하는 데다 숟가락과 짝을 이뤄 쓰기 때문에, 젓가락만 떼어서 그 의미를 논할 수 없다. 젓가락과 숟가락을 합쳐서 '수저'라고 하지 않았나. 항상 같이 다닌다.

젓가락과 숟가락은 완전한 한 쌍*이다. 앞서 말했듯 숟가락은 음이다. 국물을 떠먹는다. 젓가락은 양이다. 고체 음식, 덩어리를 집는다. 숟가락으로는 뜨고, 젓가락으로는 집는다. 그래서 각각의 한 단위는 숟가락의 경우는 한 술이고, 젓가락은 한 저분이라고 한다.

이제 평소 늘 보아오던 숟가락 젓가락이 좀 다르게 느껴지는가. 그 모양새를 머릿속에 담고 다음 꼬부랑길로 넘어가자.

* one set

한중일 세 나라의 젓가락

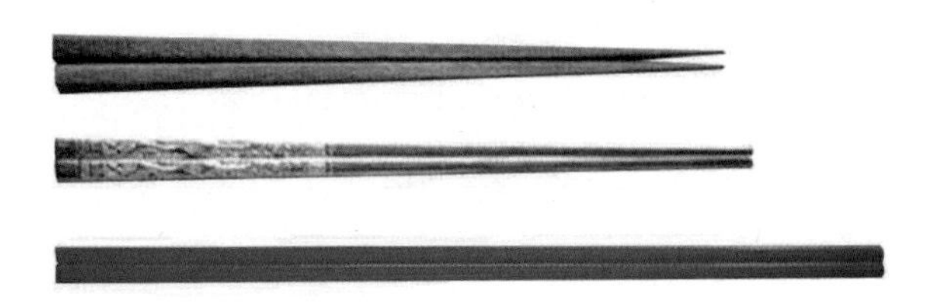

일본 젓가락(위), 한국 젓가락(가운데), 중국 젓가락(아래)

젓가락의 디자인은 음식문화와 밀접한 관련을 가진다.
중국은 기름을 많이 써서 만드는 볶음요리가 주를 이룬다. 야채도 데치는 게 아니라 기름에 가볍게 볶는다. 아니면 아예 기름에 넣어 튀긴다. 그래서 음식은 아주 뜨거운 데다 미끄럽기까지 하다. 그래서 나무로 만들거나 요즘은 합성수지로 만든 젓가락을 많이 쓴다. 게다가 크고 둥근 테이블에 많은 사람들이 빙 둘러앉아 식사를 한다. 큰 테이블의 한가운데 음식이 모이고, 사람들은 젓가락으로 음식을 제 접시에 덜어다 먹었다. 그래서 멀리 있는 음식을 집기 편하도록 젓가락은 자연스럽게 길게 만들어졌다.

한국은 식구들이 함께 둘러앉아 먹는다 해도 중국에 비해서는 밥상이 좁다. 반찬은 내 앞접시에 옮겨 담아 먹기보다 반찬 접시에서 집어 그대로 입에 가져가는 경우가 많다. 젓가락이 중국처럼 길 필요가 없는 것이다. 거기에 한국의 반찬은 국물을 함께 먹는 종류의 것이 많다. 불고기도 김칫국도 모두 자작한 국물이 있다. 또한 그릇을 들고 먹는 것은 금기시되는 일이라, 떠먹을 수저가 반드시 있어야 했다. 국물을 떠먹는 숟가락은 나무는 안 되고 금속이라야 한다. 그래서 그 숟가락의 짝이 되는 젓가락 역시 금속제다. 납작한 형태의 금속제 젓가락은 힘을 완벽하게 조절해서 전달할 수 있는 장점이 있다.

일본은 밥그릇을 들고 먹는 것이 예의다. 그래서 밥그릇은 작고 가벼워졌으며 젓가락도 덩달아 짧아졌다. 생선 요리가 많다 보니 일본 젓가락이 주로 하는 일은 반찬을 집는 것이 아니라 생선의 뼈를 바르거나 자르는 일이 되어 끝이 가장 뾰족하고, 위아래 굵기 차이가 많이 난다. 게다가 차진 성분이 많은 쌀을 먹어 젓가락으로 밥을 뜨기가 더 편했다. 대개 나무로 만든 것을 사용했다.

다양한 모양새의 일본 젓가락

일반적으로 보자면 끝이 뾰족하고 길이가 짧은 것이 일본 젓가락의 특징이지만 사실 일본 젓가락은 그 형태가 매우 다양하다. 중국과 한국의 젓가락은 굵기가 균등한 반면, 일본 젓가락은 굵기부터 다양하다. '가타구치바시(片口箸)' 젓가락은 한쪽 끝이 뾰족하고, '료구치바시(両口箸)' 젓가락은 양쪽 끝이 뾰족하며, '마루바시(丸箸)' 젓가락은 끝이 둥근 모양을 하고 있는 등 많은 종류가 있다.
길이도 어린이용 젓가락, 남편 젓가락이 더 긴 '메오토바시 젓가락(夫婦箸)' 등 다양

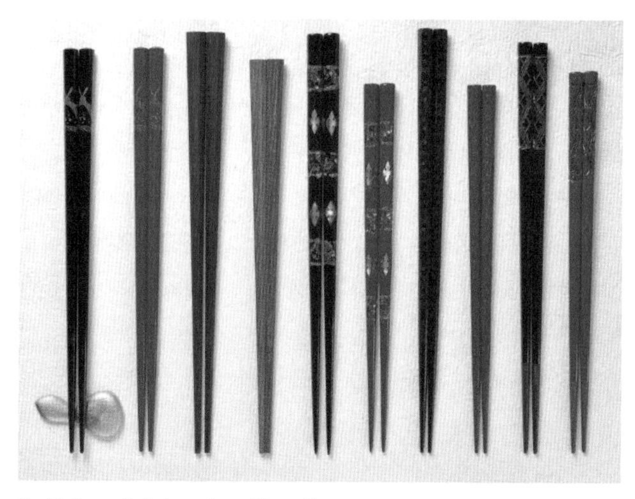

Ito Chiharu Collaboration: Ginza Natsuno

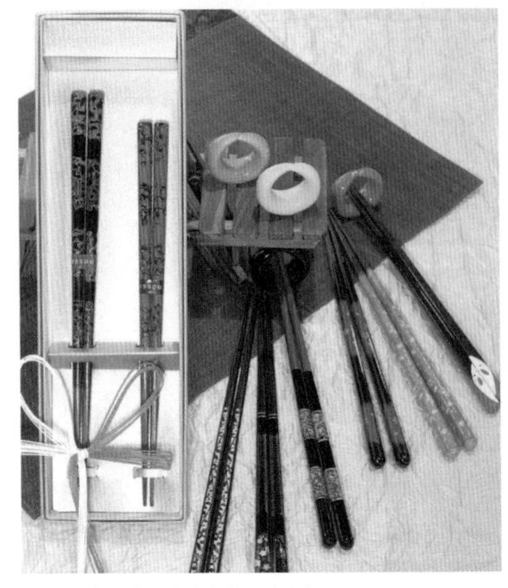

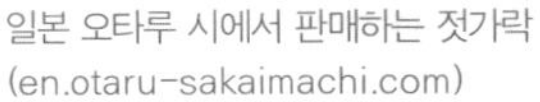
일본 오타루 시에서 판매하는 젓가락
(en.otaru-sakaimachi.com)

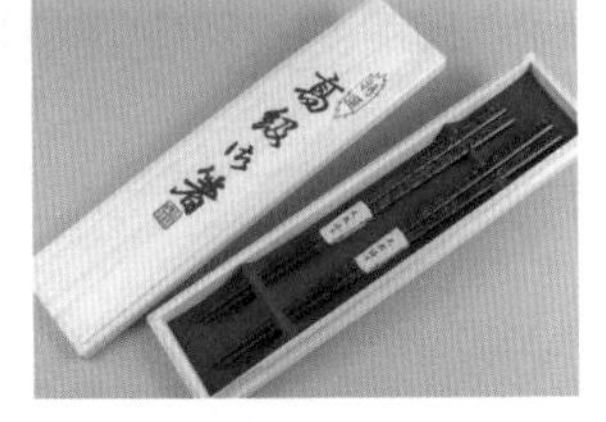

일본의 휴대용 젓가락

하다. 재료도 나무, 대나무, 금속뿐 아니라, 칠기 등을 사용한 고가의 젓가락까지 종류가 많다. 음식을 먹을 때뿐만 아니라, 음식을 만들 때 사용하는 '사이바시(菜箸)', 축하선물로 주는 '이와이바시(祝箸)', 음식을 집을 때 사용하는 '도리바시(取箸)' 등 용도에 맞게 분류하여 사용한다.

본래 일본 젓가락의 시초는 대나무 가지, 이쑤시개로는 버드나무를 사용했다는 것이 통설이다. 그러나 에도 시대 다도명인이라 칭송받는 센리큐* 이후 적삼*을 젓가락에 주로 이용하게 된다. 딱딱한 것이 치아에 나쁘다고 생각한 그는 다도에서 주로 쓰는 금은, 상아, 별갑, 당목 등의 젓가락 대신 목질이 무른 적삼을 사용했다고 한다. 그러나 적삼 역시 값이 비싸 다른 물건을 만들고 남은 자투리를 이용하여 젓가락을 만들었고, 그 외에도 다양한 나무를 계절이나 도리에 맞추어 사용했다.

• 千利久 | 赤杉

일본의 와리바시

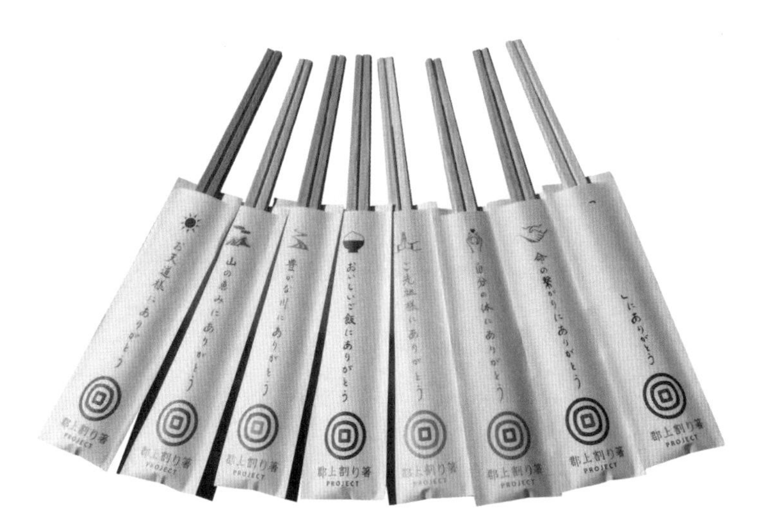

일본의 와리바시(https://gujowaribashi.stores.jp)

나무젓가락을 뜻하는 '와리바시'•라는 일본말은 '나누다'라는 뜻의 와루•와 젓가락을 뜻하는 하시•가 합쳐진 것이다. 나무젓가락은 두 개를 쪼개 나누어 사용해야 하는 데서 유래한다.

메이지 시대 때는 손님에게 와리바시를 내는 요정이 고급으로 통했다. 일회용 젓가락은 쪼개서 쓰기 때문에 이미 남이 사용한 것은 다시 사용할 수 없어 위생적이라는 면에서 선호됐다. 만드는 쪽에서도 두 개를 만드는 것보다 하나에 쪼갤 수 있는 금만 그으면 되므로 생산효율이 높다. 또한 소비량도 재사용하는 젓가락보다 훨씬 많다.

한국에서도 사용되었지만, 자원 낭비라 하여 군사정권 때 생산이 중단된 적이 있었다. 금속젓가락이 숟가락과 함께 '수저'로 함께 사용되는 한국에서는 젓가락 풍습이나 그것의 상업화 등이 서로 다른 문화를 만들게 된다.

일본에서는 1980년대부터 산림자원 파괴의 이유로 일회용 와리바시에 대한 논란이 일어나 추방 운동이 벌어졌다. 하지만 일회용 젓가락의 목재 소모량은 신문지나 화장지의 그것과 비교가 되지 않는다. 그런데도 와리바시에 대한 거부감이 생긴 이유는 뭘까?

다른 목제 가공품들은 완제품에서 나무라는 생각이 들지 않는다. 하지만 와리바시는 나무를 그대로 깎아 만든 것으로 그 소재 자체가 주는 느낌이 있다. 그리고 사람에게 식사란 무엇보다 소중한 것이다. 음식을 서로 나누어 먹은 자리에 함께한 젓가락을 버리는 것에도 무의식적 반감이 작용한다.

- 割り箸 | 割る | はし

출처 : 무카이 유키코(向井 由紀子), 《젓가락-사물과 인간의 문화사(箸—ものと人間の文化史)》, 2001

둘째 꼬부랑길

모순의 긴장이 만들어 낸 궁극의 디자인

젓가락은 3,000년을 내려오는
인간이 만든 물건 가운데
가장 원형적이고 궁극적인 디자인이다.

01 아시아 3국의 젓가락이 형태나 소재, 장식이나 기능에서 서로 다른 차이를 보이지만, 젓가락의 문화유전자라는 측면에서는 긴밀한 연관성이 있다. 그건 바로 모순을 극복하는 아시아의 힘이다. 특히 한국의 힘이다.

동양의 선비들에게 아낌없는 사랑을 받아온 꽃이라면 무엇이겠나. 바로 매화다. 청초한 자태와 은은한 향기, 매서운 추위에도 굴하지 않고 꽃을 피워내는 매화의 절개 때문이었을 게다. 특히 퇴계 선생은 이런 매화를 끔찍이도 사랑했다. 겨울의 한파를 견디고 홀로 고고하게 피어난 매화에서 말할 수 없는 아름다움을 발견한 것이다.

02 레오나르도 다 빈치* 는 빛과 어둠이 한데 섞인 새벽빛에 미와 진실이 있다고 했다. 그가 그린 모나리자를 보면, 미소 뒤에 어려 있는 어슴푸레한 슬픔을 발견할 수 있다. 뒤샹* 은 모나리자의 입가에 수염을 그려, 숨겨진 남성성을 드러내 보이기도 했다. 릴케* 는 《말테의 수기》에서, 아이의 이마에 난 종기를 보며 가장 생생한 생명 속

에 죽음이 깃들어 있음을 발견한다. 서로 모순되는 것 속의 아름다움을 찾아낸 게다.

• Leonardo da Vinci | Marcel Duchamp | Rainer Maria Rilke

03 우리가 하루도 빠지지 않고 사용하는 젓가락이지만, 유심히 들여다본 사람은 거의 없을 게다. 일상적으로 사용하는 생활 도구일 뿐, 형태라 할 만한 것도 없는 단순한 모양새인데 그 안에 무슨 그리 깊은 뜻이 있겠냐고 할 수도 있다. 하지만 그건 모르는 소리다. 젓가락의 형태에는 우리가 모르는 심오한 미학적 가치가 담겨있다.

04 일찍이 동양철학에서는 '하늘은 둥글고 땅은 네모나다'라고 생각했다. 이걸 천원지방* 이라고 한다. 동양에서는 이 '천원'과 '지방'이 한데 어우러진 세상을 우주론의 기본 원리로 삼았는데, 그 세계관을 한눈에 보여주는 것이 바로 젓가락의 형태다.

젓가락을 자세히 살펴보면, 한쪽은 네모나게 각이 지고 반대편은 둥글며 뾰족하다. 한쪽은 손으로 잡아야 하니 미끄럽지 않게 뭉툭하고 네모나다. 반대편은 음식을 집어야 하므로 뾰족할 수밖에 없다. 뾰족하려니 끝은 동그래야 된다.

• 天圓地方

05 알고 보면, 이처럼 단순해 보이는 막대기에 상반되는 두 가지 기능이 공존하고 있으며, 대립되는 두 가지 형태가 한데 어울려 있는 걸 확인할 수 있다. 젓가락의 형태는 네모난 모양에서 시작하여 어느새 각이 점점 둥그레지다가, 마지막에는 뾰족하고 동그란 모양으로

변화해가는 역동적 프로세스다. 이렇게 젓가락이라는 한 몸에 두 가지의 다른 모양이 조화롭게 통합돼 있는 것이다. 아름답지 않은가. 젓가락의 미는 이러한 모순에서 출발한다.

06 지우개 달린 연필처럼 모순되는 두 성질이 결합할 때, 우리는 그 속에서 아름다움을 발견한다.

내가 만약 디자인을 가르치는 선생이라면 젓가락 깎는 법부터 가르칠 거다. 젓가락에서 아름다움을 뽑아낼 수 있는 사람이라면, 어떤 종류의 디자인에서도 미를 창조해낼 수 있기 때문이다. 젓가락의 디자인은, 그 이상 더할 것도 뺄 것도 없는 디자인이자, 원형이 발달할 수도 퇴보할 수도 변할 수도 없는 완성된 디자인이다. 그래서 3,000년을 내려오는, 인간이 만든 물건 가운데 가장 원형적이고 궁극적인 디자인이라고 말하는 것이다.

07 디자인 측면에서 보자면, 서양의 식기에서는 이러한 모순을 찾을 수가 없다. 서양의 포크는 날이 두 개인 것도 있고 세 개, 네 개인 것도 있다. 나이프도 별의별 모양의 것이 다 있다. 하지만 모순된 것 사이의 긴장을 조절하면서 아름다움을 뽐내고 있는 것은 오직 젓가락뿐이다.

08 컵의 형태를 봐라. 처음에 컵은 손잡이 없이 두꺼웠다. 뜨거운 것을 담아 마시려니 두꺼울 수밖에 없었다. 그러다 손잡이를 붙이자 뜨거워도 잡을 수 있게 되었다. 그러니까 손잡이가 붙으면서 컵의 두께가 얇아지고, 오늘날의 손잡이 달린 컵의 형태가 생겨난 것이다.

이처럼 과학이 발달하고 인간의 경험이 축적되면서 도구는 끝없이 진화한다.

09 그러나 젓가락만은 사용자에 따라 굵기나 길이에 다소 차이는 있을지언정, 기본적인 모양새는 변하지 않는다. 손으로 잡을 때와 음식을 집을 때의 서로 다른 두 기능. 이 두 가지 기능이 처음부터 젓가락 안에 완성돼 있었던 것이다. 시대가 바뀌고 몇천 년이 지나도 인체의 형태가 그다지 바뀌지 않는 것처럼, 젓가락도 인체처럼 기본적인 신체성을 담고 있기 때문이다.

10 앞의 이야기로 돌아가자. 한중일의 다른 나라에는 없는 우리의 금속 수저 한 벌. 거기에 담긴 천원지방의 의미가 젓가락만으로는 얼른 눈에 띄지 않지만, 그 옆에 숟가락을 놓아보면 완벽하게 대립되는 모순을 발견할 수 있다. 숟가락의 음과 젓가락의 양, 숟가락의 둥근 면과 젓가락의 직선. 하지만 이 모순을 대립이 아닌 조화로 승화시켜 아름다운 한 몸의 짝으로 거듭났다.

11 젓가락이 달처럼 둥근 숟가락을 보완하고, 숟가락은 일직선으로 뻗은 젓가락을 보완한다. 상 위에 놓인 음식들은 이 두 개의 서로 다른 직선과 원, 선과 면을 만나 온전히 인간에게 전해진다. 그뿐인가. 젓가락의 끝에는 목숨 수* 를, 숟가락의 원 안에는 복 복* 자를 새겨 넣어 그 어우러짐에 문자까지 더했다. 두 개가 따로 놀면서 서로 함께 조화하는 모습이다.

• 壽 | 福

12 한중일 3국 중, 한국인만이 젓가락과 숟가락의 상호성이라는 '서로'의 의미를 지킨다. 양자역학•의 아버지 닐스 보어•도 발견한 "Contraria Sunt Complementa"•의 그 태극 문양처럼 둘이면서 하나인 천원지방의 우주론과, 음양의 완벽한 디자인을 몇천 년 동안 지키고 있는 게다. 그래서 이것이 한국 디자인의 원형이 된다.

• 量子力學 | Niels Bohr | 대립은 상보다

셋째 꼬부랑길

헨리 페트로스키의 젓가락론

완벽해 보이는 사물도 언제나 개선의 여지를 남기고 있다.
하지만 이 세상에서 최초이자 마지막으로 완성된
딱 하나의 디자인은 젓가락이다.

01 우리가 매일 사용하는 식사 도구는 우리의 손만큼이나 친숙하다. 우리는 거의 무의식중에 숟가락과 젓가락, 나이프와 포크를 사용한다. 그런데 이 숟가락과 젓가락, 또 포크와 나이프는 누가, 언제, 무엇 때문에, 어떤 과정으로 만들었을까.
디자인 공학자인 헨리 페트로스키•는 이 궁금증을 본격적으로 파헤쳤다.

• Henry Petroski

02 본질적인 기능은 똑같은데 왜 문화권에 따라 모양이 전혀 다른 도구를 쓰게 되었을까? 거기에는 어떤 획일적인 메커니즘•이 존재하는 것인가? 서양에서 사용하는 포크 나이프의 발전을, 동양에서 젓가락이 발달한 과정과 같은 원리로 설명할 수 있는가? 만일 형태가 기능에 따라 결정되는 것이 아니라면, 대체 어떤 메커니즘이 도구의 형태를 결정하는가? 이런 물음에 답을 찾기 위해 시작된 것이 포크와 젓가락의 형태에 대한 탐구다.

• mechanism

03 그가 던진 이 물음은 디자인 세계에 새로운 파장을 몰고 왔다. 왜냐하면 그때까지는 '형태는 기능에 따라 결정된다'•는 이론이 금과옥조처럼 여겨졌으니까. 식탁에서 시작된 이 질문은 인간이 디자인한 모든 인공물의 기원과 진화에 대한 근본적인 문제 제기인 셈이다. 이는 식사 도구의 진화나 분화에 대한 탐구가, 인류가 만든 기술제품의 진화를 통합하는 이론으로도 발전할 수 있기 때문이다.

• Form Follows Function

04 페트로스키의 탐구에 따르면, 젓가락의 출발점은 뜨거운 음식과 관련이 있다. 옛날사람들은 음식이 오랫동안 식지 않도록 커다란 냄비에 넣고 끓여 먹었다. 그런데 허기진 상태에서 허겁지겁 음식을 꺼내려다 종종 화상을 입다 보니, 궁리 끝에 젓가락을 쓰게 되었다는 설이다. 손가락을 보호하기 위한 방편이었던 셈이다. 또 하나의 가설은 '군자는 칼날을 멀리해야 한다'•는 맹자•의 가르침에서 비롯되었다는 설이다. '군자가 멀리해야 할 곳'은 부엌과 도살장인데 나이프는 도살장을 연상시키기 때문에, 서양에서 발달한 나이프가 동양에서는 사용되지 않았다는 것이다(포크가 일반화되기 전까지, 서양은 나이프만으로 식사하던 시기가 있었다).

• 君子遠庖廚 | 孟子

05 사물의 디자인이란 사용자의 불편한 경험을 수정하고 보완하면서 형태가 완성된다. 일종의 진화다. 서양의 식사 도구가 사용자의 불편을 해결하는 방향으로 진화한 것처럼, 오늘날의 젓가락 형태도 마찬가지다. 목재를 깎아 만든 둥근 젓가락에서 드러난 불편사항을

차례차례 해소하면서 진화해온 것이다. 그렇다면 젓가락은 어떤 진화과정을 거쳤을까?

06 처음 젓가락의 시원* 은 자연 상태의 나뭇가지였을 것이다. 자연 그대로의 나뭇가지는 굵기가 일정하지 않고 표면도 거칠다. 그 나뭇가지를 손질한다. 그러나 위아래 없이 균등하고 매끈하게 다듬어놓은 목재는 보기에는 좋으나 손으로 잡으면 미끄럽고, 테이블 위에서도 이리저리 굴러다닌다. 게다가 잡는 부분은 너무 가늘어 손이 아프다. 반면에 음식을 집는 부분은 너무 두꺼워 세밀한 작업(음식을 찢고, 가시를 발라내고, 작은 것을 집는)을 하기 어렵다. 이러한 불편사항을 하나하나 해결하면서 진화해온 것이 오늘날의 음식을 집는 쪽은 둥글고, 손으로 잡는 쪽은 네모난 젓가락의 형태다.

• 始原

07 결국 진화의 방향을 결정하는 것은 그 도구를 어떻게 사용하느냐에 달려있다. 우리는 젓가락이라는 도구를 어떻게 사용하는가? '자르고, 누르고, 옮기고, 합하고, 잡는' 데 쓴다. 이 중 자르는 것, 그러니까 김치 같은 걸 찢고, 뭉쳐있는 밥 같은 걸 잘게 떼고, 뼈에 붙은 살점을 발라내고, 생선 껍질을 벗기고 하는 기능은 서양에서라면 모두 나이프의 역할이다. 여기에 음식을 누르고 찌르는 동작은 포크의 역할일 테다.

또 우리는 젓가락으로 음식을 옮기거나 섞고, 반죽하고 모을 수 있다. 이것은 서양의 식탁에서라면 포크와 스푼이 동시에 수행하는 작업이다.

08 여기에 포크도 나이프도 스푼도 절대로 할 수 없는 젓가락만의 고유한 작업으로 집기(음식을 잡고, 끼우고, 김과 같은 것으로 음식을 감싸는)가 있다. 젓가락의 형태는 이 모든 동작을 원활하게 수행하는 방향으로 진화돼 온 것이다. 헨리 페트로스키는 이미 완벽해 보이는 사물 또한 '언제나 개선의 여지를 남기고 있다'라고 하면서, 그러나 이 세상에 최초이자 마지막으로 완성된 디자인은 딱 하나, 그것은 젓가락이라고 했다. 현재까지도 다양하게 변하고 있는 여느 식도구와 비교해볼 때 이것은 놀라운 사실이다.

09 나이프와 포크, 그리고 젓가락이 어떻게 발전해 왔는가? 이 질문에 대한 단순한 비교만으로도, 동양과 서양이 '음식을 어떻게 먹을 것인가'라는 가장 기본적이고 가장 중요한, 동서양 공통의 문제를 얼마나 다른 방식으로 해결해왔는지를 알 수 있다. 그 차이가 현재의 동양과 서양의 차이를 만들었다 해도 과언이 아니다. 동양에 적소위대*라는 말이 있듯이, 페트로스키는 '작은 물건에 큰 뜻이 숨어 있다'고 했다. 식도구라는 이 작은 물건이 동양과 서양의 커다란 문명의 차이를 만들어낸 것이다.

• 積小爲大

10 젓가락은 주로 목재로, 포크와 나이프는 대부분 금속으로 만든다. 이 재료들은 분명 두 종류의 식도구가 각기 다른 형태로, 서로 다른 기능을 발휘하는 데 중대한 영향을 미친다. 당연히 두 재료를 다루는 기술의 발전이 개입된다. 즉 식도구의 발전 형태는 기술과 문화가 서로 얼마나 긴밀한 관계 속에서 발전해왔는지를 보여준다.

인간이 만든 모든 인공물의 형태, 본질, 사용방식은 그 기술과 함께 정치나 풍습, 개인적 취향에도 영향을 받을 수밖에 없다. 그리고 그렇게 연계해서 발전해온 인공물은 다시 관습과 사회에 영향력을 행사한다.

샛길

헨리 페트로스키의 서양 식도구의 진화사

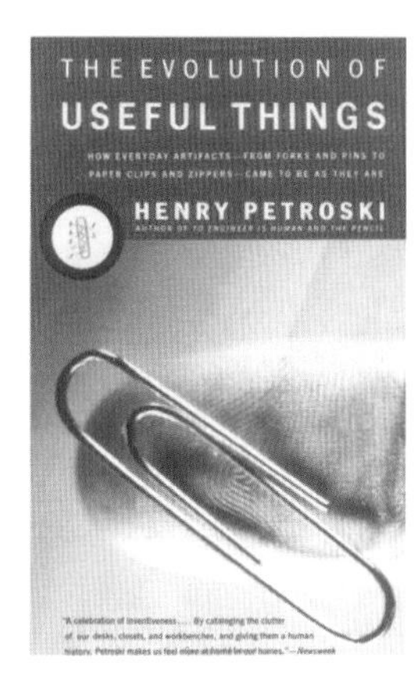

헨리 페트로스키,《The evolution of useful things》

사물의 철학자이며 '테크놀로지의 계관시인'이라 불리는 디자인 분야의 선구자 헨리 페트로스키는《포크는 왜 네 갈퀴를 달게 되었나》* 라는 자신의 저서에서, 주변의 수많은 유용한 물건에 숨겨진 탄생과 진화의 발자취를 생생하게 밝히고 있다. 그 가운데 포크와 나이프 같은 식사 도구의 진화과정을 추적하면서, 이례적으로 동아시아의 젓가락에 대해서도 언급했다.

동양에서는 약 5,000년 전에 손가락을 대신하는 젓가락이 등장했는데, 그 젓가락의 기원에는 여러 가지 설이 있다. 헨리 페트로스키의 저서에 의하면 '옛사람들은 갓 끓여낸 음식을 꺼내려다 종종 손가락에 화상을 입곤 했다. 뜨거운 음식을 맛있게 먹고, 손가락도 보호하려는 궁리 끝에 나온 것이 젓가락'이라는 것이다. 또 다른 의견으로는 공자의 가르침에 따라 '군자가 멀리해야 할 곳'인 부엌과 도살장이 연상되는 나이프를 (식탁에서) 사용할 수 없었기 때문이라는 설도 덧붙이고 있다.

서양의 식사 도구들이 실제 사용하면서 드러난 결함에 대응해 진화한 것처럼, 오늘날의 젓가락도 그 같은 진화의 과정을 거쳤다. 최초 젓가락의 형태는 나뭇가지를 잘라 쓰는 것이었으리라. 그러다 외관을 고려하여 보기 좋은 형태로 다듬어 둥근 모양의 젓가락으로 만들어 썼을 것이다. 그러나 "매끄럽고 둥글게 다듬어 외관을 개선하니, 자연 그대로의 나뭇가지 젓가락(을 사용할) 때는 몰랐던 결함이 드러났다. 매끄럽고 둥근 젓가락은 손에서 미끄럽기도 하거니와 자칫 식탁에서 굴러떨어지기 쉬웠다. 뿐만 아니라 손잡이 쪽과 음식에 닿는 쪽의 두께가 같다 보니, 음식에 닿는 부분은 음식을 집거나 찢기에는 너무 투박하고, 반면 손잡이 부분은 너무 가늘어 식사 내내 (쥐고) 사용하기 불편했다."

그런데 저자는 사물의 진화는 이러한 불편 사항, 기능상의 결함을 개선해가는 과정에서 이루어진다고 한다. 젓가락도 예외가 아니어서, 둥글고 매끄러운 젓가락에서 오늘날과 같은 음식에 닿는 쪽은 둥글고 가늘게, 손에 쥐는 쪽은 안정적으로 네모나게 기능에 따라 디자인이 변형되었다. 이처럼 젓가락 또한 여러 차례의 시행착오와 보완 작업을 거쳐 진화한 것이다.

나이프와 포크, 젓가락처럼 일상의 도구를 진화론적 관점에서 살펴보면, 디자인이라는 개념을 새로운 시각에서 파악할 수 있다. 그 모두는 한 사람의 머릿속에서 하루아침에 완성되어 나오는 것이 아니라, 그 도구들이 쓰이는 사회적, 문화적, 기술적 맥락에서 사용자들의 (주로 부정적인) 경험을 통해 수정, 보완되면서 형태가 완성되는 것임을 알 수 있다.

미국 토목학회의 특별회원이자 미국 예술과학아카데미와 공학한림원의 회원인 디자인 공학자. 토목공학의 전공자임에도 현재는 듀크대학의 사학과 석좌교수로 재직 중이다. '테크놀러지의 계관시인'이라는 별명도 가지고 있다.
우리나라에는 연필이 생겨나게 된 기원과 연필 공학에 대한 연구인 《연필》• 이라는 책으로 널리 알려졌다. 별것 아닌 것 같아 보이는 간단한 인공물의 진화과정을 통해 우리가 현재 사용하는 물건들이 어떻게 태어나고 발전해 왔는지를 학문적으로 밝힌다. 물건이 진화, 발전하는 원동력이 바로 '실패'라는 거다. 실패와 불편함은 도구를 비롯한 인간이 만든 모든 것의 발명, 창조, 혁신의 시작이라고 설명한다. 그래서 그에게 디자인은 공학기술과 인간의 감성이 결합된 총체적 과정이다.

• 원제 《The evolution of useful things》, 김영사, 2014 | 원제 《The Pencil》, 지호, 1997

5

사이 고개

따로와 서로의 인터페이스

첫째 꼬부랑길

사이를 이어주는 또 하나의 인仁

둘째 꼬부랑길

결합하고, 조화하고, 연결하는 동양의 문화

첫째 꼬부랑길

사이를 이어주는 또 하나의 인仁

두 개의 막대기를
너와 나의 낭떠러지에 걸어봐라.
젓가락은 소통의 다리가 아니더냐.

01 음식과 나 사이에 무엇이 있나? 젓가락 숟가락이 있다. 젓가락은 먹는 사람과 먹을 것을 연결해주는 매체로서 기능한다. 마치 인간과 컴퓨터 사이에 상호작용이 가능하도록 이어주는 자판처럼 말이다.

컴퓨터 용어로 하면 젓가락은 인터페이스*다. 왜 젓가락이 한국은 물론 아시아문화에서, 서양과는 다르게 3,000년의 꽃으로 피어날 수 있었을까. 단순히 손으로 집지 못하는 것을 잡게 해주는 효용성 때문일까. 그러나 그것만으로는 설명될 수 없는 무언가가 있다.

* interface

02 음식을 만드는 사람이 자기 편의대로 요리를 만들어 내준다고 상상해보라. '나는 만드는 사람이야. 너는 먹는 사람이야. 나는 나 알아서 만들었어. 너는 너 알아서 먹어.' 이러면 먹는 사람과 요리하는 사람 사이에 단절이 생긴다. 그런데 음식을 만드는 사람이 '이렇게 덩어리진 걸 어떻게 먹겠나. 잘라줘야지' 하며 먹는 사람을 배려해서

미리 잘게 썰어주는 요리법을 생각해낸다. 바로 그거다. 그 마음, 그 배려심이 아니었다면 젓가락은 탄생되지 않았을 거다.

03

여기서 보다 분명한 젓가락의 상호성이 나온다. 먹는 사람과 음식과의 상호성만이 아닌, 요리하는 사람과 먹는 사람과의 상호 소통 말이다.

젓가락에는 개체보다, 개체와 개체 간의 관계를 소중히 여기는 문화적 특성이 내재돼 있다. 젓가락을 인* 의 상징으로 보는 것도 그런 맥락에서다. 우리는 흔히 공자의 핵심사상인 인을 '어질다'는 뜻으로만 알고 있다. 그러나 그 본질은 개체로서의 인간이 아니라, 사람과 사람 사이의 인간관계를 뜻한다. 부모와 자식 관계에서 인은 효* 고, 형제간에는 우애* 고, 임금과 신하 사이에는 충* 으로 나타난다. 젓가락은 두 개체 사이를 이어주는 또 하나의 '인'이다.

• 仁 | 孝 | 友愛 | 忠

04

요즘은 몰라도, 예전 우리 세대에게 비프스테이크를 덩어리째 상에 올려봐라. 대뜸 나오는 소리가 있다. "내가 개냐? 이걸 사람 먹으라고 내놓은 게냐?" 한국인에게 그건 음식을 '차려'준 게 아니다. '던져'준 게다. 너 알아서 먹으라고.

한국의 어머니나 할머니는 음식을 차려 줄 때, 맛도 중요하지만 먹기 좋게 썰어주고, 쪼개주고, 다져주는 게 우선이다. 반면 개인주의를 문화의 핵심 코드로 삼고 살아온 서양 사람들은 우리처럼 썰어주면 개인의 자유를 침해하거나 간섭한다고, 거꾸로 화를 낸다. 문화적 차이, 참 크기도 하다.

05

서양 음식에 젓가락 숟가락만 달랑 놓으면 굶어 죽기 십상이다. 꼭 전쟁에 나가는 사람처럼 한 손에는 삼지창 포크를 들고, 한 손에는 검 같은 나이프를 들고, 한 사람 한 사람이 전투하듯 음식과 대결한다. 찢고 자르고 찍고. 학창시절 국수주의자 한자 선생님이 그러셨다. "쇠스랑으로 밥 먹는 놈들, 알아볼 겨." 포크를 쇠스랑이란다.

"왜 우리가 젓가락 끝을 뭉툭하게 만든 줄 알아? 찌를까 봐, 다칠까 봐 그런 겨. 그런 게 어질 인자여. 사람 인 자 써놓고 그 옆에 붙인 두 이• 자, 그게 젓가락인 겨. 역지사지,• 바꿔 생각해보는 거, 서로 감응하는 거, 그게 인이여. 그래서 중풍 와서 몸의 감각을 잃은 반신불수, 남이 만져도 모르는 병을 불인병•이라 그랬어. 상호감응을 잃은 거, 그게 불인•인 겨."

• 二 | 易地思之 | 不仁病 | 不仁

06

포크는 원래 젓가락처럼 갈라진 막대기를 뜻하는 것이지만, 뒤에는 쇠스랑 삼지창의 병기를 뜻하는 말로도 사용되었다. 한국말로 직역하면 농기구인 쇠스랑이나 갈퀴가 된다. 젓가락처럼 여러 손가락을 연장한 도구지만, 그 개념은 물건을 집는 손가락이 아니라 손톱을 연장한 것처럼 찢고 할퀴는 작용을 한다.

07

동양의 젓가락과 서양의 포크 나이프를 비교하여 롤랑 바르트•가 그의 저서 《기호의 제국》•에 쓴 글이 있다. 거기서 그는 젓가락을 새의 부리로 묘사했다. 동양인이 젓가락으로 음식을 집어먹는 모습이 꼭 새가 모이를 쪼아먹는 모습과 같다는 것이다. 젓가락을 자세히 살펴보면 끝이 뾰족한 게, 새의 부리와 많이 닮아있다. 또 서양 사람들이 포크 나이프로 식사하는 모습을 보고는, 고양이가 발톱으로 쥐를 잡아 찢어 먹는 것과 같다고 했다. 포크 나이프를 고양이의 발톱으로 본 것이다.

• Roland Barthes(프랑스의 철학자이자 비평가) | 《L'empire des signes》

08 인간이나 동물이나 포식 행위는 다분히 공격적이다. 고양이가 쥐를 몰아 잡아먹는 것이나 다를 게 없다. 영화 〈토리노의 말〉* 을 본 사람은 기억할 것이다. 한쪽 손이 불편한 늙은 마부의 식사 장면 말이다. 삶은 감자를 앞에 놓고 한 손으로 먹으려 하면서, 뜨거운 감자를 잡았다 놓았다, 입으로 불었다, 이리 굴리고 저리 굴리는 장면은 꼭 도망치려는 쥐를 앞에 두고, 고양이가 이리저리 몰아가며 공격하는 거동을 연상시킨다.

• 〈A Torinói ló(The Turin Horse)〉, 헝가리 감독 벨라 타르의 2011년 작품

09 농경민이 주로 인도어* 음식인 반면 유목민들은 아웃도어* 음식이다. 그것도 육식이 주다. 그래서 칼과 식도구에 구별이 없다. 같은 농경민이라도 한중일 3국 중 육식(특히 소나 말)을 가장 먼저 일반화한 것이 한국이다. 중국은 돼지를 주로 먹고, 일본은 물고기를 주로 먹는, 어식이었다. 일본이 육식을 시작한 것은 해방 후, 한국 교민이 만든 불고기(야키니쿠)*를 먹으면서부터다. 그러니 우리는 포크 나이프를 쓸 법도 한데 수저 문화로 굳어졌다. 우리가 수저 문화에 유목적 전통의 영향을 받으면서도 얼마만큼 한국화했는지 보여주는 대목이다.

• indoor | outdoor | やきにく(焼肉)

10 아시아 3국 가운데서는 일본이 가장 젓가락을 많이 사용하고 종류도 다양하다. 오늘날에도 오바마 시* 처럼 도시 전체가 젓가락으로 먹고 사는 곳도 있다. 우리는 수저 문화이기에 그 특성이 젓가락에만 치우쳐 있지 않지만, 일본은 개인전용 젓가락 문화이니 더욱 발달할 만하다. 젓가락 문화가 발달하게 된 또 하나의 결정적 이유는 도시락 문화다. 엘리자베스 여왕이 방문했을 때도 도시락으로 점심을 때우는 사람들이니 도시락은 그들의 상징이다.

• 小浜市

11 일본에서 이처럼 도시락 문화가 발달한 것은 전쟁 때문이다. 일본은 사무라이, 칼잡이 문화 아닌가. 칼잡이 문화와 도시락 문화, 그리고 젓가락 문화는 밀접한 상관관계가 있다. 전쟁터에서는 모든 사람이 평등하게 싸우기 때문에 먹는 것도 똑같이 오니기리(주먹밥)나 도시락을 나눠줬다. 일설에 우에스기 겐신* 이 고안했다는 히노마루 벤토* 는, 하얀 밥 한복판에 빨간 매실장아찌 우메보시* 를 박은 것이다. 그야말로 일장기다. 전쟁에서의 칼처럼 도시락에도 빠질 수 없는 게 있다. 바로 젓가락이다. 가볍게 지닐 수 있고, 즉석에서 먹을 수 있으니 말이다. 이래저래 일본은 젓가락 문화의 나라가 아닐 수 없다.

• 上杉 謙信 | 日の丸弁当 | 梅干し

12 일본은 학교에서 급식이 나오지만, 내 자식은 내가 만든 음식을 먹이고 키운다 하여 직접 도시락 싸주는 어머니가 많다. 급식이 나빠서도, 알러지나 특수한 병이 있어서도 아니다. 내 자식의 먹거리를 선택하는 것이 엄마의 권리라고 생각하는 사람들은 도시락을 싸준

다. 그런데 이게 장난이 아니다. 매일 싸줄 때마다 정성 들인 장식이 곁들여진다. 하얀 밥 위에 콩으로 간바레* 라고 모양을 낸 것부터 온갖 다양한 도시락이 등장한다. 어린아이들은 아이들대로 어머니가 싸준 도시락을 찍어서 SNS에 올린다. 그래서 저희들끼리 또 경쟁을 한다. 제국주의 군사문화에서 생겨난 도시락 문화를 모자간 소통의 도구로 사용하고 있다.

* がんばれ(頑張れ, 힘내라)

13 우리는 좋아도 궂어도 이런 사람들하고 경쟁하면서 살아갈 운명이다. 우리에게 중국 일본은 그냥 외국이 아니다. 젓가락을 같이 쓰지 않나. 그 젓가락 문화의 나라에서 도시락 문화를 급식에까지 끌고 들어오고, 학교에서는 급식시간에 젓가락 교육을 시키고 있다. 이제 젓가락 사용 교육에 관한 고민은 3국 공통의 문제다. 경쟁하며 협력한다는 의미는 이런 것이 아니겠는가. 이웃과의 관계다. 젓가락을 통한 아시아 지역의 인문화다.

14 문화부 장관 시절 이야기다. 일본 문화부 관계자들을 만났을 때, 그중 한 사람이 이런 말을 꺼냈다.

"200킬로미터밖에 떨어지지 않는 나라인데, 두 나라의 문화가 참 다르구나 하는 걸 피부로 느꼈습니다. 우리는 저 메이지유신 때까지 소고기를 먹은 적이 없지요. 페리 제독이 구로후네* 를 끌고 일본에 왔을 때 소 몇 마리를 요구하기에, '배 안에 풀도 없는데 소는 왜 달라느냐?'고 했더니, 먹으려고 그런다 해서 깜짝 놀랐던 일본인입니다.

* くろふね(黒船, 흑선)

15 우린 네발 달린 짐승 먹는 것이 법으로 금지돼 있었고, 문화적으로도 맞지 않았지요. 그래도 산에 있는 멧돼지는 가끔 먹었답니다. 네발이 달렸으니 산고래(야마쿠지라)* 라고 이름을 바꿔서 불렀지요. 물고기는 허용이 되니까 고래는 먹을 수 있었거든요.
물론 개화 이후로는 고기를 먹게 됐지만, 아직도 고기 하면 한국과 몽골이 떠오릅니다. 별 상관도 없는데 징기스칸*이라고들 합니다. 또 불고깃집은 모두 재일 한국인들이 하고 있지요. 그 덕에 체력도 달라지고 고기 맛도 알게 되고, 게다가 세계에서 제일 부드러운 육질의 고베 와규* 같은 쇠고기 문화가 생기게 되었답니다.

• やまくじら | ジンギスカン | 和牛

16 막상 한국에 와보니 육식 문화에서는 역시 맛이나 요리법에서 일본이 따라가지 못하겠더군요. 그런데 정말 이상한 일이 있었습니다. 가르비(갈비)를 맛있게 먹는데, 먹지도 못하는 뼈가 붙어 있는 겁니다. 한국에서는 일본인이 먹는 뼈 없는 갈비 같은 건 갈비 축에도 못 든다더군요. 그래서 저걸 어떻게 먹나, 한국인은 뼈도 먹나 하고 신기해서 봤더니, 가위를 가지고 와서 그 자리에서 잘라주더군요. 그제야 의문이 풀렸습니다. 하지만 갈비를 잘라주는 종업원에게 뭘 물으면, 가위 든 손을 휘두르며 대답할 때는 그 맛있는 갈비 맛이 뚝 떨어지는 거예요. 그것도 식가위가 아니고, 안방에서 쓰던 것 같은 투박한 가위라서 더 그렇더군요.
문화부 장관께 부탁드리는데, 한국의 그 맛있는 불고기, 갈비 문화를 지키기 위해서도 앞으로 가위로 잘라주는 일은 없었으면 합니다"라는 게다.

17 그때 내가 그랬다. "당신들 보기에 한국 종업원들이 친절하지 않을 수도 있다. 그러나 우리 문화 자체는 친절하지 않을 수 없는 문화다. 서양 사람들처럼 그냥 고기를 갖다 주고, 너희들 알아서 먹으라고 하는 거, 그게 어디 친절인가. 우리는 고기를 내주면서, 저걸 잘라주지 않으면 사람이 개도 아니고 어떻게 먹을 수 있겠나 싶어서 잘라주는 거다. 그게 비록 안방의 가위라도 잘라주는 게 어디냐. 그게 친절이고, 파는 사람과 사 먹는 사람 간의 소통이다. 너희들처럼 웃으며 이랏샤이마세* 하며 허리를 굽히는 것이 친절이 아니다. 보기 흉한 가위일망정 먹기 좋게 잘라주는 그 친절을 배워라. 그게 한국의 소통 문화고 젓가락 정신이고 역지사지의 인이라는 거다."

사실 말은 그렇게 했지만, 가위 이야기에는 내심 뜨끔했다. 그리고 장관이 된 뒤 가장 먼저 한 일은 식가위 문화를 보급하는 것이었다. 그러나 성공하지 못했다. 한국인들은 그게 식가위든 안방 가위든 개의치 않는다. 잘라만 주면 되는 게다.

• いらっしゃいませ

18 음식은 한입에 들어가도록 해야지, 큰 덩어리를 주면서 알아서 먹으라고 하는 게 어찌 가위질보다 인간적이겠는가. 이렇게 잘라주는 음식문화가 보편적이지 않다는 말인가? 아니다. 영어에도 모슬* 이라는 단어가 있다. 한입에 들어가도록 잘린 작은 양을 말한다. 먹기 좋게 잘라주는 거다. 그게 인지상정* 이다. 서양에도 이런 문화가 없었던 건 아니다. 다만 그들은 제대로 살리지 못했고, 우리는 음식문화에서 그런 문화유전자를 키워온 것이다.

• morsel | 人之常情

19 중국 청나라 때도 고기를 젓가락으로 집을 수 있는 크기로 잘라주었다는 자료를 찾을 수 있다. 청나라 설화 중 〈귀주귀육〉* 이라는 이야기가 있다. 사천성 등도현의 정개라는 사람이 저승에 가 죽은 아내를 만났단다. 아직 이승에 미련이 많았던 정개는 아내와 악마에게 간곡히 부탁해, 이승으로 돌려보내 줄 것을 약속받는다. 마지막 향응을 즐기는데, 술을 마시며 안주로 고기를 먹으려고 젓가락을 드니, 아내와 귀신이 황급히 젓가락을 낚아채면서, "안 됩니다! 귀신이 주는 술은 얼마든지 마셔도 좋지만, 귀신의 고기를 먹으면 이승으로 돌아갈 수 없게 되니 먹지 마시오" 했다고 한다. 여기서 고기를 먹기 위해 젓가락을 들었다는 걸 보면, 젓가락으로 집을 수 있는 크기로 잘라서 조리했다는 걸 알 수 있다.

• 鬼酒鬼肉

20 서양 사람들은 사람의 입에 맞도록 음식을 만드는 게 아니라, 그냥 재료 그 자체로 요리해주는 일이 많다. 빵도 덩어리로 내놓고 제각기 손으로 찢어 먹게 한다. 큰 돼지나 소 잡은 것은 통째로 바비큐해서 식칼 하나 꽂아놓으면, 각자가 알아서 자기식대로 잘라먹는다. '네가 알아서 먹어라. 나는 만든다. 너는 먹는다. 너하고 나 사이는 각자의 문턱이 있다. 나는 만드는 사람이고, 너는 먹는 사람이다.'

21 물론 그게 나쁘다는 말은 아니다. 소위 개인을 토대로 한 자유, 개인을 주체로 한 독립 정신이다. 이 정신이 지금의 서양을 만들고 민주주의를 만들고, 오늘날의 개성을 만든 것이다. 하지만 우리 문화는 '우리가 남이가' 하면서, 서로 '너와 나는 우리'라는 정신이 배

어있다. 먹는 사람과 만드는 사람이 서로 주고받는다. 음식을 만드는 사람과 먹는 사람과의 소통과 배려가 젓가락에 배어있는 거다.

22 눈을 감고 우리의 옛 잔칫집과 서양의 파티를 상상해보라. 어떤 소리가 들리는가. 서양의 파티는 잔 부딪히는 소리, 사람들 떠드는 소리가 들린다. 하지만 우리는 어떤가. 고기 다지는 소리, 전 부치는 소리, 도마 위 칼질 소리가 선명하게 들릴 것이다.
가락 문화 이야기를 하지 않았던가. 도마 위 칼질 소리는 젓가락 장단처럼, 혀로 맛보는 미각이 아닌 귀로 듣는 미각이다. 요리하는 사람이 먹는 사람을 위해 음식을 미리 잘게잘게 잘라주는 소리다. 냄새 아닌 그 소리만으로도 입안에 군침이 고인다.

23 도마 문화 역시 젓가락 문화와는 떼려야 뗄 수 없는 관계에 있다. 특히 잘라주는 음식문화라면 더욱 그렇다. 중국에서는 도마를 주• 라 하고, 일본에서는 마나이타• 라고 한다. 도마 없는 요리는 없다. 일본의 긴자 거리에 가보면 오래된 식당에서 움푹 파인 도마를 볼 수 있다. 워낙 칼질을 많이 해서 100년 묵은 도마가 그 집을 상징하는 브랜드가 되기도 한다.

• 俎 | まないた(俎板)

24 백 가지 천 가지 이유에 앞서 젓가락의 시초는, 모든 음식이 한입에 들어가도록 요리하려는 그 배려하는 마음에서 비롯된 것이다. 한입에 들어갈 수 있게 음식물을 잘게 저며 주는 마음, 그것이 인이요 정이라는 게다. 그러한 인정은 기계나 물질을 다루는 기술이

아닌, 사람의 마음을 느끼고 헤아리는 '관계 기술'* 을 낳는다. 그런 마음, 그런 인정이 발전한 것이 생명공감* 이 아닌가.

* Relation Technology | 生命共感

샛길

일본칼 디자인의 젓가락

역시 일본은 사무라이의 나라다. 오다 노부나가, 도요토미 히데요시, 도쿠가와 이에야스같이 우리에게도 그 이름이 낯익은 유명 무사의 명품 칼을 그대로 모방해서 만든 젓가락이 있다. 식탁에서 칼로 밥을 먹는 사람들인 거다. 칼의 나라다운 발상이다.

2015년 일본 한 쇼핑몰에서는 일본에서 이름을 날린 사무라이의 검을 원형 그대로 재현한 '일본도 젓가락'을 7월부터 시리즈로 발매했다.
일본인 특유의 섬세함을 더해 일본의 시대별로 구분해 당시 명성을 떨친 사무라이의 칼과 걸이(카타나가케)•는 물론 칼에 장식된 색과 문양까지 재현한다. 설화 속 인물이 사용한 칼을 역사에 근거해 재현했다는 거다.

최근에는 일본 전국시대 지장으로 유명한 모리 모토나리•의 모델이 나왔다. 주고쿠• 지방의 패자로 모신(謀神) 이라는 평까지 받은 무사다. 이 젓가락은 그가 아끼던 칼 '고비젠토모나리'•를 모티브로 하고 칼자루 부분은 '모리 모토나리'를 이미지화한 오리지널 컬러로 미끄럼 방지 가공을 했단다. 거기에 검대를 흉내낸 젓가락 받침에는 모리 가문의 문장 '일문자삼성'•까지 넣었다.
한 쌍에 1500엔 정도로, 시리즈별 수집가까지 생겼단다.

• かたなかけ | 毛利元就 | 中国 | 古備前友成 | 一文字三星

롤랑 바르트, 기호의 제국

동양 요리와 젓가락의 조화가 단지 기능이나 도구에만 있다고는 할 수 없다. 음식물은 젓가락으로 집을 수 있게 잘라지며, 또한 젓가락도 음식물이 작게 잘려 있기 때문에 존재한다. 하나의 움직임, 하나의 형태가 물질과 도구를 초월해서 '나누어짐'이라는 작용을 완성시킨다.

젓가락에는 음식을 접시에서 입으로 옮기는 기능 — 사실 이것은 손가락이나 포크의 기능도 되기 때문에 젓가락의 고유한 기능은 아니다 — 외에도 다른 기능들이 있다. 무엇보다 모양만 보아도 알 수 있듯이 젓가락에는 지시적인 기능이 있다. 젓가락은 음식을 가리키고 작은 조각을 지적하며 선택의 몸짓, 즉 어떤 것을 지칭하는 동작으로 존재하게 만든다. 이제 일종의 기계적인 순서에 따라 음식물을 조금씩 섭취하는 대신, 젓가락은 어떤 것을 지정해서 선택하면서 — 어떤 장소와 시간에서 이건 선택하고 저건 선택하지 않는다 — 정해진 순서가 아니라 마음 내키는 대로, 즉 일종의 방만함에 따라 — 어쨌든 지성적이며 더 이상 기계적이지 않다 — 먹는 행위를 도입한다.

젓가락 두 쪽을 한데 모으면 — 포크처럼 꾹 지르는 것이 아니라 — 음식물을 '꼬집는다'라는 또 다른 기능도 수행할 수 있다. '꼬집다'라는 단어의 어감이 지나치게 세고 공격적이긴 하다. — 이는 장난기 많은 소녀나 외과 의사, 재봉사 등 예민한 성격을 나타내는 단어다. — 왜냐하면 음식물은 들려 운반되는 데 꼭 필요한 압력 이상은 경험하지 않기 때문이다. 재질 — 목기나 칠기 — 에 의해 더욱더 유연해지는 젓가락의 몸짓에는 어머니가 아기를

롤랑 바르트,
《기호의 제국(L'empire des signes)》

롤랑 바르트

옮길 때 조심스럽게 주의하는 것처럼 모성적인 측면이 있다. 이때 사용되는 힘 — 이 단어의 기능적인 의미에서 — 은 더 이상 욕구에 관련된 것이 아니며, 여기에서 우리는 음식에 대해 온전한 태도를 갖게 된다. 이것은 요리사의 기다란 젓가락에서 좀 더 분명하게 드러나는데, 요리사의 젓가락은 먹는 행위보다는 요리를 준비하는 데 필요하다. 이 도구는 음식물을 찌르지도, 자르지도, 채 썰지도, 상처 내지도 않고, 대신 음식물을 고르고 뒤집으며 뒤섞을 따름이다.

젓가락은 — 세 번째 기능 — 음식물을 나누기 위해 서양의 도구처럼 자르거나 찌르는 대신 분리하고 헤쳐놓거나 흩뜨려둔다. 젓가락은 절대로 음식물을 침해하지 않는다. — 야채의 경우 — 조금씩 해체하거나 — 장어 같은 생선의 경우 — 찔러서 몇 조각으로 나눔으로써 원래부터 있던 재료의 균열을 다시 발견한다. — 이런 점에서 젓가락은 나이프보다 손가락의 원시적인 기능에 더 가깝다.

젓가락의 마지막이자 가장 매혹적인 기능은 바로 음식물을 이동시키는 것이다. 젓가락은 집게보다는 받침대처럼 두 손을 엇갈려놓듯이 밥 한 덩어리 아래로 미끄러지듯 들어가 식사하는 사람의 입으로 밥을 들어 올리거나 — 모든 동양인들의 오래된 몸짓으로 — 하얀 눈송이 같은 영양물을 밥그릇에서 입으로 주걱처럼 밀어 넣는다. 이런 모든 기능에서, 함축적인 모든 몸짓에서, 젓가락은 서양의 나이프 — 그리고 약탈의 대체물인 포크 — 와는 정반대다. 젓가락은 자르거나 찌르고 절단하는 행위 — 아주 제한된 몸짓이며 요리를 위한 음식물 준비에 종속된 것이다. 우리 앞에서 아직 살아 있는 장어의 껍질을 벗기는 생선장수는 음식물의 살해라는 액막이를 최초의 예비적인 제사로서 단숨에 해치운다 — 를 거부하는 영양 섭취의 도구다. 젓가락으로 인해 음식물은 폭력을 행사하여 섭취하는 약탈물이 아니라 — 서구식 고기 요리를 먹을 때는 악착스레 싸워야만 한다 — 조화롭게 이동되는 물질이 된다. 젓가락은 이미 분리되어 있는 물질을 새 모이로 변형시키고 밥도 흐르는 우유로 변형시킨다. 어머니 같은 젓가락은 한입씩 떠먹는 몸짓을 지치지도 않고 수행하며, 약탈의 몸짓은 창과 칼로 무장한 서구의 영양 섭취 행위에 떠넘긴다.

• 출처: 롤랑 바르트, 《기호의 제국》, 김주환 역, 산책자, 2008

둘째 꼬부랑길

결합하고, 조화하고, 연결하는 동양의 문화

결합하라. 연결하라. 융합하라.
21세기의 창조 코드를 젓가락으로 집을 수 있다.
젓가락은 우리에게 가장 오래된 미래다.

01 어느 문화를 놓고 그것이 좋으냐 나쁘냐를 물으려는 게 아니다. 좋은 문화, 나쁜 문화가 따로 있지 않다. 사슴이 물 먹을 때는 뿔처럼 아름답고 자랑스러운 것이 없고, 가냘픈 다리만큼 볼품없는 게 없다. 그런데 포수를 피해 도망갈 때는 그 볼품없다고 생각한 다리가 자기를 살려주고, 아름답고 자랑스러웠던 뿔이 가지에 걸려 목숨을 잃게 한다. 문화는 그런 것이다. 어느 상황에서는 나쁠 수도, 어느 상황에서는 좋을 수도 있는 상대성이 있다.

02 우리 문화도 어떤 상황에서는 마이너스지만 어떤 상황에서는 플러스가 된다. 좋은 건 지키고 버릴 건 버리고, 상황에 따라 유연하게 대처해야 한다. 살다 보면 안 쓴다고 처박아두었거나 버린 물건이 없어서는 안 될 소중한 물건이 되는 경우가 있지 않은가. 죽어라고 버렸는데, 그게 꼭 필요할 때가 온다. 그중 하나가 젓가락 문화고, 짝의 문화다. 젓가락은 너와 나, 음식과 나, 사람과 사람을 연결해주는 인터페이스인 게다.

03 인간이 막대기를 가지면 대개 폭력적인 상황이 된다. 막대기가 몽둥이로 되면, 사람을 때리거나 심지어 죽일 수도 있는 무기다. 인류의 조상 때부터 몽둥이는 동물을 위협하거나 쫓아내기 위해 사용되었다. 그런데 놀랍게도 이 몽둥이를 평화롭게 쓴 것이 한국 사람과 아시아 문화권이다.

빨랫방망이를 생각해보면 바로 수긍이 간다. 원 없이 두들겨도 누굴 해치거나 무언가를 망가뜨리지 않는다. 오히려 빨래를 더 깨끗하게 만든다.

04 깨끗이 빤 옷을 이번에는 홍두깨에 말아 다듬잇방망이로 두드려 보라. 구김살이 펴지면서, 옷감의 광택과 촉감을 처음과 같이 되돌려 놓는다. 더럽혀진 옷은 기능을 다해 죽은 거나 매한가지다. 우리는 막대기를 사용해서 그 옷을 다시 살려낸다. 똑같은 막대기를 남들은 죽이고 망가뜨리는 데 사용하지만, 우리는 살리고 돌려놓는 생명으로 가는 데 사용한다.

05 심지어 그것을 작은 것으로 만들어 식사를 한다. 아슬아슬하다. 하나만이라면 그냥 꼬챙이다. 꼬챙이는 찌르는 것이고, 화살처럼 날아가 꽂히는 것이다. 그러나 그것이 두 개가 되면 이야기는 달라진다. 찌르고 꽂고 하던 것이 갑작스레 집고, 잡는 전연 다른 용도가 된다.

같은 막대기인데 하나가 아닌 두 개를 사용하려는 그 마음이 젓가락질을 낳았고, 하드웨어가 소프트웨어로 변하는 문화유전자를 태어나게 한 힘이다.

06 젓가락을 영어로는 찹스틱*이라고 한다. 찹은 중국의 광동어로 급하다, '빨리빨리'라는 뜻의 '쾌'에서 유래된 사실은 이미 살펴본 대로다. 문제는 영어의 스틱*이라는 말이다. 영어사전을 찾아보면 스틱은 그냥 막대기다. 나무때기 하나는 그저 꼬챙이처럼 한 가락을 의미한다. 젓가락은 그 가락이 쌍으로 짝을 이루었을 때만이 비로소 젓가락일 수가 있다. 단어로만 보면, 찹스틱은 젓가락의 외짝을 가리키는 것이나 다름없다.

• chopstick | stick

07 곤봉 방망이도 모두 스틱이다. 그리고 동사는 '찌르다'다. 심지어 '찔러 죽이다'의 뜻까지 있다. 찌르고 꽂고 박는다. 그에 비해 젓가락과 관련된 동사는 무엇인가. 젓가락 하나로는 찌를 수도 있지만, 두 가락이 한데 어우러지면 찌르다가 아니라 집다가 된다. 꼬챙이처럼 찌르고 뚫고 꽂는 뜻이 사라지고, 콩알이나 더 작은 깨알까지도 집을 수 있는 섬세한 도구가 된다. 젓가락의 가락은 이미 스틱과는 다른 뜻을 갖는 걸 알 수 있다.

08 서양 문화는 싱글의 문화, 갈등의 문화다. 서구는 갈등을 통해서 사회를 발전시키고, 혁명과 싸움을 통해서 새로운 신천지로 나왔다. 소위 역사발전은 끝없는 갈등에서 나온다는 것이 서구식 역사관이다. 헤겔이 말하는 최초의 인간은 '전사'*다. 이기면 영웅, 지면 노예다. 그에 비해 이질적인 것을 결합하고 조화하고 연결시키는 것이 동양이다.

앞으로 21세기에는 젓가락 속에 담긴 결합하고 조화하고 연결하는 젓가락 문화가 새로운 창조 코드의 잠재력을 지닌다.

• 戰士

09 스틱에는 곤봉의 뜻도 있지만, 젓가락의 가락은 방망이나 곤봉의 뜻과는 전연 어울리지 않는 말, 오히려 반대말일 수도 있다. 가락은 손가락의 연장이요, 방망이는 주먹 쥔 팔뚝의 연장이라는 그 차이를 보여준다. 그 차이가 어떤 것인가. 다음 고개에서 우리가 나눌 이야기들이다.

10 젓가락이 만들어진 것은 인류 문화의 일대 사건이다. 그러나 그 젓가락이 만들어진 '사'* 를 모른다. 궁금하지 않은가. 그걸 찾는 거다. 때론 콜롬보처럼, 때론 박물관의 큐레이터처럼, 때로는 인디애나존스의 고고학자처럼. 그런데 이런 걸 다 해봐도 찾을 수가 없으니 시인이 되어 상상을 해보자는 거다. 우리가 가진 상상력과 직관을 동원해 보자는 말이다.

하지만 여태까지 과학에서도, 아카데미의 영역에서도 다루지 않은 그걸 무엇으로 찾나. 바로 우리의 꼬부랑 이야기로 찾아가는 거다. 남들은 티켓과 지도를 챙길 때, 우리는 죽장망혜를 짚고 찾아나서는 거다. 원시의 숲으로 가자. 포크 나이프의 탄생과 젓가락의 탄생이 어떻게 다른지 극명하게 그 의식의 화석을 캐내 볼 수 있다.

• 事

11 이제부터 우리는 젓가락을 통해서 실제로 생생한 그 현장으로 간다. 돌 던지기부터 미사일까지의 그 길고 긴 문명의 발달과,

젓가락으로 상징되는 참고 견디면서 삭히고 익히는 채집시대, 아시아적 정체성이라고 말하는 그 느리게 사는 시대의 우리 선조들을 볼 수 있다. 아시아의 역사와 유럽의 역사, 그 갈림길을 돌멩이와 나뭇가지 두 개로 볼 수 있는 게다.

샛길

풍속화 속 빨랫방망이

기술을 결정하는 최후 단계는 목적성, 곧 인간의 생명적 가치다. 특히 첨단기술인 원자력 · 생명공학일수록 그 기술 자체보다 도덕적 문제라는 과제가 더 크다.
그런데 한국인의 기술원형을 살펴보면 파괴적인 폭력의 기술을 평화적인 것으로 바꾸는, '평화적 사용의 감각'을 읽을 수 있다. 인간이 만든 전쟁 무기의 원초 형태가 곤봉이라는 것은 누구나가 다 아는 사실이다. 그런데 한국인은 그 곤봉을 평화적으로 사용하여 빨랫방망이, 다듬잇방망이를 만들었다. 사람이나 동물을 때려죽이는 남성들의 폭력적 무기가 우리나라에 오면 여인들의 것으로 변해, 때 묻은 옷을 빨고 다듬는 재생산의 도구로 바뀌게 된다. 우리에게 있어 방망이 소리는 싸움의 상징이 아니라 평화의 소리, 어머니의 소리로 가슴 깊이 새겨져 있다.

김홍도, 〈빨래터〉, 모시에 담채, 57.0×34.5cm, 국립중앙박물관 소장

6

막대기 고개

젓가락은 인류 문화의 화석이다

첫째 꼬부랑길

땅으로 내려온 원숭이와 두 개의 막대기

둘째 꼬부랑길

가족의 탄생, 인간의 탄생

첫째 꼬부랑길

땅으로 내려온 원숭이와 두 개의 막대기

인류가 최초로 사용한 두 개의 막대기.
처음으로 막대기를 젓가락으로 써서 소프트웨어를 탄생시킨 사람들,
바로 젓가락질하는 사람들이다.

01 원숭이는 네 발을 사용해 자유자재로 나무를 탄다. 개중에는 나무를 잘 타지 못하는 원숭이도 있다. 인간은 바로 이런 원숭이에서 생겨난 거다. 그래서 인간은 본질적으로 무언가 결핍돼 있는 존재다. 지구환경이 변하면서 열대우림이 점점 사라지고 사바나 지형이 형성되기 시작한다. 나무를 잘 타지 못하는 원숭이는 이제 더 이상 나무의 과실을 따 먹으며 살아갈 수가 없다. 나무에서 내려와 평지에서 살아야 한다. 살아남기 위해서는 고개를 높이 치켜들고 두 발로 서게 된다. 그러면서 두 손이 자유로워진다. 이건 정말 엄청난 이야기다.

02 인류 문화는 던지는 데서 시작한다. 저기 맹수가 온다. 한두 마리가 아니다. 보통 원숭이 같으면, 나무가 있으면 나무 위로 올라가면 된다. 원숭이는 그리 살아왔다. 그런데 나무도 없고, 나무타기도 서투른 원숭이라면 의지할 수 있는 건 돌뿐이다. 돌멩이를 집어서 짐승이 다가올 때 던진다. 그때 돌 자체는 아무런 변화가 없다. 그러나 무기로 사용했을 때, 그것은 문화가 된다. 땅바닥의 돌을 집는 그 순간, 자

연의 돌은 문화의 돌이 된다.

03 돌을 집으려는 순간 인간은 무의식적으로 무슨 생각을 할까. 그 짧은 순간에 머리가 회전한다. 전광석화다. 여기서부터 사물에 생각과 마음이 적용되는 거다. 제일 먼저 그 많은 돌 중 선택을 해야 한다. 무거운 돌은 두 손으로 들어서 던져야 한다. 그럼 거리가 안 나간다. 그건 던지는 게 아니라 떨어뜨리는 것밖에 안 된다. 멀리 나가게 하려면 한 손으로 던질 수 있는 작은 돌을 집는 게 더 효율적이다.

04 일단 돌을 선택해 집었으면 다음은 과녁이다. 목표물과의 거리, 목표물의 이동속도를 생각하고 계산해야 한다. 그 결정을 하려면 또 머리가 돌아간다. 그리고 마침내 던진다. 성공할 수도 있고 빗나갈 수도 있다. 이것이 투석인,• 호모 훈디토르•의 시작이다.
이 이야기는 석기를 다듬고, 돌도끼를 만들기 이전의 행위다. 단지 그 돌이 짐승을 향해 던진 돌인지, 그냥 바닥에 널려있는 돌인지는 모양의 변화가 없으니 증거가 없을 뿐이다.

• 投石人 | Homo Funditor

05 나는 청산별곡•의 '어듸라 더디던 돌코 누리라 마치던 돌코(어디에 던지던 돌인가, 누구를 맞히려던 돌인가)'의 구절, 또 한국인의 석전,• 성경 속 다윗과 골리앗의 대결을 떠올린다. 접근전 대신 돌을 던져, 눈을 맞춰 이겼다는 이야기 말이다. 육체의 힘이 아니라 정신, 마음이 이긴 거다. 물•이 아니라 그것을 던지는 사,• 하드가 아니라 소프트, 인간의 지혜와 정신이다. 내가 그 사물의 마음인 '사'를 연구

하기 시작하였고, 그것의 연장으로 젓가락까지 간 것이다.
타임머신이 아니라 우리는 젓가락을 타고 최초의 인간이 생겨난 그 현장을 찾아갈 수 있다. 산속에 있다고 가정해봐라. 그리고 일껏 음식을 준비해 왔는데, 숟가락도 젓가락도 없다고 가정해봐라. 어떤 일이 벌어질까. 시간여행은 상상력을 발휘해보는 것만으로 충분하다.

• 靑山別曲 | 石戰 | 物 | 事

06 손으로 뜨거운 불덩어리를 집으려 할 때, 그리고 뜨거운 물 속에 있는 것을 손가락으로 건지려 할 때, 내가 그 최초의 인간이었다면 어떻게 했을까? 손이나 손가락을 대신할 수 있는 걸 찾으려 했을 것이다. 그것은 나뭇가지였을 테고, 손가락으로 잡을 수 있을 만한 적당한 굵기와 길이를 가진 것이었음에 틀림없다. 물론 꺾기도 쉽고 가시도 없는 매끄러운 가지, 조금만 다듬으면 되는 그런 것이었으리라.

07 그러나 그 나뭇가지로 불덩어리를 옮기거나, 끓는 물 속에 있는 음식을 집으려 할 때 실망했을 것이다. 그러나 '나'는 포기하지 않는다. 하나의 막대기로는 찌를 수는 있어도 집을 수는 없다. 꼬챙이로는 음식을 찔러서 가져올 수는 있어도, 집어서 옮기지는 못한다. 그때 생각 바꾸기,• 전문가들이 유행어처럼 쓰는 패러다임의 변화가 일어난다. 그 막대기를 한 번 더 꺾으면 되는 것이다.

• 전향(轉向)

08 그렇게 하나의 나뭇가지를 꺾어 두 개의 막대기가 되는 순간 젓가락이 탄생한다. 그 최초의 현장에 내가 있게 된다. 그 가

지를 꺾는 순간, 내 입가에는 엷은 미소가 어렸을 테지. '그래 이거야.' 어떤 욕망을 성취하기 위해 무엇인가를 찾는다는 것, 이 탐색이야말로 고통의 시작이면서 회심의 미소를 획득하는 만족의 마침표인 것이다. 하나였던 것이 둘로 되면서 비로소 찌르는 것은 집는 행위로 바뀐다. 이를테면 손가락 하나가 두 개의 손가락으로 진화한 것이나 다름없다.

09 그런데도 '나'는 아직 자신이 무얼 해냈는지, 콜럼버스가 신대륙을 발견하고 갈릴레오가 망원경으로 새 별을 찾았을 때와 같은 놀라움을 알지 못한다. '나'는 지금 태극기에서 늘 보는 괘, 그러니까 역*의 원리를 찾아내고 그 속으로 한발 들여놓은 사실을 모르고 있는 게다. 나뭇가지를 한 번만 꺾은 것이 서양의 문화, 오늘의 그 서양문명이라면, 그것을 두 번 꺾어 하나에서 둘을 만들어낸 그 발상이 곧 역을 만들어낸 동양 문화의 탄생이라는 사실을 말이다. 하나에서 한 번 더 꺾어 둘을 만들어내는 것이야말로, 주역*의 근본이며 핵심이자, 동양문화의 시초가 아닌가.

• 易 | 周易

10 나뭇가지를 꺾으니 주역이라고? 모르면 실험해 보면 된다. 하나였던 나무때기를 꺾으면 둘이 된다. 양의,* 그래 음과 양이다. 그게 바로 주역의 괘다. 양효*는 일자고, 음효*는 둘이다.

꺾은 것을 또 한 번 꺾어보라. 네 개가 되겠지? 그걸 또 음양으로 배치해 보라. 둘로 꺾어진 나뭇가지가 네 개가 된다. 그것이 사상*이다. 이제마의 사상의학이라고 할 때의 그 사상 말이다 .

그걸 또 한 번 꺾으면 8괘가 된다. 뭐가 어려운가? 유치원 애들도 할 수 있을 거다. 그래서 주역*이라고 할 때의 '역'자는 자꾸 자르니까 변한다는 뜻도 되고, 쉽다는 뜻도 되는 거다.

• 兩儀 | 陽爻 | 陰爻 | 四象 | 周易 | 6. 막대기 고개-샛길 〈주역과 젓가락〉

11 원래 젓가락은 하나에서 나온 거다. 그게 8괘가 되고, 그걸 또 결합하면 64괘가 되지만 원래는 하나다. 그 직선을 원으로 그려보면 그게 바로 태극이다. 태극은 사*다. 젓가락 하나로 모든 인간의 사와 물을 그릴 수 있는 거다. 젓가락은 물, 젓가락질은 사.
주역이 젓가락에서 나왔다는 건 내 이야기가 아니라, 어떤 문헌에서든 찾아볼 수 있다. 다만, 젓가락과 연결해서 생각해보지 않았을 뿐이다.

• 事

12 최초의 인간이란 돌을 던진 투석인하고, 그래 내친김에 말 한 마디 만들어 보자. 나뭇가지를 꺾은, 꺾는 인간 절지인* '호모 룸펜스'*다. 결국 던지기와 꺾기에서 최초의 인간 투석인과 절지인이 나온 거다. 그리고 투석인에서 쭉 간 것이 오늘날의 미사일이다. 내 이야기가 믿기지 않으면 케빈 켈리*의 말이라면 믿을 텐가? 그는 《기술의 충격》*에서 기막힌 소리를 한다. 최초로 만들어진 돌도끼하고, 지금의 최첨단 컴퓨터 기기인 마우스하고 모양이 똑같단다. 둘 다 손으로 잡으려니까 그렇게 된 거다. 그리고 돌멩이를 던질 때 계산하는 능력, 골리앗을 쓰러뜨릴 때 다윗의 현명한 두뇌의 번쩍임, 그게 컴퓨터란다. 돌도끼는 마우스고.

• 折枝人 | homo-rumpens | Kevin Kelly | 《What Technology Wants》

13 투석인은 순간적인 결단이 필요하다. 무의식적일 정도로 빨라야 한다. 짐승이 나타나면 잡아먹히기 전에 먼저 돌을 던져서 때려야 살고, 나보다 약한 토끼라도 잽싸지 못한 인간은 또 돌을 던져서 잡아야 먹고 살 수가 있다. 죽기 아니면 살기다. 스피드가 1초만 늦어도 먹히거나, 굶어 죽거나다. 알고 보면 태초의 인간인 '나'도 오늘날의 인간 못지않게 바쁘다. 스피드가 없으면 죽는 걸 안다.

14 문화는 항상 자연으로는 살 수 없는 인간의 산물이다. 인간은 짐승 중에서 가장 나약하다. 사자의 강한 앞발과 송곳니도 없고, 독수리 같은 발톱과 날카로운 부리도 없다. 지상에 있는 짐승이든 하늘을 나는 새든, 자기 몸을 보호하고 남을 공격해서 먹이로 삼을 수 있는 무기 하나씩은 갖추고 있다. 물에서 사는 고기는 비늘이 있다. 땅에서 사는 짐승에게는 털이 있다. 하늘을 나는 새한테는 날개가 있다.

15 그러나 인간은 제 몸을 보호할 털조차 없는 벌거숭이 맨몸으로 내던져진 존재다. 알몸에 맨발로 던져진 이 생명체는 어떤 짐승보다도 한없이 나약하다. 그러한 신체적 결함을 보완하기 위해서 문화가 나온다. 결국 문화는 먼 바깥에서 가져오는 것이 아니라, 자연 안에서 자연을 제어하는 기술에서 생기는 거다. 이것이 프로타고라스• 로부터 시작해서 몇천 년 뒤 겔렌• 까지 이어지는 '결함생물론'이다.

• Protagoras | Arnold Gehlen(1904~1976)

16 네발짐승이 두 발로 일어서서 꼿꼿이 등뼈를 세우고 걸을 때는 여러 가지 부담이 온다. 생활하는 데 정상적인 자세가 아니

다. 원래 네발로 기도록 돼 있는 것이 두 발로 선다는 것 자체가 비정상이다. 자연 질서에 위배되는 것이다. 바로 거기서 문화와 문명이 생긴다. 자연대로 순응하고 자연대로 간 생물은 멸망하고, 반대로 자연을 거슬러 자연 질서에 어긋나는 일을 한 생물은 생명의 진화를 시작한다.

17 자연의 법칙을 주어진 대로 따르는 것이 아니라 중력을 거스른다든지, 네 발로 다니는 것이 가장 편한데도 두 발로 일어서서 수직으로 일어선다든지 하는 것처럼, 편리함을 버리고 불편을 감수하는 순간 생명은 그 불편을 극복하기 위해 독특한 힘을 발휘하게 된다. 우리가 알고 있는 상식과 반대다.
자연은 자연을 거역하는 자에게 훈장을 달아줬다. 새는 중력을 거슬러 하늘을 날고, 도마뱀은 미끄러운 비탈 벽 위에 달라붙는다. 자연에 덮어놓고 적응하는 것이 아니라 거꾸로 자연의 질서에 거스르는 생명의 역학. 그렇게 자연을 거슬러 맞서는 인간의 손에 젓가락이 들려 있다.

18 온갖 기쁨과 슬픔, 만남과 헤어짐, 원초적인 생로병사의 운명의 밥상 앞에 마주 앉은 우리의 '식구'.* 이 말에 주의하라. 먹는 입이란 뜻이 아닌가. 가족이란 것이다. 서양과는 다른, 또 다른 가족의 의미를 만들어낸 그 현장에 놓인 두 개의 막대기. 곤봉이 아닌 꺾으면 꺾이고 마는 가늘고 짧은 막대기가 연출하는 이야기. 손오공의 여의봉만큼이나 요술을 부리는 젓가락 이야기가 시작된다.

* 食口

샛길

주역과 젓가락

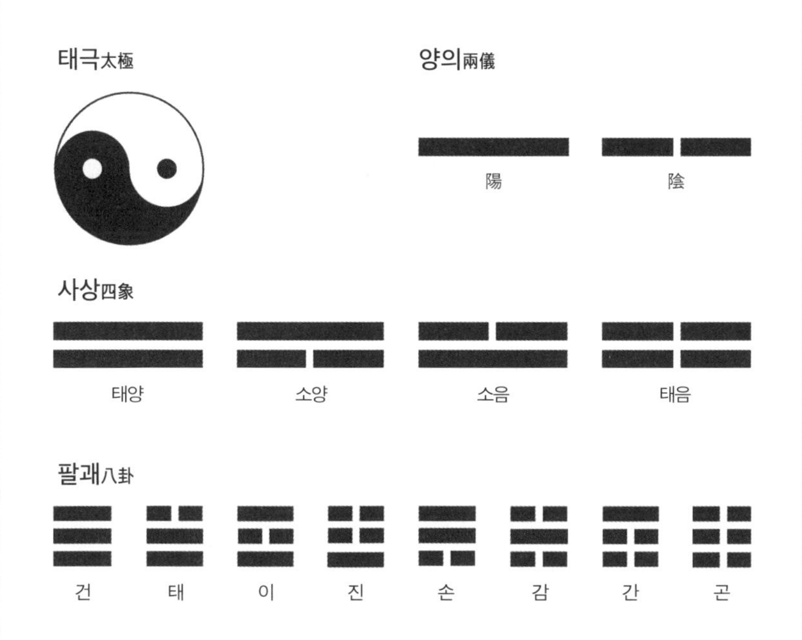

젓가락처럼 생긴 대나무로 만든 막대(옥이나 상아로 만든 것도 있다)인 산가지는 주나라 때부터 점을 치는 도구로 쓰였다. 음과 양에 따른 서로 다른 색이나 모양을 표시해 둔 산가지를 산통에 넣어 3개 또는 6개를 뽑아 길흉을 점치는 거다. 요즘도 TV드라마에서 점집에 점을 치러 간 장면에서 자주 보인다. 조심해서 준비하고 있던 일이 성사되기 전에 어그러질 때 하는 말, "산통 깨졌다" 할 때의 그 산통도 같은 의미다. 이 산가지는 다른 말로 효(爻)라고도 부른다. 爻 자를 잘 보라. 산가지를 산통에서 꺼내어 흩은 모양이다. 또, 하나의 산가지에 두 개의 음양이 표시되어 있으니 보통 3개의 산가지(효)로 만들어지는 경우의 수는 8가지다. 이것을 팔괘(八卦)라고 한다.

아르놀트 겔렌의 결함생물

아르놀트 겔렌의 《인간》 표지.

20세기 초의 생물학자 아르놀트 겔렌* 은 《인간》 제10장 이하에서 '결함생물론'을 펼친다. 그는 인간이 특정 환경에 적응한 모든 기관이 일관되게 결여되어 있다고 보았다. 그래서 인간의 결함과 특수성은 비특수화성이라고 하는 지도이념으로 관찰하지 않으면 안 된다는 거다. 이것은 우리가 지금까지 정설로 믿어 온 다윈의 진화론, '인간은 진화된 원숭이다'와 정면으로 배치된다.

그러나 프로타고라스가 우화(신화)적으로 설명한 인간의 '생물에 있어서의 지위'는 겔렌의 이론에 의해 설득력을 가지게 된다. 생물 진화의 시간 개념에서는 아주 짧은 시간이라 할 수 있는 수백만 년 동안 인간의 대뇌는 3배 이상 커졌다. 이것은 다른 동물들의 단순한 진화, 개별적인 특수화, 이를테면 코가 길어진다거나 이가 날카로워지는 것과는 전혀 다르다. 뇌는 전신과 관련해서 존재하는 것이기에 몸 전체가 진화를 일으키는 것과 같다는 거다.
네덜란드의 해부학자 루이스 볼크는 네오테니 이론을 통해, 다른 영장류의 태아에게서는 성장하면 없어지는 형태적 특성(형태단계)가 인간은 고정되어 있다면서, 인간은 유아인체가 그대로 성체가 되었다(발육지체)고 말한다.
인간이 결함동물이라는 것은 동물이 식물에 비해 결함생물이라고 말하는 논리와 같다. 인간은 식물처럼 태양에너지의 광합성으로 에너지를 얻는 능력이 결여되어 있는 게다.
인간은 원숭이가 진화한 생물이 아니라 생태학적으로 원숭이 태아의 진화가 정체한 '결함생물'이라고 말한다. 살아가기 위한 수단이 결여되어 있기 때문에 직립하고 언어를 만들고 기술을 만들고 문화적인 수단을 강구해 결함을 보완하게 됐다는 것이다.

• Arnold Gehlen(1904-1976)

2001: 스페이스 오딧세이

스탠리 큐브릭• 감독의 〈2001: 스페이스 오디세이〉•는 인류 진화와 미래 과학기술의 혁명이 기막히게 펼쳐진 영화로 40여 년이 지난 지금까지도 SF의 명작으로 손꼽힌다. 이 영화 속 인류의 진화를 가장 극적으로 기록한 한 장면을 기억하는가. 원숭이 한 마리가 하늘 높이 자신이 가지고 있던 뼈다귀를 던진다. 하늘 높이 던져진 뼈다귀를 따라 올라가다 보면 어느새 화면은 우주 공간의 우주선으로 클로즈업된다. 감독은 분명 알았을 것이다. '던진다'라는 것이 인류 역사에 있어 어떤 의미였는지를.

• Stanley Kubrick | 〈2001: A Space Odyssey〉

영화 〈2001: 스페이스 오딧세이〉의 한 장면

둘째 꼬부랑길

가족의 탄생, 인간의 탄생

먹는 것과 잡는 것 사이에 존재하는 기나긴 유예의 시간.
몽둥이가 젓가락으로 변하는 그 시간에서 인간의 역사,
가족의 역사가 잉태된다.

01 젓가락은 돌하고 다르다. 그것이 투석인과 절지인의 차이를 만든다. 꼬챙이가 젓가락이 되려면 참을성이 있어야 한다. 곤봉으로 먹잇감을 때려서 잡을 때는 공격적인 속도감이 무기인 데 비해, 잡은 것을 젓가락으로 먹을 때까지는 시간이 필요하다. 불로 요리하고 물로 끓이는 요리과정을 견디는 인내심이 필요한 거다. 공격적인 것과는 정반대다.

02 성급한 사람은 불덩어리를 부지깽이로 쑤시기도 하고, 꼬챙이로 음식을 찔러서 먹기도 할 것이다. 반면 부젓가락으로 불을 옮기고 젓가락으로 음식을 옮기려면, 아이를 달래고 쓰다듬을 때 같은 섬세함과 조심성이 있어야 한다. 급히 서두르면 안 된다. 숨죽여서 상냥하게 해야 한다. 여기서도 참을성이 필요하다. 자기를 억제하고 참아야 한다.

03 음식 앞에서 참고, 불 앞에서 뜨거움을 견디는 인내심 없이는 꿔을 생각을 못 한다. 인간의 화식, 불에 구워 먹는 것도 사실은 참을성에서 나왔다고 한다. 짐승들은 잡으면 그 자리에서 먹는다. 송곳니로 찢고, 잘라 삼킨다. 그게 생식이다. 그런데 그것을 불에 구워 먹는 거다. 딱딱해서 먹을 수 없거나 날것으로 먹기 어려운 것은 식욕을 참으며 불로 굽는 방법을 생각한다.

짐승들에게는 이 식욕 앞에서 참는 법이 없다. 인간의 요리는 짐승이 먹이를 잡아서 그 자리에서 먹는 것과 아주 대립되는 것이다. 극과 극이다.

04 요리는 참는 것이다. 불로 익을 때까지 절대적인 참음의 시간이 필요하다. 요리하는 사람이 식욕을 참는 건 물론이고, 보는 사람도 불가에 둘러앉아 참고 견디는 시간이 필요하다. 여기서 가족이 생겨났다고 한다. 사슴을 잡은 배고픈 수렵인이 짐승들처럼 그 자리에서 먹어 치운다면, 그래서야 어디 가족이 생기겠나. 잡은 걸 끌고 기다리는 사람을 위해서 혈거인의 동굴로 간다. 그리고 어른, 아이 모두 음식이 될 때까지 불로 요리하는 시간을 같이 참는다. 마침내 그 인내의 시간이 지나고 함께 나누어 먹는다. 드디어 가족이 탄생하는 순간이다.

05 먹잇감을 잡는 것과 먹는 것 사이에는 기나긴 유예의 시간이 있다. 아, 이것이야말로 인간을 인간이게끔 한 슬프고도 애잔한 문화의 시간, 인간들만이 겪는 이야기가 탄생하는 시간이다. 사냥감을 잡아 그 자리에서 먹지 않고, 아무리 배가 고파도 맹렬한 식욕을 참으며 포획물을 숲에서 멀리 떨어진 자신의 서식지로 운반한다. 이것이 인간 최초의 아버지 모습이고, 아버지가 탄생하는 놀랍고 가슴 뛰는 순간이다.

06 여러 번 강조한 말이지만, 아버지의 상형문자인 '부'• 는 도끼를 뜻하는 '부'• 자와 같다. 그러나 사나운 도끼를 든 포획자의 모습만으로는 절대로 아버지는 탄생하지 않는다. 허기진 배를 움켜쥐고 그 먼 곳에서 포획물인 먹거리를 운반하여, 자신이 지켜야 할 아내와 자식이 있는 곳으로 돌아오는 아버지. 좀 더 옛날이라면, 도토리와 나물만 먹는 한 여성에게 자신의 날렵하고 용감한 모습의 '인증샷' 같은 먹잇감을 선물하는 그 순간에 아버지는 탄생• 한다. 사냥한 먹잇감을 즉석에서 찢어 먹지 않고, 사랑하는 누군가를 위해 힘들게 끌고 숲 밖으로 하산하는 시간, 몽둥이가 젓가락으로 변하는 그 시간에 인간의 역사, 가족의 역사가 잉태된다.

• 父 | 斧 | family affection

07 그렇다. 남자에게도 여인네들과 비슷한 잉태의 시간이라는 것이 있다. 고통스럽게 견뎌야 하는 참음의 시간이 있다는 말이다. 여자들도 마찬가지다. 가끔은 간을 본다면서 요리하는 중간에 음식을 집어먹기도 하지만, 여자들은 허기진 배를 채우기 위해 자신만의 식사를 허락하지는 않는다. 독신녀라 해도 요리하는 시간, 식욕을 참는 그 시간을 가져야만 비로소 주방의 음식이 상에 오를 수 있다.

08 그렇게 해서 상 위에 오른 음식들은 어떤가. 어머니는 밥상이라는 프레임에, 화가가 캔버스에 여러 색깔로 그려낸 그림처럼, 온갖 오방색의 음식과 크기가 다른 그릇들을 배열한다. 그 상 위에 화룡점정을 찍듯 우리의 숟가락과 젓가락을 올려놓으면 놀라운 구도의 아름다운 그림 한 폭이 완성된다. 네모난 상은 그대로 화폭이다.

09 포크 나이프가 놓인 서양의 식사 테이블과 비교해보라. 그것은 사냥터에서 포획한 짐승을 그 자리에서 먹어치우는 동물의 습성과 가깝다는 걸 알게 된다. 칼로 고깃덩이를 자르고(주방에 있어야 할 칼이 테이블이라는 사냥터로 나왔다), 삼지창(무시무시한 저팔계나 사오정이 들고 다니는) 포크로 찍고 찢고 쪼개고…. 불타는 식욕의 향연 속에서 창에 찔리고, 목을 따는 짐승들의 비명소리가 들리지 않는가?

10 물론 백발이 삼천장이라는 중국식 허풍을 섞어서 해보는 말이다. 이렇게라도 과장하지 않으면 우리의 금속 수저 한 벌, 숟가락의 원과 젓가락의 직선이 교합하는 수저의 원리와, 나이프 포크가 상징하는 서양식 문화와의 차이를 설명하기 힘들어서다. 이런 잡담이라도 섞어야 우리가 짐승과 다르다는 것, 결코 침팬지 따위와는 비교될 수 없다는 인간으로서의 자긍심을 채울 수 있겠기에 하는 말이다.

11 한 발짝 더 가보자. 아버지는 노루를 잡아 오고, 어머니는 열매를 따온다. 남자가 잡아 온 육식은 견뎌봤자 하루고, 구워봤자 한순간이다. 그런데 여자가 따온 떫은 상수리는 물에 담가 우리고, 그것을 발효시킨다고 가정해보라. 발효식*이다. 화식*보다 더 오래오래 참고 견디는 발효식인 거다. 그야말로 기나긴 '참음'이 필요한 음식이다.
허기를 못 참는 자에게 발효음식이란 존재하지 않는다. 날것으로 먹는 것이 가장 참을성이 부족하고, 불로 구운 것이 그다음이다. 그 기다림에서 문화가 생긴다. 그래서 한국은 대표적인 발효식, 김치로 상징되는 발효왕국으로 탄생한다. 문화의 발달과정이다.

• 醱酵食 | 火食

12 문화란 한 번 더 꺾을 때, 찌르는 것에서 집는 것으로 패러다임이 꺾일 때 생겨난다. 그때 우리 생각도 꺾이는 것이고, 그 꺾임 속에서 성급한 던지기와는 다른 문화가 나온다. 스피드•를 쫓기보다 느리게 사는 슬로 라이프•가 나온다. 밥할 때 뜸을 들이고, 장을 담가 몇 년이고 묵히고 익히는 시간, 그것이 바로 포크 나이프의 찍고 자르는 것과는 다른 참고 기다리는 문화가 형성되는 시간이다.

• speed | slow life

13 투석 문화권에서는 막대기도 적이 접근전을 해오면 때리는 무기가 된다. 그런데 젓가락 문화권의 막대기는 다듬이 방망이나 빨랫방망이처럼 폭력이 아닌 정화, 더러움을 털어주고, 구김살을 펴주는 빨고 다듬는 문화로 이어진다. 그러기에 젓가락 문화는 느림의 문화요, 참음의 문화, 평화의 문화다.

14 조선 중종 13년에 만든 윤리교육서 《이륜행실》•에는 이런 이야기가 있다. 당나라 고종 황제가 600년 만에 처음 거행하는 봉선제례•를 치르고, 소문난 부호 장공예의 집을 방문한다. 황제는 장공예의 가족 수백 명이 한집에서, 9대째 200여 년을 아무 불상사 없이 화목하게 사는 데 감탄하고 비결을 물었다. 그 비결을 알면 국사를 돌보는데 참고할 수 있으리라 생각한 게다.

• 二倫行實 | 封禪祭禮(중국의 황제들이 하늘에 지내는 제사)

15 그러자 장공예는 사방 여섯 자 크기의 두루마리를 꺼내 보였다. 그 두루마리에는 참을 인* 단 한 글자만이 수백 개가 쓰여 있었다. 이에 감탄한 황제가 그것을 궁으로 가져가 귀감으로 삼았다고 한다.

오늘날 아이들이 젓가락질을 못 하는 것은 서양 음식과 육식 중심, 거기에 패스트푸드로 식문화가 옮아간 탓만은 아니다. 참을성이 없어서다. 포크 나이프는 배우지 않아도 바로 들고 쓸 수 있지만, 젓가락질은 까다롭고 시간이 걸린다. 바로 밥을 먹는데 사용할 수가 없는 거다.

• 忍

16 다윈에 묻지 마라. 힘들게 잡은 짐승을 가족이 기다리는 그곳으로 끌고 내려온 아버지, 배고픔을 참고 식욕을 자극하는 냄새와 싸우며 지지고 볶고 데치고 고우며 끓이는 여인의 가냘픈 손가락을 향해 물어봐야 한다. 그들은 상극하는 물과 불을 통제하고 조화시키면서 우리의 미각을 다스린다. 요리라는 기술을 만들어내고, 그 기술은 짐승의 '떼'나 '무리'와는 다른 인간의 가족과 씨족, 드디어는 나라와 지구촌이라는 거대한 촌락까지 만들어낸 사실을 잊지 말아야 할 것이다.

7

엄지 고개

맞서는 엄지와 젓가락질

첫째 꼬부랑길

손과 도구

둘째 꼬부랑길

진화의 역설

셋째 꼬부랑길

젓가락은 다섯 손가락의 연장

첫째 꼬부랑길

손과 도구

몽둥이가 팔의 근육을 연장한 것이라면,
젓가락은 손가락의 신경을 이어준 것이라 할 수 있다.
젓가락은 손끝의 감각으로 작용한다.

01 집이 네 기둥으로 서 있듯, 짐승들은 네 다리로 몸을 받치고 있다. 원숭이도 인간과 같은 손이 있어 보이지만, 서 있을 때보다 네 발로 다닐 때가 더 많다. 때문에 그건 손이 아니라 앞발로 작용한다. 대부분 무거운 몸을 지탱하는 데 사용하고 있는 거다. 인간의 손만이 24시간 몸의 무게, 중력으로부터 자유롭다. 그래서 손은 신체에서 또 하나의 독립된 기관으로 간주되고, 바로 그 점이 다른 동물은 할 수 없는 일을 가능하게 한다.

02 일찍이 이오니아의 철학자 아낙사고라스*는 이렇게 말했다. '인간이 동물 가운데 가장 혜택을 받지 못한 벌거벗은 맨발의 존재, 다른 생물과 대적할 만한 무기 하나 없는 벌거숭이 알몸의 존재라고 한 말은 틀렸다'고 말이다. 인간은 결코 무방비 상태로 내던져진 약한 존재가 아니라는 거다. 어떤 짐승에게도 없는 '손'이 주어져 있지 않은가. 그는 '인간을 가장 현명한 생명체로 만든 것은 손을 가졌다는 사실'이라고 주장했다. 이 손만 있으면 자기를 방어하거나, 상대를 공격하는 모든

방법과 기술을 구사할 수 있기 때문이라는 게다.

• Anaxagoras(Αναξαγόρας, B.C. 500년경~428년경, 소크라테스 이전, 이오니아의 철학을 아테나에 최초로 가져온 철학자)

03 다른 동물들은 제각기 하나의 방위수단은 있으나, 그것을 필요에 따라 다른 것으로 바꿀 수가 없다. 몸 자체에 아무리 훌륭한 무기가 있다고 해도, 그건 개미핥기의 긴 혀처럼 개미를 잡아먹는 데만 쓸모가 있지 다른 곳에는 적용이 안 된다는 말이다. 코뿔소처럼 철갑 같은 것으로 무장한 짐승도 그걸 벗을 수는 없다. 코뿔소의 뿔? 그것도 떼놓고 잘 수가 없다. 무기를 바꿀 수 없는 것이다. 이처럼 짐승에게 있는 날카로운 발톱이나 송곳니, 발 빠른 주력은 오로지 어느 한 가지의 용도에 국한된 것이다. 하지만 인간의 손은 어떤 것이든 될 수 있다.

04 인간은 손 덕분에 원하는 무기를 원할 때 가질 수 있다. 왜냐하면, 손은 무엇이든 잡을 수 있고 들 수도 있기 때문이다. 때에 따라 손의 손톱은 뿔이 될 수도 있고, 검 같은 무기나 어떤 도구로도 활용될 수 있다. 그래서 아리스토텔레스•는 "손은 도구 중의 도구"•라고도 했다. 철학자의 말이라고 하지만 별로 어려울 것도, 유별날 것도 없는 이야기다. 이런 소리를 복잡하게 할 것 없이 한국말 하나만 보면 안다.

• Aristoteles(Αριστοτέλης, B.C. 384~322, 고대 그리스의 철학자) | "The hand is the tool of tools."

05 우리말에 연장이란 말이 있다. 참 재미있는 말이다. 연장을 다른 말로 하면 도구인데, '도구는 신체의 연장*이다'라는 말도 있다. 연장이란 말 속에 '도구'라는 말과 '신체의 연장'이라는 말이 한꺼번에 들어있다. 우연의 일치치고는 참으로 미묘하고 암시적인 의미가 담긴 말이다.

인간의 도구는 모두가 몸을 연장, 확장*한 것이다. 그중에 가장 먼저 쓴 도구는 신체 가운데서도 손을 연장한 것이다. 인간이 두 발로 일어서는 순간 앞의 두 발이(다리가) 손이 되고, 몸에서 자유로워진 인간의 손은 스스로 독립적인 기능을 할 수 있게 된다.

• 延長 | 擴張

06 주먹을 쥐고 그 주먹 쥔 팔을 연장해봐라. 무슨 연장이 되나. 몽둥이가 된다. 또, 다섯 손가락으로 곤봉을 쥐면 엄청난 무기로 바뀐다. 맨주먹이나 그냥 팔로는 때려눕힐 수 없는 사나운 맹수와도 대적할 수 있다. 곤봉은 팔의 근육을 연장, 확장한 것이다. 몽둥이를 든 팔은 그만큼 길어졌기 때문에 아무리 날카로운 발톱과 송곳니를 가진 짐승이라도 인간을 간단히 덮치지 못한다. 그것들이 덮치기 전에 긴 막대기로 후려칠 수가 있다. 인간의 몸은 힘이 없지만, 몽둥이를 든 손은 어떤 맹수와도 겨룰 수 있다. 손이 무기로 바뀌기 때문이다.

07 이번에는 손을 한번 펴봐라. 두 손을 펴서 양 손날을 맞대고 둥글게 오므리면 주먹과 정반대인 움푹 파인 그릇이 된다. 물 같은 액체를 담을 수 있다. 어느 짐승도 이렇게 못 한다. 원숭이나 고릴라가 사람 닮은 짓을 많이 하는데, 그들이 손으로 물 떠먹는 거 봤나? 다

혀로 핥아먹는다. 오직 인간의 손만이 완전한 물사발이 된다. 그래서 물을 먹을 때는 그릇 역할을 한다. 두 손이 바가지나 표주박처럼 물을 뜨는 그릇이 될 수 있다. 팔을 연장한 도구가 곤봉이듯이, 손바닥을 연장한 것이 물그릇이다.

08 자, 그러면 손가락을 연장한 것은 무엇일까? 곤봉보다 가늘고 갸름하고 짧은, 손가락을 닮은 것. 그 연장이 무엇인가. 몽둥이가 무엇으로 변하나. 젓가락으로 바뀌는 것이다. 꼬챙이 같은 것으로 바뀐다. 그러나 꼬챙이는 찌르는 것으로 팔이 아니라 손을 연장한 것이지만, 젓가락은 완전히 손가락 두 개를 연장한 것이다. 그 어떤 도구와도 다르다.

09 같은 막대기라도 몽둥이는 팔과 주먹의 연장이지만, 팔뚝보다 굵어야 한다. 폭력이다. 거꾸로 젓가락은 두 손가락의 연장인데, 손가락보다 가늘어야 한다. 몽둥이가 팔의 근육을 연장한 것이라면, 젓가락은 손가락의 신경을 이어준 것이라 할 수 있다. 그래서 젓가락은 섬세한 물건, 콩알이나 그보다 더 작은 깨알까지도 집을 수 있는 손끝의 감각으로 작용한다. 아주 정밀하게 무언가를 할 수 있는, 도구 중에서는 가장 정밀한 도구다. 바늘도 손가락의 연장이지만, 그건 하나다. 꼬챙이 개념이다. 가장 가는 꼬챙이, 찌르는 거다. 그러나 젓가락은 두 개, 한 쌍이라는 점에 그 가치와 생명이 있다.

10 서양에서 많은 도구가 태어났지만 모두 신체의 근육이나 뼈, 몸의 운동기능을 도구나 기계로 만든 것이다. 그 많은 도구 가

운데서 미세한 손가락의, 그것도 두 손가락의 신경줄을 이어주는 그런 도구는 찾아보기 힘들다. 굳이 찾자면 핀셋이다. 핀셋은 손가락이 무뎌서 직접 잡을 수 없는 미세한 것을 잡는다. 그런데 핀셋은 두 개가 아니라 하나를 구부린 것이다. 한 쌍이 아니라는 말이다.

11

우리는 아주 오래전부터 서양의 핀셋과 맞먹는 젓가락을 매일 세끼 밥상에서 사용해왔다. 섬세한 손끝 감각과 좁쌀까지도 집어내는 고도의 집중력으로 말이다. 그것도 두 손이 아닌 한 손으로, 두 개의 젓가락 짝을 자유자재로 놀린다. 다만 우리가 매일 숨 쉬는 공기를 의식하지 않듯이 젓가락질 역시 예사로 봐온 거다.
서양에 젓가락이 없다는 사실은 비단 식사 도구가 없다는 것만이 아니라 두 손가락을 연장한 신경, 미세한 도구가 없다는 거다.

12

직립보행으로 자유를 확보한 인간의 손이 뇌를 발달시키고, 그로 해서 인류가 진화하게 된 사실을 상기해보자. 직립 그 자체가 아니라, 직립으로 자유로워진 손이 인간의 뇌를 발달시켰다면, 대체 손이 신체의 여느 부위와 어떻게 다르기에 그럴 수 있을까?
독일의 철학자 임마누엘 칸트•는 손을 '눈으로 볼 수 있는 바깥의 뇌'라고까지 말하지 않았나. 실제로 신경외과 의사가 살아 있는 사람의 뇌를 연구하여, 손과 신체와의 관계를 밝힌 일이 있다.

• Immanuel Kant(1724~1804)

13

1950년대 캐나다의 신경외과의인 와일더 펜필드•는, 인간의 대뇌와 신체 각 부위 간의 연관성을 나타낸 지도를 만들었다.

그리고 이를 바탕으로 인체를 입체적으로 구현한 '호문쿨루스'• 라는 인체 모형을 만들었다. 이걸 보면 두 손이 뇌에 미치는 영향이 얼마나 큰지를 한눈에 알 수 있다. 또 영화《이티》• 에서, '이티'의 머리와 눈이 크게 묘사된 것은 별로 과학적이지 않다는 사실도 알 수 있다. 만약 '이티'가 상당히 지능이 발달한 생물체라면 그 손 역시 우리 손보다 훨씬 더 커서, 펜필드가 만든 호문쿨루스와 비슷한 형상을 했을 것이다.

• Wilder Penfield | homunculus | E.T: 스티븐 스필버그의 1982년 영화 〈E.T.〉 속 외계인

14 인간의 손에는 1cm² 당 1,000여 개에 이르는 신경종말이 분포돼 있고, 그 대부분은 손가락 끝에 몰려 있다. 그래서 시력을 잃은 맹인은 손가락 끝으로 점자책과 도로의 점자 표지판을 읽을 수 있는 거란다.

해부학적으로도 손은 인체에서 가장 복잡하다. 한쪽 손을 이루는 뼈는 무려 27• 개로 양손을 합하면 54개나 된다. 인체의 뼈 206개 중 4분의 1이 넘는 뼈가 손에 있는 것이다. 뼈가 많으니 당연히 관절도 많고, 그 관절을 움직이는 근육 또한 세분화되어서 손은 다양하고 섬세한 작업을 할 수 있다. 시각장애인이 손을 눈 대신 쓰는 것처럼, 이 많은 뼈와 관절, 섬세한 근육 덕에 손은 말 못 하는 청각장애인의 입과 귀가 되어준다. 바로 수화다.

이런 거 우리가 다 아는 사실인데, 이렇게 숫자로 얘기하니 와~ 소리가 나온다. 이래서 항상 전문가들이 큰소리치고 다니는 거다. 그걸 누가 모르냐.

• 손목뼈 8개, 손바닥뼈 5개, 손가락뼈 14개

15 신경분포로 사람의 인체 지도를 그려보면 어떻게 될까 . 펜필드가 그린 것 같은 괴물이 나온다. 우리 몸 전체에 차지하는 신경의 비율에서 손이 차지하는 숫자가 압도적이다. 머리보다도 크고 거의 몸과 맞서 있다 .

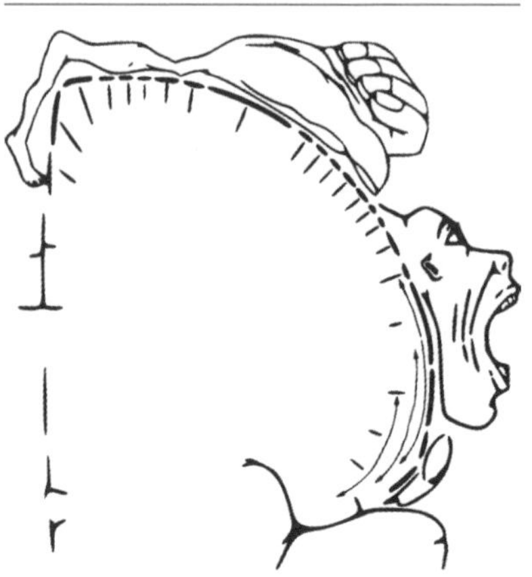

호문클루스 지도. 대뇌 신경과 신체부위 사이의 관련성이 드러난다.

호문클루스 지도를 바탕으로 한 인간 모형

둘째 꼬부랑길

진화의 역설

뉴턴은 인간의 엄지손가락을 보고
거기서 신의 존재를 느낀다고 했다.
대체 엄지손이 무슨 일을 하길래.

01 고릴라, 침팬지 같은 영장류와 다른 유인원의 유전자 구조는 아주 비슷하다. 인간에게는 46개, 23쌍의 유전자 염기 서열이 있고, 아프리카 유인원은 평균 48개다. 모기는 6개, 닭은 78개라는 것을 생각하면, 인간과 영장류는 꽤나 닮은꼴이다. 그러나 그들과 인간을 구분 짓는 결정적 요인은 DNA가 아니라, 손을 이루고 있는 뼈와 힘줄 그리고 근육이다.

02 유인원의 손과 인간의 손은 겉으로는 비슷해 보여도 그 내부 구조는 아주 다르다. 그중 가장 결정적인 게 있다. 엄지손이다. 유인원의 엄지손가락은 나머지 네 개의 손가락과 동일한 곳을 향하지만, 인간의 엄지손가락은 나머지 네 손가락과 마주 보는 위치에 놓인다. 그 차이가 인류 문명을 일으킨 거다.

03 영장류 손의 진화과정을 나무모형으로 나타낸 도표를 보면, 숨은 그림 찾듯이 놀라운 사실을 발견할 수 있다.

도표에서 보면, 인간의 손이 가장 진화하지 않은 원형에 가깝다. 쉬운 말로 하면, 인간의 손이 어떤 영장류의 손보다도 가장 덜 진화했다는 말이다. 이를테면 미개한 손이다. 발달 순서상 가장 위에 놓이는 손의 경우, 네 개의 손가락과 엄지손가락이 함께 움직이는 데 비해, 인간의 손은 네 개의 손가락과 엄지손가락이 따로 논다.

결국 인간은 가장 미개한 손을 가졌기에, 어떤 영장류에도 없는 문화와 문명을 이뤄내는 열쇠를 갖게 되었단다. 얼마나 역설적인가.

04

인간의 손은 반대 교합이다. 젓가락질할 때 보면 엄지와 네 손가락이 구별된다. 엄지손과 네 손가락을 다 같이 쓰기는 하지만, 힘의 방향이 서로 다르다. 손가락의 협력이란 같은 방향이 아니라 서로 반대되는 것, 방향이 반대되는 것들이 서로 합쳤을 때 비로소 손아귀의 힘이 나온다. 엄지손가락이 반대 방향으로 돼 있어서 몽둥이를 잡을 수 있는 거다.

05

한 사람이 일생 동안 손가락을 구부렸다 폈다 하는 횟수는 대략 2,500만 번이라고 한다. 기절할 숫자다. 그 많은 횟수의 45퍼센트를 엄지 혼자서 한단다. 역시 '최고야!' 할 때, 엄지손가락이 치켜질 자격이 충분하다. 그래서 아이작 뉴턴* 은 '다른 증거 없이, 엄지손가락 하나만으로도 신의 존재를 믿을 수 있다'라고 감탄했다. 사과가 떨어지는 걸 보고는 단순히 만유인력을 발견했지만, 인간의 엄지손가락을 보고는 신의 존재를 느낀다는 것이다. 대체 엄지가 뭐길래.

* Isaac Newton(1642~1727)

06

다섯 손가락 깨물어 안 아픈 손가락 있냐? 이 말은 으레 자식을 편애하지 않는다는 뜻의 상투어다. 하지만 현실에서는 다섯 손가락의 가치가 똑같지 않다. 무얼 보면 아느냐고? 손가락마다 등급을 매겨놓은 정부의 장애등급표를 보면 확연히 알 수 있다.

07

2010년 1월부터 시행되고 있는 우리나라 장애등급표• 에서는, 한쪽 손 엄지손가락의 지관절 이상 부위를 잃은 사람에게는 6급 1호의 장애등급을, 한 손의 엄지손가락은 멀쩡한 상태에서 둘째손가락을 포함한 2개의 손가락을 잃은 사람에게는 그보다 낮은 6급 2호의 장애등급을 적용하고 있다. 엄지손 하나 잃은 것을 둘째손가락을 포함한 다른 두 개의 손가락을 잃은 것보다 더 중한 장애로 취급하는 것이다. 실제로 하는 일은 검지가 많지만, 손의 본질적인 기능을 수행하는 데는 엄지손가락이 다른 손가락들보다 훨씬 중요하다는 증거다. 그래서 엄지손가락을 '또 하나의 손'이라고까지 한 학자• 도 있다.

• 보건복지부고시 장애등급판정기준 | 베른하르트 지그프리트 알비누스(Bernhard Siegfried Albinus. 독일 태생의 네덜란드 해부학자)

08

영국 런던의 동물원에서는 '침팬지 티 파티'• 라는 쇼를 열어 큰 인기를 얻은 적이 있다. 다과가 놓인 테이블에 침팬지들이 죽 둘러앉아 바나나 껍질을 벗기고 차를 마시고, 과자를 먹는 공연이었다. 사람들이 다 놀라워하지만, 알고 보면 침팬지는 단지 손아귀의 힘에 의지하는 것이다. 손가락을 벌리거나 모으고, 굽히거나 펴고, 손의 안쪽 또는 바깥쪽으로 자유롭게 회전할 수는 없다. 그것이 침팬지와 인간의 손이 다른 점인데, 이런 정교하고 섬세한 손의 움직임을 가능하게 하는 것이 바로 엄지손가락이다.

• Chimpanzees' tea party

09 과학자의 설명이 아니더라도 지금 당장 자신의 손가락과 손가락을 비벼보라. 엄지손가락과 다른 손가락의 지문 부분을 마주 대고 반복적으로 움직이면 된다. 바나나 껍질 벗기고, 찻잔 올려 드는 침팬지에게 '비벼봐' 해봐라. 천지개벽을 해도 안 된다. 그 간단한 '비빈다'는 말이 짐승사회에는 없다.

여기서 결정적 대목이 나타난다. 도구를 활용하는 침팬지의 사진을 보라. 지금까지 언급한 엄지손가락이 없어도 포크 나이프는 쓸 수 있다. 아주 복잡해 보여도 원숭이들도 한다.

10 그렇다면 젓가락질은 어떨까? 침팬지나 원숭이가 서양 사람처럼 포크 나이프는 따라 할 수 있지만, 젓가락질하는 건 아직 보지 못했다. 만일 했다면 그건 네 손가락으로 고도의 훈련을 받아서일 게다. 생리적으로 엄지손을 인간처럼 쓰지 못하는 그들에게 정상적인 젓가락질은 불가능한 일이다. 신이 그렇게 말했다. '너희는 젓가락질은 안 된다. 엄지손가락을 인간처럼 쓸 수 없기 때문에.'

젓가락질은 의식적인 학습과 생리적인 신체조건이 갖춰져야 할 수 있으니까, 유전설과 환경설이 젓가락에서 하나가 된다. 한국인이 젓가락질을 잘하는 건 유전적 요소와 환경적 요소가 합쳐진 결과다.

샛길

영장류의 손과 인간의 손

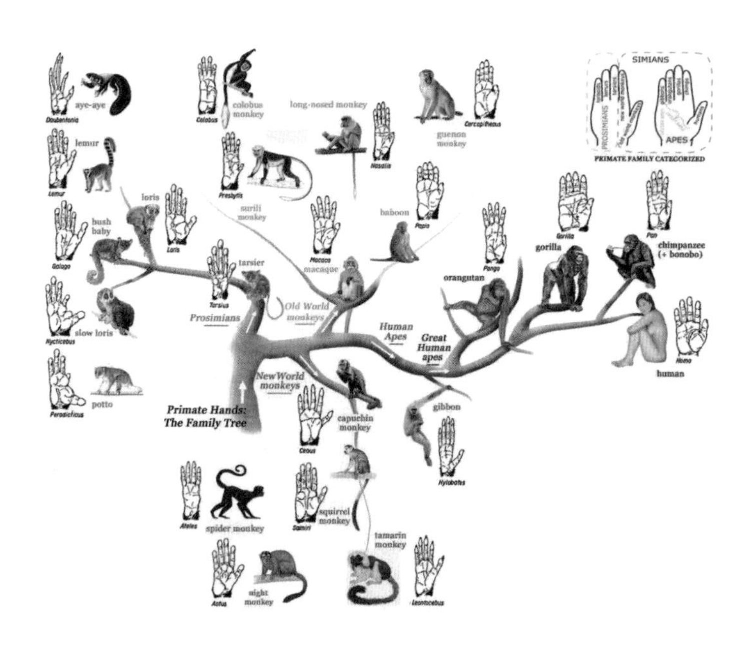

동경대 출신의 동물, 유인원 학자이자 보소자연박물관*의 2대 관장인 학자 시마다이조우가 놀라운 도표를 발표했다. 그는 특별한 손을 가진 원숭이 아이아이* 연구를 하다가, 원숭이의 입과 손의 모양이 이동 방법, 주식으로 결정되는 것에 주목하고 '입과 손 연합 가설'을 세워 영장류 손과 치아의 관련성을 추적해 왔다.

손에 힘을 빼고 가만히 보면 손가락과 손바닥 사이에 입체적인 공간이 나타난다. 영장류의 특징인 '엄지대향성'*에서 생기는 공간이다. 여기에 인류의 비밀이 숨겨져 있다.

영장류 모두의 엄지가 사람과 같이 나머지 손가락과 마주 보는 것은 아니다. 그림을 보면 같은 영장류라 하더라도 다양한 손 모양을 하고 있는 것을 알 수 있다. 그중 인류는 굵은 엄지손가락을 가지고 있다. 인류만큼 '부모'라고 불릴 정도의 굵은 엄지손가락을 가진 영장류는 적다.

- 房総自然博物館 | aye-aye | 拇指対向性, 엄지가 나머지 다른 손가락들과 마주보는 성향
- 시마 다이조우(島泰三), 《엄지손가락은 왜 굵을까? – 직립이족보행의 기원을 찾다(親指はなぜ太いのか–直立二足歩行の起源に迫る)》 참고

인간의 손과 침팬지 손

2015년 7월 《네이처 커뮤니케이션즈》 저널에 미국 조지워싱턴대와 뉴욕 스토니브룩대 인류학과 학자들의 최근 연구 결과가 발표되었다.* 해부학적으로 사람의 손은 침팬지나 다른 유인원보다 더 원시적이라는 거다.

연구팀은 정교한 통계기법을 이용해 침팬지와 오랑우탄 같은 현생 유인원, 원숭이, 사람의 엄지와 다른 손가락 비율을 분석했다. 멸종한 유인원과 초기 인류를 비교해 손의 진화 과정을 추적한 거다. 그 결과, 침팬지와 인류의 공통 조상은 물론 그보다 훨씬 오래된 유인원의 조상도 현재 인류처럼 긴 엄지와 짧은 손가락을 갖고 있었단다.

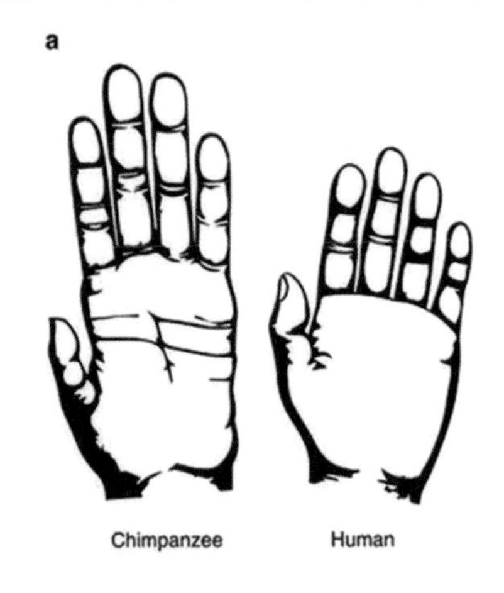

침팬지의 손(왼쪽)과 사람의 손(오른쪽) 비교

지금까지 엄지가 짧고 손가락이 길었던 공통 조상의 손에서 사람은 도구를 사용하기 적절하게 엄지가 길어지는 방향으로 진화했다는 기존의 학설을 뒤집는 거다. 침팬지의 짧은 엄지와 기다란 손가락이 나무

위에 살기 이상적인 형태로 진화하고, 사람은 원시적인 손을 그대로 갖고 있다고 말이다.

조지워싱턴대 세르지오 알메키아 교수는 "사람이 도구를 만들 수 있었던 것은 도구 제작에 적당한 손 때문이 아니라 뇌가 커지고 진화하면서 계획하는 능력과 손을 적절히 조절할 수 있는 능력을 키웠기 때문"이라고 설명한다.

- Sergio Almécija, Jeroen B. Smaers & William L. Jungers. The evolution of human and ape hand proportions. Nature, 14 July 2015

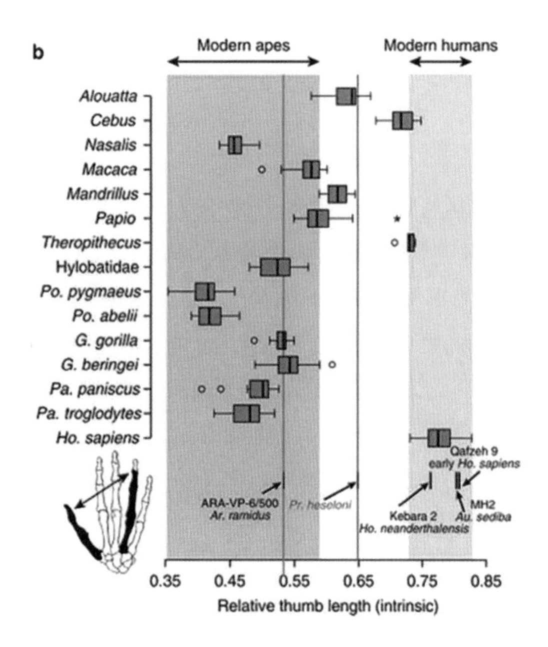

영장류의 손가락 중 엄지손가락의 상대적 길이 비교. 가장 아래쪽의 인간(Ho. sapiens)의 엄지 길이가 가장 길다.

도구를 활용할 수 있는 침팬지

1910년대 남아프리카공화국 요하네스버그에 살던 '재키(Jackie)'
라는 이름의 원숭이로, 포크와 나이프로 식사를 하고 있다.

인간의 손을 이루는 뼈와 힘줄과 근육은 인간을 특징짓는 주요한 해부학적 요소다. 고릴라, 침팬지 같은 영장류나 기타 유인원과 비교해볼 때, 인간의 손은 독특하다. 침팬지는 바나나 껍질을 벗기고 필요하면 찻잔도 들어 올린다. 그러나 침팬지는 정밀도가 떨어지는 악력(손아귀의 쥐는 힘)에 의존한다. 인간과 달리 침팬지는 손바닥을 오목하게 만들지도 못한다. 인간의 손가락은 그런 영장류의 손가락보다 더 곧고 길쭉하다. 특히 손가락뼈가 세 마디까지 있어서 더 정교하고 섬세하게 움직일 수 있다. 또 양손에 각각 넓은 각도로 위치한 엄지손가락 덕분에 더욱 다양한 굴절과 장악이 가능하다. 이렇게 다른 손가락과 '맞서는 엄지'가 없었다면, 우리는 글씨를 쓰거나 그림을 그리거나 총을 쏘기도 어려웠을 것이다.

• 나이즐 스파이비(Nigel Spivey), 《맞서는 엄지》, 김영준 역, 학고재, 2015 참고

셋째 꼬부랑길

젓가락은 다섯 손가락의 연장

프랑스 철학자이자 기호학자 롤랑 바르트는
'젓가락은 지식인의 도구이자
손가락의 연장'이라고 했다.

01 요즘 아이들은 젓가락을 쓸 줄 안다 해도, 젓가락질하는 모습을 자세히 보면 다섯 손가락을 다 쓰지는 않는다. '밖으로 나온 두뇌'라고 하는 손과 젓가락이 일체가 돼서 같이 움직일 때만 제대로 된 젓가락질이 가능하다. 젓가락은 도구이지만, 다섯 손가락의 연장이기 때문이다.

02 인간의 다섯 손가락에는 저마다 이름이 붙어 있다. 엄지는 제일 굵은 손가락으로 다른 손가락과 구별된다. 그다음은 인지.* 무언가를 가리킬 때나 지시할 때 쓴다. 손가락 중에서 가장 많이 쓰이는 손가락이 인지다. 총을 쏠 때도 방아쇠를 당기려면 인지가 반드시 필요하다. 그래서 인지가 잘못되면 군대에 갈 수 없다. 일제 강점기 때는 강제동원을 피하려고 일부러 인지를 잘랐다는 이야기도 있었다. 인지는 검지라고도 한다.

• 人指

03 가운뎃손가락은 한가운데 있으니까 중지•다. 네 번째 손가락은 주로 약을 갤 때 사용한다며 약지•라는 이름이 붙었다. 이 넷째 손가락은 평소 잘 쓰이지 않는데, 이름이 없다 하여 무명지•라고도 불린다. 혈서를 쓸 때 제일 많이 자르는 것도 이 손가락이다. '무명지를 깨물어서 혈서를 쓴다'는 군가도 있지 않나. 그리고 마지막은 새끼손가락이라는 소지.• 엄지가 있으니 마지막에는 그 새끼가 있어야 할 거 아닌가. 다섯 손가락이 다 존재 이유가 있다. 젓가락질 해보면 안다.

• 中指 | 藥指 | 無名指 | 小指

04 그렇다면 젓가락질을 한다는 것은 무엇일까. 인간의 행동이나, 손을 사용하는 온갖 기술 중에 다섯 손가락을 모두 쓰는 경우는 흔치 않다. 그런데 젓가락질은 다섯 손가락을 전부 사용해야 한다. 그래야 두 개의 막대기 끝에 모든 힘을 모을 수가 있다. 전신의 힘을 모아 주는 지렛대가 되는 곳이 바로 다섯 손가락이 모이는 그 지점이다. 젓가락에 집중적으로 힘을 모을 수 있기 때문에 콩을 집을 수 있는 거다.

05 특히 다섯 손가락을 전부 사용하지 않고는, 금속젓가락으로 미끄러운 묵 같은 것은 도저히 집을 수가 없다. 젓가락질 못 하는 사람은 젓가락을 움켜잡고, 그걸로 음식을 그사이에 끼거나 찍는다. 엉터리 젓가락질이다. 젓가락을 움켜잡거나, 엄지손가락과 인지만으로 하는 젓가락질로는 콩이나 두부, 묵같이 미끄럽고 연한 것은 집을 수가 없다.

06 포크 나이프도 손으로 쥔다. 그러나 그것은 한꺼번에 주먹을 쥐는 것이지, 다섯 손가락을 따로따로 놀리는 것이 아니다.

'돌멩이를 집다'와 '돌멩이를 잡다'는, 의미 자체는 동일할지라도 그 행동이 다르다. 집는 것은 다섯 손가락을 이용해 들어 올리는 것이고, 잡는 것은 움켜쥐는 행동이다. '집다'와 '잡다'의 차이가 젓가락과 포크의 차이다. 젓가락은 집는 것이고, 포크는 잡는 것이다.

07 요즘은 육식과 채식이 먹거리의 양대 주종을 이루는데, 채식의 경우는 집고 육식은 잡는다. 고깃덩어리는 찍고 자르거나 찢는다. 하지만 콩알은 집는 것이지, 잡거나 찢지 않는다. 찢는 것은 양손을 쓸 수밖에 없다. 아무리 약한 종이라도 찢으려 할 때는 한 손만으로는 안 된다. 동시에 예리한, 그야말로 송곳처럼 강한 끝이 뾰족한 것으로 찔러야 한다. 찌르고 자르고 쪼개는 'ㅉ'자 행동을 해야 하는 것이다.

08 롤랑 바르트가 말했듯이, 포크와 나이프는 육식 동물의 송곳니와 발톱의 연장이다. 새는 다르다. 이빨로 먹지 않는다. 잡아먹는 게 아니라 쪼아 먹는다. 닭이 모이를 먹는 것처럼 새의 부리는 손가락 두 개, 엄지와 인지로 콩알을 집을 때의 형상과 똑같다.

그러나 천하의 석학 바르트도 간과한 게 있다. 동양인들은 젓가락으로 음식을 '집는다'고 한다. 젓가락질이란 짝을 이룬 막대기로 '쪼는' 것이 아니라 '집는' 것이다. 그래서 젓가락은 면 요리, 나물 요리를 먹을 때 그 진가가 드러난다. 국수 가락을, 콩나물을 어떻게 쪼아 먹겠는가.

09 젓가락질은 손가락 하나하나가 살아 움직이는, 개별화돼 있으면서 전체로 작용하는 것이다. 사회로 말하면 개개인을 말살하는 획일적인 집단체제가 아닌, 한 사람 한 사람의 얼굴이 살아 있는 집

합체인 것이다. 이런 걸 네트워크라고 그런다.
다섯 손가락은 젓가락의 네트워크다. 네트워크마다 그 지점이 살아 있는 것이다. 젓가락질은 다섯 손가락이 다 살아 있어야만 이루어진다. 아름답다.

10

우리는 민주화 됐다고 그런다. 선민주의 권위주의 시대를 지나 개개인이 평등을 누리는 민주화 사회를 이룩했다고 한다. 그런데 어째서 다섯 손가락이 평등하게 움직이면서 서로 협력하는, 정보화 시대 네트워크에 가장 잘 어울리는 젓가락의 밈* 만은 웬일로 퇴보하고 있는가. 만물제동* 만물일체, 이 말의 뜻을 실제로 보여주는 것이 다섯 손가락이 협동하면서 움직이는 젓가락질이 아닌가.

- Meme | 萬物齊同, 지구상에 있는 모든 만물은 다 같다는 뜻으로 《장자(莊子)》 내편(內篇) 제 2장의 내용 가운데 하나

11

소설가 펄 벅* 은 동양인이 젓가락질하는 걸 보면, 나비가 나는 것처럼 아름답다고 했다. 그 아름다운 문화유전자, 다섯 손가락이 협력해서 공동체를 만들고, 그 네트워킹을 통해서 한낱 두 개의 막대기에 불과한 젓가락을, 섬세한 신경을 가진 생명체처럼 움직이는 젓가락의 신화가 지금 우리 곁을 떠나고 있다는 이야기다.
이제 원시의 숲을 지나 문명의 세계로 나와 보자. 다음 고개는 혼자가 아니다. 우리와 함께 젓가락질을 하는 중국인들, 일본인들, 주변의 친구들이 고갯길의 친구가 되어 줄 게다.

- Pearl Buck(1892~1973)

8

쌀밥 고개

아시아의 젓가락 이야기

첫째 꼬부랑길

젓가락 문화권은 쌀을 먹는 문화권

둘째 꼬부랑길

아시아인과 젓가락

첫째 꼬부랑길

젓가락 문화권은 쌀을 먹는 문화권

왜 우리가 젓가락으로 먹는지를 알면,
우리의 식문화와 문화적 특성,
그리고 역사 전체까지 알아낼 수 있다.

01 우리말 '쌀'의 어원은 인도에서 왔다고 한다. 고대 인도에서 쌀을 칭하던 말 '사리'가 퉁구스• 지역에서 '시라'로 변환되었다가, 우리나라에서 '쌀'로 불리게 되었다는 설이다. 우리는 쌀을 영곡• 이라고도 불렀다. 쌀을 인간의 영혼과 통하는 신성한 곡식으로 생각했기 때문이다. 중국에서는 쌀을 한자어 미•로 쓰는데, 글자를 보면 여덟 팔• 자가 열 십• 자를 사이에 두고 두 개 겹쳐 있는 형상이다. 즉 볍씨가 쌀이 되기까지 88번의 손길이 필요하다는 뜻으로, 벼가 그만큼 많은 정성을 기울인 귀한 음식이라는 뜻이다.

• Tungus | 靈穀 | 米 | 八 | 十

02 어느 한 민족이나 문화에서 '용의 눈'이 무어냐고 할 때, 우리는 그걸 흔히 정기라고 그런다. 민족정기,• 스피릿이다. 그 정기라는 글자에는 모두 쌀 미• 자가 들어있다. 쌀이야말로 그걸 주식으로 하는 민족의 정기인 게다. 더구나 그 기• 자를 봐라. 쌀밥을 지을 때 김이 모락모락 올라오는 형상 아닌가. 그것이 기의 자원이다. 우리는 영어

의 파워•를 기운•이라고 한다. 기운은 한 민족의 정신과 파워의 결정체를 나타내는 메타포,• 은유다.

•民族精氣 | 米 | 氣 | power | 氣運 | metaphor

03 내가 프랑스에서 쌀을 사려고 헤매다가 점원에게 물었다. 그런데 쌀이라는 단어가 얼른 떠오르질 않는다. 불어로는 쌀이 리•인데, '뒤 리'•라고 해야 할 것을 그냥 '리'라고 하니 못 알아듣는 게다. 하는 수 없이 시적 상상력을 발휘해서 "동양 사람들이 즐겨 먹는 작은 진주 같은 열매"라고 하니, 그제야 점원이 파안대소하며 "뒤 리?!" 하고 반문한다.

그렇다. 쌀은 곡식이기 전에 결정체다. 작게 응축된 진주인 게다. 아마 그 점원이 웃었던 것도 아시아인이 좋아하는 쌀의 의미를 재발견했기 때문일 것이다. 그는 새삼 느꼈으리라. 쌀이란 하얗고 투명한 진주 같은 결정체라는 것을.

• riz | du riz

04 일반적으로 아시아 하면 인도까지 포함된다. 동양이라고 할 때도 인도가 아랫목에 앉는다. 이렇게 아시아 동양 문화권의 주류인 인도가 세계 3분의 1의 젓가락 문화권에서 제외되고, 손으로 먹는 수식 문화권에 속한다. 0을 발견한 인도, 심오한 불교문화의 발상지 인도. 먼 데까지 갈 거 없다. 간디,• 네루•라면 모르는 사람이 없고, 코끼리 하면 중국의 용과 함께 양대 문화의 상징이다. 그런 나라에서 왜 젓가락을 사용하지 않았을까. 포크 나이프야 영국 식민지로 살아온 역사 때문에 거부반응이 있을 수 있으나, 왜 젓가락은 아닌가. 이 수수께끼를 뒤

집으면 젓가락 밈에 숨겨진 그 의미를 발굴해 낼 수 있다.

• Mahatma Gandhi(1869~1948) | Pandit Jawaharlal Nehru(1889~1964)

05 젓가락은 벼 문화인 쌀과 떨어질 수 없는 관계다. 이 말이 끝나기가 무섭게 쌍심지를 켜는 사람이 있을 게다. "벼? 쌀? 그것도 발상지가 인도야!" 맞다. 그렇기 때문에 젓가락을 쓰지 않은 거다. 그 쌀이 바로 자포니카* 와 반대되는 인디카* 였기 때문이다.

인디카는 우리가 한때 안남미라고 해서, 6·25 전쟁 때 원조로 들여오던 배급 쌀이다. 나도 경험이 있다. 차라리 밀가루 만들고 남은 찌꺼기는 먹어도 안남미라면 고개를 젓는다.

이유는 단 한 가지, 바람만 불어도 날아간다. 쌀이라는 게 찰진 맛, 끈끈한 맛, 씹는 맛이 제격인데, 안남미는 푸석푸석해서 씹는 맛은커녕 숟가락으로 떠도 입안으로 들어오기까지 한참 승강이를 해야 한다. 전설적인 칼잡이 일본 무사들은 젓가락으로 날아가는 파리를 잡는다는 소문도 있던데, 어디 인디카, 인도 밥을 잡아봐라. 파리 잡기보다 어려울 거다.

• japonica | indica

06 이번에는 우리가 먹는 끈끈하고 찰진 쌀을 인도사람처럼 손으로 먹어봐라. 손은 물론이요, 온 얼굴에 달라붙을 거다. 문화적이냐 아니냐를 떠나 우리 쌀밥은 도저히 손으로는 먹을 수가 없다. 거꾸로 인디카 쌀, 안남미는 젓가락, 숟가락으로는 떠지지도 않는다. 손으로 꾹꾹 뭉쳐서 먹을 수밖에 없다.

07 인도에서 젓가락이 쓰이지 않는 또 다른 이유는 그들의 주식인 난* 때문이기도 하다. 난은 손가락으로 찢어서 먹는다. 밥이 주식인 한국이나 중국 일본에 비해, 인도는 쌀을 재배하기는 하나 밥 먹는 횟수는 현저히 적었던 거다. 한국과 일본에서는 인도 전통음식인 카레를 밥과 먹는데, 인도에서는 난과 먹는 경우가 훨씬 많다. 물론 이런 이유만으로 손으로 먹는 인도의 식문화와 한중일의 수저 문화를 설명하기에는 비약이 있을 수 있으나, 그게 주요 원인이라는 사실은 누구도 부정 못 한다.

• Naan

08 오곡을 다 같이 먹는 아시아 문화권이지만, 역시 으뜸은 쌀밥이다. 아직도 북한에서 꿈꾸는 유토피아는 이밥(쌀밥)에 고깃국 먹는 거 아닌가. 하얀 쌀밥에 고깃국은 풍족한 생활의 상징적 먹거리다. 이 쌀과 젓가락이 불가분의 관계라는 건 앞에서 반복해서 나온 이야기다. 그러니 쌀, 그것도 남방 쌀과는 다른 북방적 기후에서 재배된 쌀의 이야기, 그리고 농경 문화권의 이야기는 젓가락 문화를 이해하려면 피할 수 없는 관문이다.

09 일본은 섬나라라는 지리적 특성상, 쌀과 농경문화의 전파가 한중일 3국 중 가장 늦었다. 기원전 4세기경까지도 조몬시대*라는 농경 없는 신석기 문화를 유지했는데, 기원전 3세기경 한반도에서 벼농사가 전파되어 야요이* 문화가 시작된다. 이 쌀과 함께 한국에서 젓가락이 들어간 것으로 보인다. 농경문화란 식생활과 밀접한 관계에 있으니, 모르긴 몰라도 일본 내에서 벼농사는 상당히 빠른 속도로 퍼져나갔

을 것이다.

• 繩文時代 | やよい(彌生)

10 벼농사를 짓는 곳에서 쌀을 신성시하는 건 당연한 일이다. 일본도 한국이나 중국처럼 쌀을 신성시했을 것이다. 18세기 일본의 한의사이자 농민 운동가였던 안도 쇼에키•가 쓴 《통도진전》•에는 다음과 같은 글이 있다.

'아, 쌀알이란 얼마나 정밀하고 오묘한 조화를 부리는 것인가. 하늘과 땅이 만나 벼에서 쌀알이 여물고, 벼에서 쌀알로 전해진 오곡의 정신으로 우주가 남녀 인간이 된다. 우주가 저절로 줄어서 쌀알이 되고, 쌀알이 인간이 되는 것이다.'

• 安藤昌益 | 統道眞轉 | 8 쌀밥 고개 1-샛길 〈안도 쇼에키-인간은 쌀알에서 태어난다〉

11 일본 문화를 축소지향적 관점에서 글을 써온 나도 이 글에는 놀랐다. 천지를 한 톨의 쌀로 축소할 줄이야. 그리고 그 속에 인간을 집어넣을 줄이야. 상상도 못 했다.

천지가 축소되어 곡식이 되고, 그 곡식 가운데서도 쌀 속에서 사람이 태어났다는 이 진귀한 생각은, 아시아인에게 쌀이 얼마나 생명과 직결된 곡식인지를 상징적으로 보여주지 않는가.

12 지금 우리가 먹는 쌀은 학명으로 자포니카다. 일본의 쌀은, 남방 쌀이 중국 한국의 북방을 통해 기후에 맞게 개량되어 일본에 전해진 것이다. 남방에서 직접 들어왔다는 설도 있지만, 제러드 다이아몬드•의 연구에서 보면 아직까지 일본에서 발굴된 쌀 가운데 남방계

는 하나도 없다. 지금도 일본에서 제일 맛있는 쌀은 고시히카리* 품종으로 주로 북쪽 니가타 지역에서 나온다.

• Jared Mason Diamond(1937~, 미국의 과학자이자 논픽션 작가) | コシヒカリ(越光)

13 지금까지 벼농사 발생의 기원설은 인도와 중국, 양대 진영으로 나뉘어서 다퉈왔다. 그러나 양쯔강 기원설과 갠지스강 기원설은 마이클 프루개넌*을 비롯한 학자들의 연구로 양쯔강 기원으로 결판이 났고, 자포니카 종과 인디카 종으로 나뉜 시기도 함께 밝혀졌다. 그래서 젓가락과 젓가락 문화도 5,000년 전으로 거슬러 올라갈 수 있었던 거다. 그런데 무려 17,000년 전의 볍씨가 인도도 중국도 아닌 한국 청주 소로리에서 발굴된다.

• Michael Purugganan(1963~, 뉴욕대 생물학과 교수)

14 세계에서 가장 오래된 볍씨가 한국에서 나오니, 지금까지 쌀의 기원을 둘러싼 통설은 완전히 뒤집힐 수밖에 없다. 이에 대해서 중국과 일본은 회의적인 태도를 취한다. 하지만 이 볍씨를 각각 서울대 AMS방사성탄소연대측정 연구실과 미국 지오크론 연구실로 보내 조사한 결과, 지구상에서 가장 오래된 볍씨라는 사실이 확인됐다. 때맞춰 영국 BBC에서는 이 사실을 전 세계에 보도했다.
지금까지 우리는 우리나라 농경의 역사를 10,000년 정도로 추정하고, 그 이전은 수렵과 채집생활이었을 것으로 짐작해왔다. 하지만 이 소로리 볍씨의 발견으로 우리의 농경 역사를 다시 써야 할 형국이다.

15 이 사실은 무엇을 말하는가. 이 조그마한 볍씨 네 개가 나온 것이 무어 그리 대단한 일이기에 중국도 일본도 그 사실을 애써 부정하려는 것일까? 이 발견이 갖는 더 큰 의미는 다른 데 있다. 이 소로리 볍씨의 발견은 지금까지 알려진 쌀의 기원설, 중국이냐 인도냐 하는 논쟁을 뒤집을 결정적 증거가 될 수 있기 때문이다. 앞에서 보았듯, 젓가락은 농경, 즉 쌀 재배와 밀접한 관련이 있다. 그렇다면 한중일 3국 가운데 한국이 가장 먼저 농경을 시작했다는 말은, 젓가락의 기원 역시 한국일 수 있다는 이야기가 된다.

16 우리의 《직지심체요절》* 이 구텐베르크를 제치고, 현전하는 책 가운데 가장 오래된 금속활자본임이 입증되면서 세계인쇄사를 바꿨듯, 이번에는 청주 소로리 볍씨의 발굴로 농경문화의 장을 다시 쓰게 되었다. 이러한 동력으로 나 자신이 직접 청주에서 열리는 젓가락 루프톱과 소로리 볍씨 국제 세미나에 참여하였다. 이 자리에서는 그때까지 반대해오던 중국과 일본의 긍정적인 반응을 끌어냈다. 또, 나 자신은 이를 계기로 또 한 권의 책을 쓰게 되었다.

• 《백운화상초록불조직지심체요절(白雲和尙抄錄佛祖直指心體要節)》, 간단히 불조직지심체요절, 직지심체요절, 직지라고 부른다.

17 이런 일련의 작업과, 17,000년 전 지하에 묻혔던 소로리 볍씨의 출현이 서로 이어지는 이 기적 같은 일들을 그냥 우연으로만 돌릴 것인가. 이제 젓가락은 문화 밈의 상징적 요소라는 의미가 확실해졌다. 인생은 젓가락에서 시작해서 젓가락에서 끝난다는, 그래서 그것을 생명의 지팡이라고도 부르는 또 한 번의 도약이 이루어지게 된 것이다.

18 쌀은 시대와 지역에 상관없이 아시아인의 식문화를 상징하는 대표주자이며, 전 아시아의 문화적 동질성을 확인해주는 불가결의 요소다. 벼는 대략적으로 전 세계 100여 국에서 재배되지만, 쌀을 주식으로 하는 아시아 지역에서 전체의 90퍼센트 정도를 생산하고 있다. 이처럼 젓가락 문화권과 쌀 재배 지역이 겹치는 것은 쌀과 젓가락이 얼마나 긴밀한 관계인가를 보여주는 명확한 증거다.

19 쌀 다음은 밀이다. 밀은 주로 유럽에서 아시아 남부에 이르기까지 거대한 식문화권을 형성하고 있다. 그런데 놀랍게도 젓가락 없이는 북방계의 자포니카 쌀을 먹을 수 없듯이, 면 또한 젓가락 없이는 먹지 못한다. 그러니까 젓가락은 쌀 문화권과 밀 문화권을 동시에 포괄한다.

면만 먹고 밥 안 먹는 문화권이 있고, 밥만 먹고 면 안 먹는 문화권이 있는데 우리는 그 두 개를 다 아우른다.

20 쌀과 밀, 밀가루만이 아니다. 이효석의 《메밀꽃 필 무렵》으로 친숙해진 메밀 또한 한국의 토착적인 문화의 상징으로 우리 머리와 가슴에 박혀 있다. 젓가락 가는 곳에 한국인 마음의 행로가 있는 것이다. 북으로 남으로, 쌀로 메밀로.

라면 먹는 젊은이들이 잃어버린 젓가락 문화를 재발견한 것도 면의 파워다. 한국은 세계 라면 소비 1위 국이 아닌가. 한국의 면 파워로 젓가락의 밈이 이어지고 있는 거다.

21 면의 형태가 어떠하든, 같은 밀로 만들었어도 중국의 면이 서방의 빵과 확연히 다른 점은 국물이 있는 뜨거운 음식이라는 것이다. 뜨거운 음식을 맨손으로는 먹을 수 없으니, 당연히 국물에서 건져 먹을 젓가락이 필요했던 거다. 같은 면이라도 중국에서 전파되어 이탈리아에 정착한 파스타의 경우는, 국물이 없는 조리법이니 젓가락 아닌 포크가 발달한 게다.

22 이쯤에서 한국과 중국의 식탁을 떠올려 보자. 따뜻한 밥과 국물, 보글보글 끓는 찌개, 심지어 갓 삶아 무친 나물이 나온다. 인도어 푸드•다. 오죽하면 한국 사람은 푸대접을 받으면 '찬밥 먹었다'고 신세한탄하며, '찬밥 신세' 타령을 하겠는가. 우리의 음식 문화는 기본적으로 온식• 문화이기 때문이다. 뜨거운 음식을 먹으려니 도구가 필요했을 테고, 그래서 젓가락이 나온 거다.
그러고 보면 동양이 서양보다 훨씬 일찍부터 식도구를 사용하는 문화적 생활을 한 셈이다. 젓가락이 포크 스푼보다 오랜 역사를 가졌기 때문에 가능한 일이다.

• indoor food | 溫食 | 9 밈 고개 2-08

23 박목월의 시 〈나그네〉에서 나그네는 '강나루 건너서 / 밀밭 길을 / 구름에 달 가듯이' 간다. 내가 어릴 적만 해도 밀이 있었다. 밀밭은 물이 있는 논이나 껄끄러운 보리밭하고는 정취부터가 달랐다. 그 밀밭 사이로 난 길을 걸어가면 시인이 아니더라도 나그네가 아니더라도 구름에 달 가듯이 몽환적이 된다. 6·25 전쟁 때 한국인들은 구호물자 밀가루로 수제비를 만들어 먹고 연명했다.

24 밀가루를 일제 강점기 때는 '메리켄코'• 라 불렀다. 아메리카• 라는 말을 귀로 들으면 악센트•가 두 번째 모음에 걸리는 영어의 습성상 메리켄• 으로 들린 거다. 또 호밀이라고도 불렀다. 호두, 호박, 호떡. '호'자 붙은 것 치고 외국에서 들어오지 않은 게 없다. 그래서 한국인에게 밀가루로 만든 면 음식은 잔치라든가 특별한 날에나 먹는 별식으로, 이국적이면서 색다른 정취가 있다. 비 오는 날 라면 찾는 사람이 많은 것도 다 이유가 있다.

• メリケンこ(米利堅粉) | America | accent | merican(メリケン)

25 면 음식이 라면 시대로 넘어오면서, 한국은 라면 소비국 세계 1위가 되었다. 원래 '라면'은 중국말이다. 지금의 라면은 일본 닛신 식품• 에서, 면 집에 사람들이 줄서 있는 광경을 보고, 쉽고 편하게 먹을 수 있는 인스턴트로 개발한 것이 그 시초다. 이 인스턴트 라면이 한국에 들어와서 요즘과 같은 다양한 맛의 라면으로 일신했다. 원조는 중국, 개발은 일본, 그걸 마감한 것은 한국이다.

인스턴트 라면이 일본 것이라지만 한국 세에는 따르지 못하는데, 이유는 국물맛이다. 한국의 라면은 완전 국물맛이다. '뼈까지 스며드는 얼큰한 국물맛'이라는 광고 카피도 있지 않나. 일본은 국물 문화도 온식 문화도 아니다. 우리처럼 탕 문화가 아닌 게다. 이미 언급한 대로 바짝 마른반찬이 주다.

• 日清食品

26 닛신에서 컵라면을 개발한 뒷얘기가 재미있다. 서양 사람에게 라면 맛을 보여준 게다. 그런데 먹기가 난감하다. 서양의 식기는 대체로 접시 위주다 보니 우묵한 그릇이 없다. 그래서 커피잔에 면을

넣고 뜨거운 물을 부어 포크로 먹게 했단다. 거기서 착안한 것이 컵라면이다. 라면은 역시 국물 문화라는 증거다. 국물 문화하면 한국 아닌가. 그래서 미국이나 유럽에서는 단연 우리 것이 경쟁력이 높다.

27 뜨거운 물 속에 들어있는 것은 젓가락으로 먹는다. 생각나는가? 뜨거운 국 속의 건더기는 손가락으로 못 먹는다. 중국도 한나라 때까지 귀족은 몰라도 일반인은 모두 수식이었다. 다만 국의 건더기를 건질 때만은 젓가락을 썼다.

쌀밥, 국물 문화, 온식 문화, 면 문화 이 모든 것이 갖춰질 때 젓가락의 밈이 완성되고 100퍼센트 완벽해지는 거다. 그걸 다 갖춘 것이 한국 음식이다. 뜨거워야 하고, 국이 있어야 하고, 차진 쌀이 있어야 하고.

28 젓가락, 나아가서는 수저 문화의 여러 나라에는 각기 다른 문화유전자 밈이 있지만, 그 네 가지 요건을 모두 갖춘 나라는 한국이다. 누가 먼저 젓가락을 만들었나, 그 종주국이 어디인가, 언제 만들어졌는가. 젓가락의 밈을 따질 때 유전자처럼 그 역사를 소급해가는 것도 중요하겠지만, 역시 우리는 푸앵카레*가 한 말을 생각하지 않을 수 없다. "수원은 확실치 않아도 우리 눈앞에 강물은 흐른다."

• Jules-Henri Poincaré(1854~1912, 프랑스의 수학자이자 천문학자)

안도 쇼에키-인간은 쌀알에서 태어난다

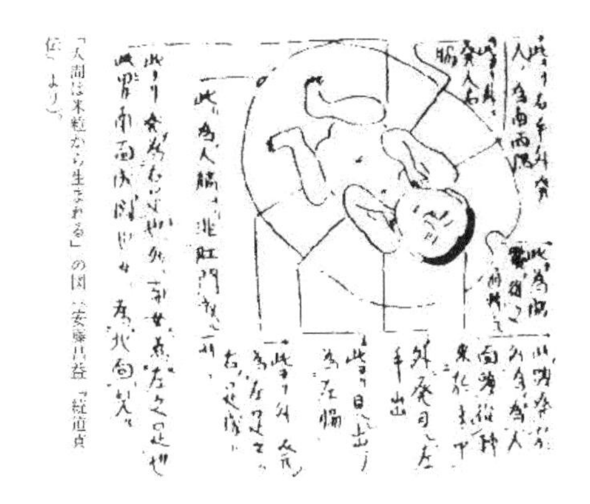

"인간은 쌀알에서 태어난다"

안도 쇼에키는 1703년 일본 아키타• 현 오다테• 시의 부유한 농가의 아들로 태어났다. 어린 시절이 잘 알려져 있지는 않지만, 과거에 "선종•의 노승으로부터 대오•를 인정받았다"고 말한 적이 있으니 청년 시절에는 불교의 선종에 투신한 선승•이었던 것 같다. 그러나 당시 일본 의학의 중심지 교토에서 의학을 배워 승려를 버리고 의사의 길을 걷는다. 그는 또 여러 분야의 학문을 연마한 백과사전적 지식인이기도 했다. 동서양 학문 모두에 박학다식하고 유럽 사상을 연구하기도 했지만 그가 추구한 것은 봉건제가 아닌 농토를 중앙정부가 직접 관리하는 농업 평등사회였다. 그의 마지막 모습은 농민운동가였다 한다.

• 秋田 | 大館 | 禪宗 | 大悟 | 禪僧

소로리 볍씨 발굴기

세계 인구의 60% 이상이 쌀(벼)를 주식으로 한다. 농경*은 인류 탄생 이래 불*의 발견만큼이나 위대한 발명이다. 그 농경 중의 으뜸인 쌀농사에 대한 관심은 전 세계적이다.

벼의 기원에 대한 주장은 여러 가지지만, 지금까지는 중국 화북지방에서 발견된 1만 500년 전의 볍씨를 가장 오래 전의 것으로 인정해 왔다. 그러다 1994년 청주 오창과학산업단지 조성 계획에 따라 충북대학교 박물관 팀의 사전 지표조사로 구석기 유물을 확인하고, 몇 년 뒤 1차 발굴작업에서 구석기 유물과 함께 소로리 볍씨가 나온 거다. 이것이 고대 볍씨임이 밝혀지면서 학계와 세계의 비상한 관심 속에 2001년 2차 발굴작업을 통해 6톨의 고대 벼와 유사벼 30톨을 발굴해 내었다. 출토된 볍씨는 바로 서울대학교 AMS(방사선탄소연대측정) 연구실과 미국의 지오크론 연구실(Geochron Lab.)로 보내져, 1만 3000년~1만 5000년 전의 절대 연대값을 얻었다. '소로리 볍씨'가 세계에서 가장 오래된 볍씨로 증명된 게다.

1만 5000년 전, 구석기 말 빙하기의 끝무렵 한반도에서 아열대 식물로 알려진 벼가 자랄 수 있었을까 하는 학계의 의문도 제기되었다. 이에 국립 작물시험장 춘천출장소에서 냉해실험까지 해 벼는 기후 적응을 잘하는 식물로 추운 지역에서도 자랄 수 있음을 증명하면서 학설은 한층 더 힘을 얻었다.

2003년 10월 22일 영국 BBC 방송은 '세계에서 가장 오래된 볍씨가 소로리 유적에서 과학자들에 의해 발견되었다'라고 하는 타이틀로 이를 보도하고 인터넷을 통해서도 전 세계에 알렸다. 이후 여러 저명한 학회지와 국제학회에서도 소개되어 세계

소로리 발굴 현장

에서 가장 오래된 1만 7천 년 전의 유물로 인정받았고, 2015년 〈소로리 볍씨와 생명 문화도시 청주〉를 주제로 한 국제학술 심포지엄에서도 소로리 볍씨를 1만 7천 년 전의 것으로 확정지었다. 소로리 볍씨가 세계 최고* 의 볍씨인 것으로 공인받은 셈이다.

소로리 유적은 고고학과 고생물학, 제4기 지질학 등 학문연구를 통하여 벼의 기원과 진화, 전파경로를 밝히는 데 큰 역할을 할 것으로 기대되고 있다.

• 農耕 | 火 | 最古

쌀의 기원과 인디카, 자포니카

일반적으로 쌀은 중국 광둥 지방에서 서식하던 야생초 피토리스•로부터 분리되어 약 8,000년 전에 아시아 각지로 전해졌을 것으로 추정된다. 최근 미국 뉴욕대, 워싱턴대, 스탠퍼드대 등에서 유전자와 분자시계의 분석으로 쌀 재배의 기원을 약 8,200년 전 중국 양쯔강으로 밝혀내기도 했다. 고고학자들은 그 연구 이전에 이미 중국 양쯔강 유역에서 8,000~9,000년 전에 벼를 재배한 증거를 찾아냈고, 인도에서는 갠지스강 유역에서 4,000년 전에 벼농사를 시작했을 것으로 예측하고 있었다. 여기에 생물유전학자들의 연구 결과까지 더해지면서 오랫동안 대립했던 쌀의 양쯔강 기원설과 갠지스강 기원설은 중국의 승리로 마침표를 찍었다고 볼 수 있다. 그 연구에 참여했던 뉴욕대의 생물학자 마이클 프루개넌•은 "이주한 농민이나 무역상인 등으로 인해 쌀이 중국에서 인도로 넘어갔으며, 그것이 인도 현지의 야생 쌀과 잡종을 일으켜 인디카 종의 쌀이 나온 것으로 보인다"라고 말한다. 생물유전학자들은 쌀이 인디카• 종과 자포니카• 종으로 분화된 것을 약 3,900년 전으로 보고 있다.

• Phytolith | Michael Purugganan | indica | japonica

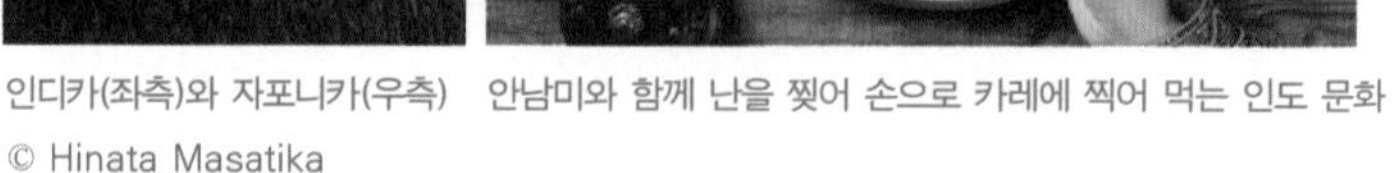

인디카(좌측)와 자포니카(우측) 안남미와 함께 난을 찢어 손으로 카레에 찍어 먹는 인도 문화

서양의 파스타와 우리 식으로 만든 국물 있는 파스타

© sobeys.com

© 아워홈

2010년대 초반의 한 드라마는 파스타라는 음식이 한국에 들어와 얼마나 한국화되었는지를 잘 보여준다. 이탈리아에서 나고 자란 교포 쉐프가 한국의 이탈리안 레스토랑에 부임해 와 처음 한 개혁이 숟가락과 피클의 퇴출이었던 거다. 이탈리아에서는 파스타를 먹을 때 아이들이나 숟가락을, 그것도 포크의 보조 도구로 쓰지 보통은 오직 포크만 쓰기 때문이란다. 그러나 그의 개혁은 같은 주방 동료들이 아닌 손님들에 의해 된서리를 맞고 숟가락과 피클을 다시 제공하는 것으로 끝이 난다.

한국인은 왜 숟가락에 집착할까. 젓가락도 능숙하게 다루는 사람들이 포크 사용에 서툴러서일 리는 없다. 그 이유는 한국인들이 먹는 파스타를 보면 안다. 이탈리아의 그것처럼 보송보송 말라 면에만 소스가 묻어 있는 것이 아니라, 자작한 국물이 있다. 사람들은 면만 먹는 것이 아니라 그 소스 국물을 숟가락으로 떠먹는다. 그래서 한국의 파스타 소스는 서양의 그것보다 훨씬 싱겁다. 이탈리아에 여행을 가 처음 그곳의 음식을 먹은 사람들의 첫마디가 '짜다!'라는 감탄사라 하지 않나. 우리는 면과 국물을 함께 먹어 간을 맞추지만, 국물이 없는 이탈리아의 파스타는 소스만으로 간을 해야 하니 그 첫맛이 짠 게다.

심지어는 마치 칼국수나 잔치국수처럼 흥건한 국물에 풍덩 담겨있는 파스타까지 나왔다. 뚝배기 파스타다. 납작한 접시에 자작하게 고여 있는 국물 정도로는 만족 못 한 한국인의 식감이 이탈리아에서는 보도 듣도 못한 파스타를 만들어 낸 거다. 한국의 국물 문화, 대단하다.

둘째 꼬부랑길

아시아인과 젓가락

젓가락의 스토리텔링을 모으면 젓가락 삼국지가 되고,
그 속에서 재미난 3국 문화의 기원이 되는
밈을 찾을 수 있다.

01 영어의 씽,• 프랑스어의 쇼즈,• 어느 책을 봐도 가장 기본이 되는 게 사물•이다. 인공물, 도구든 뭐든 말이다. 그런데 사물은 '사'와 '물'로 분리된다. 한자 문맹이기 때문에 오늘날 젊은이들이 큰 손해를 보는 거다. 사물의 '사' 자는 물건이 아니다. 이벤트, 행위다. 삼국유사•의 '사' 자다. '물'은 물건이다. 그래서 사는 역사책으로, '물'은 박물관으로 간다. 사물은 물건과 행위가 합쳐진 말이다.

• thing | chose | 事物 | 三國遺事

02 오늘날 유물론자들은 전부가 물건 제일주의다. 물질을 통해서만 인정하는 이런 못된 버릇 때문에 썼어도 안 쓴 거다. 그래서 멈포드•는 고고인류학을 다시 써야 한다고 말한다. 출토품이나 문헌에만 의존하는 고고학, 문화인류학의 맹점을 멈포드는 부정적으로 비판했다.
'물' 하나만으로는 '사'를 모른다. 박물관에 가보라. 용도를 짐작조차 못 하는 과거의 '물'들인 출토품이 좀 많은가? 반대로 '사'만으로도 '물'을 알 수 없다. 예를 들어 나무토막은 '물'이다. 그걸 부지깽이로 활용, 사용한다. 이 때의 쓸 '용'• 자, 이게 소프트웨어다.

• Lewis Mumford(1895~1990, 미국의 문명비평가) | 用

03 이 소프트웨어 덕에 보통의 막대기가 부지깽이가 되는 거다. 그 막대기가 두 개가 되면, 이번에는 부지깽이가 화저,• 부젓가락이 된다. 사물이 변하는 것이 아니라 쓰는 마음, 쓰는 작용이 달라지는 거다. '사'가 달라지는 거다. 그래서 문화가 되는 것이다. 젓가락을 둘러싼 원조 논란은 간단치가 않다. 젓가락의 개념을 모르는 사람은 하드웨어만으로는 알지 못한다. 게다가 금속젓가락이라면 모를까, 대나무나 나무젓가락은 썩어서 증거가 없다. 출토된다 하더라도 한 벌이 나란히 나오지 않는 한, 젓가락인지 무언지 알 게 뭔가.

• 火箸

04 우리는 금속제 젓가락을 썼기 때문에 엄청난 수가 발굴된다. 청주 일대에서 발굴되어 박물관에 보관된 것만도, 숟가락 1,000여 점에 젓가락이 150여 점이다. 더구나 수저를 함께 썼기 때문에 완벽한 세트로 출토되어 이론의 여지가 없다. 그런데 숟가락 젓가락을 함께 쓰지도 않았고, 나무 종류를 사용한 중국 일본의 경우는 설령 나온다 해도 그게 젓가락인지 꼬챙이인지 확실치가 않다.

그렇기 때문에 멈포드의 주장대로, 물적 고증주의나 문헌 중심주의로 젓가락의 원류를 살피려는 것 자체가 의미 없는 일이다. 젓가락의 탄생을 보려면 물건에 의존할 수 없다.

05 젓가락질은 액션*이다. 그 원류는 우리의 상상력 속에 있다. '지금 여기' 우리 자신에게 있다. 우리가 젓가락을 필요로 하는 것, 그 필요성이 바로 젓가락의 발상이 된다. 포크 나이프가 아니고 젓가락으로 밥을 먹으려는 그 마음, 그 정신 속에 아득한 옛날 젓가락 탄생의 현주소가 있다.

그래서 지금 전해오는 각 나라의 젓가락 기원을 살피려는 것은 단순히 그 시초를 알려고 해서가 아니다. 젓가락의 기원이 젓가락 관이나 젓가락에 내포된 밈의 해석에 중요한 단초를 제공해주기 때문이다. 우리 지금 꼬부랑 이야기하는 거 아니냐. 젓가락 밈에 있는 스토리텔링, 이야기로서 재미난 것이다.

• action

06 한중일 3국에 관련된 젓가락의 기원을 모아 놓으면 의외로 재미난 젓가락 삼국지가 되고, 그 속에서 흥미로운 3국 문화의 기원이 되는 밈을 찾아낼 수 있다. 그리고 그걸 비교하면 한중일 3국과 연계돼 있는 아시아문화의 미래까지 점쳐볼 수 있다는 게다.

07 중국 이야기에서 젓가락이 맨 처음 나오는 것은 앞에서 소개했던 《한비자》 〈설림〉 편의 은나라 주왕 이야기다. 사실 이 이야기는 후대에 그 라이벌인 주*나라 측에서 은을 폄훼하기 위해 만들어낸 여러 스캔들 가운데 하나라고 지적하는 사학자들도 많다. 맞다, 그거 도시전설일 게다.

• 周

08 공자와 그 후학들이 지었다는 《예기》• 에도 젓가락은 등장한다. 〈곡례〉• 편에 보면, '죽에 야채가 있으면 목협• 을 사용하고, 야채가 없으면 목협을 쓰지 않는다•'는 말이 있고, 주석에서 '목협은 젓가락'이라고 밝히고 있다. 또, 이런 말도 있다. '기장• 을 먹을 때는 저• 를 쓰지 말라.'

식사할 때 젓가락을 쓰지 못하게 한 것은, 음식이 식기를 기다리지 않고 성급히 먹는 걸 방지하기 위해서라고 한다. 즉, 음식을 앞다투어 먹는 것을 막기 위해서라는 말이다. 그런데 꼭 채소가 들어있는 죽을 먹을 때만 젓가락 사용을 허용했을까?

• 禮記 | 曲禮 | 木夾 | 羹之有菜者用梜, 其無菜者不用梜 | 粱 | 箸

09 가부장제인 중국에서 노인은 가정의 핵심이고, 노인공경문화는 가부장제의 근간이다. 유교 경전에서는 반복해서, 70세 노인은 '무육불포'• (고기가 없으면 배가 부르지 않다)라고 강조하고 있다. 집안 식구들이 함께 식사할 때는 당연히 건더기를 건져서 노인에게 먹게 한다. 그래서 젓가락을 사용해야 하는 것이다.

• 無肉不飽

10 출토품을 연구하는 전문가들의 분석결과나 무카이 유키코• 하시모토 게이코• 저의 《젓가락-사물과 인간의 문화사》• 에서 보면, 중국은 기원전 5세기까지는 젓가락이 사용되지 않은 것으로 보인다.

20세기 초까지, 중국의 하 · 은 · 주라는 고대 국가도 전설로만 내려왔다. 문헌이 없어서 실제로 존재했는지의 여부를 알 수 없었기 때문이다. 갑골문자 같은 문화가 있었다는 사실조차 전혀 알지 못했던 거다. 그러다 은나라의 옛터에서 갑골문자가 발견되면서 연구가 시작되었다.

• 向井由紀子 | 橋本慶子 |《箸(ものと人間の文化史)》

11 오늘날 우리가 눈으로 확인할 수 있는 부장품인 유물과 기록들이 나타난 것은 중국 한나라에 이르러서다. 그러나 한나라 때도 주로 손으로 음식을 먹고, 나물이나 작은 음식물을 집을 때만 젓가락을 사용한 것 같다. 젓가락이 상 위에 오르게 된 것은 적어도 전한 시대부터라고 본다. 기원전과 기원후로 나누면, 기원후의 유적에서는 젓가락이 전국 각지에서 출토되고 있다.

젓가락이 명기[•] 같은 부장품과 함께 출토되는 사실로 볼 때, 중국에서 식사용 젓가락이 출현한 것은 기원전 2세기경 이전으로 추측되고, 후한 시기(1세기~3세기)에 들어와 급속히 보급된 것으로 추정된다.

• 明器

12 중국에서 식도구가 출토되는 경향을 보면, 도자기 국자나 도자기 숟가락은 일찍이 상주 시대 것부터 출토되지만, 젓가락은 동한 시기의 낙양 동관협 마영로묘에서 출토된 도제 젓가락이 가장 빠른 사례다. 은제나 청동제 젓가락은 당나라에 들어서야 출토되고 있다.➦

➦ 10 저맹 고개 1-샛길 〈은허와 갑골문〉

13 한국의 경우, 젓가락에 관한 기록은 고려시대 일연이 쓴《삼국유사》[•] 가 최초다. 여기에 실린 백제 민화에 젓가락이 등장하

는데, 기록상으로는 가장 오래된 것으로 보인다. 이 민화는 '한 장의 대자리*와 한 개의 바가지, 한 쌍의 젓가락'이라는 이야기다.

• 三國遺事 | 筵

14 아버지의 유산을 나눠 받지 못한 동생이 집을 나와 떠돌이 생활을 하는 중에 선행을 베풀어 스님에게 '세 가지 선물'을 받는다. 산에서 내려와 동구 밖에서, 재산을 가로챈 형들을 만날지 말지 망설이다가 날이 저물자, 스님에게서 받은 대자리를 깔고 잠이 든다. 잠에서 깨어보니 자신이 있던 자리가 궁궐 같은 저택이 아닌가. 스님한테 받은 대자리가 호화스러운 저택으로 변한 거다. 놀란 동생이 바가지는 무얼까 하고 살짝 기울여보니 산해진미가 넘쳐나고, 젓가락을 두드리니 아름다운 아가씨가 여러 명 나와서 그를 보살펴주었다는 이야기다.

15 또 다른 이야기도 있다. 어떤 부자에게 탁발승이 찾아와 쌀을 청하자 사발에 담아서 주는데, 아무리 넣어도 바랑이 가득 차지 않았다. 그러자 스님은 "은으로 된 젓가락으로 한 알씩 아홉 번 넣으면 가득 찰 것입니다" 한다. 부자는 그의 말대로 은젓가락으로 한 알씩 집어서 넣었지만 좀처럼 가득 차지 않았다. 결국 밤이 되자 스님은 그 집에서 묵게 되었고, 후에 부자의 딸이 그의 자식(세쌍둥이)을 낳는다.
그 아이들은 모두 신승*의 영능을 가지고 있었는데, 죽은 후 세 아이는 삼태자성*(오리온자리의 큰 별 세 개)의 별이 되었다는 이야기다. 어머니한테서 태어날 때는 순서대로 나왔으나 무덤은 옆으로 나란히 썼기 때문에, 삼태성이 하늘로 나올 때는 세로로 줄서서 나오고, 지평선으로 가라앉을 때는 옆으로 나란히 가라앉는 거란다. 이 이야기에 은 젓가락이 나오는 이유는 상류사회의 묘사라서 그렇다.

• 神僧 | 三太子星

16 삼국시대 출토품 중에 젓가락이 나온 것은 유일하게 백제의 무령왕릉이다. 당시 백제의 금속공예 수준으로 볼 때, 이 숟가락과 젓가락은 백제에서 제작한 것으로 보아도 무방하다. 특히 단면 8각에 고리를 부착해서 두 개의 젓가락을 사슬로 연결한 이 젓가락은, 제작 수법이 백제 왕흥사 목탑지 사리공양구에서 출토된 것과 거의 동일한 형태인데 중국에는 그런 모양의 젓가락이 없다. 무령왕릉 출토 젓가락 두 벌은 백제의 상당한 문화적 선진성을 보여주는 물증이며, 동시에 금속젓가락이 중국보다 앞서 백제에서 발생한 고유의 문화임을 증명하는 것이라고 볼 수 있다.

17 그런데 과연 이 수저가 실제 무령왕과 왕비가 생전에 사용하던 것이었을까? 이 질문에 답이 될 만한 중요한 단서가 있다. 같이 무령왕릉에서 출토된 또 하나의 유품, 왕비의 팔찌다. 정의도의 저서《한국 고대 숟가락 연구》에는 앞서 이야기한 무령왕릉에서 출토된 수저 세트 등 해당 내용이 상세히 정리돼 있다.
이 팔찌에는 경자년 520년• 2월, 다리라는 장인이 왕비를 위하여 만든 것이라고 적혀있다.• 이것은 왕릉 내에서 출토된 유물들에 왕이나 왕비가 생전에 사용하던 물건이 포함돼 있다는 사실을 입증하는 자료이기도 하다.

• 왕비의 사망 6년 전 | 更子年二月多利作大夫人分二百州圭耳

18 무령왕릉에서 출토된 숟가락과 젓가락 역시 일종의 부장품으로 제작된 명기가 아닌, 실제 사용하던 것일 수 있다는 이야기다. 심지어 출토품 중에는 마멸된 젓가락도 있다. 이 마멸된 젓가락의 실제 사용 여부에 대한 문서화된 기록은 없으나, 오늘날까지도 그 모양에 별다른 변화를 보이지 않는 점으로 미루어, 생전에 사용하던 젓가락일 가능성이 높다.

19 소로리 볍씨의 발견으로 우리나라는 17,000년 전부터 밥을 지어 먹었다는 사실이 밝혀진 셈이니, 아마도 이때부터 젓가락을 사용했을 것으로 추정할 수 있다. 상고시대, 선사시대는 별도로 기록된 증거는 없다. 문자로 기록되지 않은 것은 인정하지 않는다 해도, 이러한 물증이 나온 이상 연구할 거리가 아주 많아진 것만은 분명하다.

20 문헌에 남아있는 일본 젓가락의 기록은《고지키》* 나《니혼쇼키》* 같은 데서 찾아볼 수 있다.

스사노오노 미코토가 아마노하라*에서 쫓겨나 이즈모의 나라 히노가와*의 상류에 있는 도리가미*라는 곳으로 내려왔다. 그때 '냇물에 젓가락이 떠내려왔다. 미코도는 상류에 사람이 살고 있다는 것을 알고 냇물을 거슬러 올라갔다'라는 대목이 있다.

아무리 신화라 해도 나는 이 글을 읽고 웃음을 참지 못했다. 일본의 젓가락은 오늘날의 핀셋, 족집게형으로 하나를 구부려서 쓴 것이다. 모양새가 그러한데, 설령 그런 젓가락이 물 위에 떠서 흘러왔다 해도 그것이 어찌 보통의 나뭇가지인지 젓가락인지 구분할 수가 있겠나. 게다가 쌍으로 된 젓가락, 짝으로 사용하는 젓가락이라면 더더욱 그렇다. 설마하니 젓가락이 나란히 사이좋게 흘러왔겠나.

• 古事記 | 日本書紀 | 天の原 | 日野川 | 鳥髮

21 원래 신화란 합리적으로 따지는 게 아니다. 하지만 젓가락은 자연의 돌을 주워 던진 것처럼, 자연의 돌과 문화의 돌은 내재적인 것이다. 외형상의 것이 아닌 원초적인 도구, 가공하지 않은 자연과 문화의 발생에 나타난 의미를 지니고 있다는 것이 문화적, 발생론적 의미를 지닌다.

22 이것은 시각을 달리해서, 신화에 숨어있는 역사의 그림을 찾아, 퍼즐처럼 맞춰볼 수가 있다. 일본의 연구가들도, 스사노오노 미코토는 한반도에서 온 외래의 신이라고 인정한다. 그와 얽힌 신화에는 문화 영웅적 특성이 있어서, 한반도를 통해 유입된 문화를 상징하는 경우가 많다. 스사노오노 미코토를 통해 한반도로부터 젓가락이 들어왔다는 방증이 될 수도 있다는 이야기다. 그러나 젓가락은 자연발생적인 요소가 큰 도구로, 그 기원설을 놓고 원류를 따지는 것은 큰 의미가 없다.

23 일본에서 실제로 젓가락이 발굴된 것은, 1,300년 전 일본의 도읍이었던 헤이조쿄•의 유적에서다. 이 젓가락은 551년 백제 성왕 때 불상, 경전 등과 함께 일본으로 전해진 것이라는 실제 문헌의 기록도 있다. 손으로 밥을 먹다가, 선진 문화를 가진 한국과 중국에서 젓가락 사용하는 걸 보고 차츰 따라 하기 시작한 것으로 본다. 쇼토쿠 태자• 같은 상류층 사람들이 중국을 본받아 손이 아니라 숟가락, 젓가락을 사용했다는 문헌도 있다.

• 平城京 | 聖德太子

24 일본의 젓가락은 조몬 시대가 아니라, 대륙에서 벼와 함께 농업이 전파된 뒤에 생겨난 야요이 시대에 만들어진 것으로 보는 것이 옳다. 조몬 시대 가라코• 유적의 출토품에는 나무 숟가락은 나오고 있으나, 나무젓가락은 현재까지 출토된 것이 없다. 그러나 젓가락 비슷한 것이 나온 적은 있다. 시즈오카의 도로 유적에서 길이 35cm의 젓가락이 나왔는데, 길이로 봐서 식사용은 아닌 듯하다. 일본에서 가장 오래된 젓가락은 7세기 이후 나라현• 의 아스카• 궁 유적에서 출토된 히노키 젓가락이다. 모양은 지금의 젓가락과 비슷하나, 역시 일상적인 식기가 아닌 제기• 로 추측된다.

•唐古 | 奈良縣 | 飛鳥 | 祭器

25 일본의 젓가락에서는 금속제는 거의 발견되지 않고, 금속으로 된 것은 대부분 신라에서 건너간 것이다. 일본은 두 가락으로 된 젓가락이나 금속제 젓가락을 당저• 라고 했는데, 이때의 '당'은 중국의 당나라를 지칭하는 것이 아니라 외국을 뜻한다. 가라쿠니의 '당'• 은 당시 일본과 교역을 하던 우리나라의 옛 가야를 말한다. 한반도와의 접촉이 제일 먼저 이루어졌기 때문에, 처음에는 한반도를 '당'이라 쓰고는 '가라'라고 읽었다. 이것이 점차 중국을 뜻하는 말로 바뀌고, 나중에는 서양을 지칭하는 말이 되었다. 때문에 외국에서 들어온 것에는 모두 가라를 붙였다.
결국 당저는 한국식 젓가락, 또는 한국에서 수입된 젓가락이라고 볼 수 있다.•

• 唐箸 | 唐(から), 출처: 《니혼쇼키》

9

밈 고개

DNA가 아니라 Meme이다

첫째 꼬부랑길
생물학적 유전자와 문화유전자

둘째 꼬부랑길
서양 사람들의 젓가락질

셋째 꼬부랑길
젓가락질은 계승되는 문화유전자

첫째 꼬부랑길

생물학적 유전자와 문화유전자

젓가락은 문화유전자다. 젓가락을 알면
우리 문화유전자를 알 수 있다.
우리도 모르게 학습된 나의 문화가 있다.

01 옥스퍼드에서 유학한 식인종 추장이 고향으로 돌아가 서양 친구들을 초대했다. 초대에 응한 친구들이 그 나라에 가서 식사 대접을 받는데, 추장 역시 포크, 나이프를 사용한다. 친구들은 속으로 '이제, 문명인이 다 됐구나' 생각하며, "이거 무슨 고기야?" 하고 물으니, "응, 사람 고기"라는 대답이 돌아온다. 식사 도구만 바뀌었다고 해서 문화가 바뀌는 게 아니다. 문화는 먹는 음식과 밀접한 관련이 있다.

02 그런데 식인종 시리즈를 한국으로 옮겨와 보자. 만약 누군가 당신에게 '당신은 누구요?' 했을 때, '저는 젓가락으로 밥 먹는 사람입니다' 했다고 치자. 아주 엉뚱한 말로 들릴 것이다. 하지만 이 대답은 그렇게 황당한 게 아니다. 의외로 정답일 수 있다. 세계에서 사용되는 언어의 종류는 7,000여 종이 넘고, 동일한 언어를 사용하는 다른 민족이 존재할 테니, 민족의 종류는 그 숫자를 훨씬 웃돌 것이다. 그런데 지구상에 살고 있는 이 많은 민족도 단 세 개의 그룹으로 구분할 수 있는 것이 식사 도구다.

03 식사 도구로 구분하는 방법은 포크 나이프로 먹는 사람, 젓가락으로 먹는 사람, 손으로 직접 먹는 사람으로 나누는 방식이다. 지구상의 30퍼센트 정도는 포크 나이프로 음식을 먹는다. 대부분 유럽이나 미국 같은 서양 사람이다. 그리고 젓가락을 사용하는 30퍼센트는 아시아 사람이다. 나머지 40퍼센트는 직접 손으로 먹는 사람들이다. 인도나 아프리카, 중동 쪽 사람이 여기에 속한다.
그래서 젓가락이란 무엇인가를 따져보면, 내가 속한 3분의 1의 문화와 내가 누구인지를 동시에 알아낼 수 있다는 거다.

1 수저 고개 3-샛길 〈식사 도구로 나눈 인류〉

04 이 분류 방식은, 피부색에 따라 백인종(코카소이드),• 흑인종(니그로이드),• 황인종(몽골로이드)• 으로 나누는 것보다 오히려 납득이 가는 일이다.
이 중에서 우리는 황인종, 몽골로이드에 속한다. 노란 얼굴빛에 검은 머리, 작고 가로로 찢어진 눈, 낮은 코. 이런 특징은 생물학적 유전자인 DNA의 영향이다. 그런데, 이런 몽골로이드로서의 생물학적 유전자 외에 한중일이 서로 비슷한 점이 있다면, 과연 무엇이 있을까?

• Caucasoid | Mongoloid | Negroid

05 아시아에는 우리와 비슷한 중국인과 일본인이 있는데, 그 생활 모습을 봐라, 뭐가 비슷한가? 입는 옷, 먹는 음식, 사는 집이 모두 다 다르다.
옛날 일본인들이 머리에 쓰고 다니던 에보시•라는 게 있다. 영락없이 우리 버선을 머리에 얹어놓은 것 같다. 이슬람 사원의 둥근 지붕처럼 생긴

청나라 모자를 쓴 중국 사람은 또 어떤가. 여기에 한국의 갓을 갖다 놓고 보면 닮은 구석이라고는 눈을 씻고 봐도 없다. 말총으로 망을 떠서 만든 갓은 비나 햇볕, 바람이나 추위를 막기에는 너무나 얇고 투명하다. 형태와 색채를 극도로 절제한 검은색 일변도의 우리 갓은 아마도 인류가 만든 모자 가운데 가장 가볍고, 어디서도 그 비슷한 걸 찾아볼 수 없을 게다.

• えぼし(烏帽子)

06 인간에게 모자가 있듯이 집의 모자는 지붕이다. 지붕 생긴 걸 봐라. 모두 다르다. 언뜻 중국 기와집하고 한국 기와집이 닮은 듯 보이지만, 어림도 없다. 중국 영화에서 검객이나 쿵푸 고수들이 날아다니는 영상을 보면 알 수 있다. 거기엔 암키와는 거의 없이 대부분 수키와로 골이 깊다. 반대로 일본의 지붕은 암키와만 있다. 우리는 조화를 이뤄 암수가 공평하게 있다. 같은 기와로 올린 지붕인데도 이렇게 다르다. 그런데도 하나의 공통점으로 아시아인의 정체성을 말하려 한다면 과연 무엇이 있겠는가? 예나 지금이나 일상적으로 자주 사용하는 것 가운데 오직 하나, 젓가락과 젓가락질이다. 한식, 중식, 일식. 먹는 음식은 서로 달라도 그걸 먹는 도구는 같은 젓가락인 거다.

07 아시아 사람들이 서양에 가면 자주 듣는 말이 있다. "당신네들 머리 좋다. 유학생들 공부 잘하고 수학도 잘한다. 실리콘 밸리에 근무하는 사람들, 서양인을 제외하고는 아시아인이 압도적으로 많다." 아시아 사람 본인들도 그렇게 말한다. "너희가 지금 쓰고 있는 물건 봐라. 전부 중국의 공장, 한국의 삼성, 일본의 소니에서 만든 거다." 그러면서 그 이유를 '젓가락질'에서 찾으며, '젓가락 DNA'라는 거창한 이름을 갖다 붙인다.

08 세계에서 처음 개를 복제한 황모 교수의 줄기세포 연구가 화제를 모았을 때, 국내 미디어에서도 이런 보도를 하며 국민적 관심을 끈 일이 있다. '줄기세포를 넣고 빼는데 손재주가 없으면 안 된다. 금속젓가락으로 콩알을 집을 만큼 손재주가 좋은 게 한국 사람이다.' 한국인의 젓가락 DNA 때문에 IT• 에 이어 NT,• BT• 분야에서도 한국이 선도해 나갈 거라는 맥락이다.

• Information Technology(정보통신기술) | Nano Technology(나노기술) | Bio Technology(생명공학기술)

09 실제로 어려서부터 젓가락을 사용하면 손재주가 좋아지고, 뇌가 발달한다는 말이 있기는 하다. 젓가락질의 잦은 손놀림으로 손끝이 예민해져서 소의 자궁에 손을 넣어 인공수정을 시키고, 병아리 성감별을 해내고, 골프를 잘 치는 것도 다 젓가락질에서 오는 거란다. 그런데 여기서 헷갈리지 않나. 젓가락을 사용해서 머리가 좋아진다는 것은 선천적인 DNA와는 아무런 관련이 없다. 젓가락질은 생물학적 유전자에서 오는 것이 아니다. 그런데도 금속젓가락을 사용하는 한국인이 DNA 덕에 그런 성공을 거둔 것이란다.

10 이런 주장은 우리가 생물학적으로 우월하다는 우생학의 일종이다. 만약, 정말 생물학적 유전자와 관련이 있는 거라면, 그건 같은 젓가락질을 하는 일본, 중국(금속젓가락이 아니니 좀 떨어질 수는 있어도)에도 있어야 하는 거 아닌가?
이제까지 생물학적 유전자로 젓가락을 논해온 것은 잘못된 거다. 전 세계 인구의 3분의 1이 젓가락질을 한다. 그러니 젓가락을 전제로 우리의 유전학적 우월성으로 내세운다면, 그건 이미 전 세계 인구의 3분의 1에 공통되는 사항이므로 별 의미가 없다.

11 DNA는 단백질 안에 들어있는 생물학적 정보다. 우리가 젓가락 DNA 덕분에 우수한 거라면 일본은 그렇다 치고, 미얀마도 몽골도 베트남도 다 젓가락을 쓰니, 그럼 그 사람들도 실리콘 밸리에서 두각을 나타내고 BT, NT 다 잘해야 하는데, 아직까지 소식이 감감하다. 그런데도 지식인들, 그것도 교수요 박사라는 사람들이 젓가락 DNA 운운하며 한국인의 두뇌의 우월성을 강조한다. 이런 주장이 우생학이라는 거다.

12 히틀러는 이런 우생학을 근거로 유대인 600만 명을 죽였다. 유대민족의 DNA가 열등해서, 싸움만 하고 돈만 아는 인간이라는 이유에서다. 멀리 갈 것도 없다. 우리가 일본에게 어떤 대우를 받았는가? 한국인들은 독립할 능력이 없는 열등한 민족이라, 식민화해서 가르쳐야 한다는 식민지배의 도구로 이용했던 게 우생학이다. 그렇게 당하고도 우리가 스스로 DNA 생물학적 결정론을 이야기하는가?

13 그런 말을 하는 사람은 정말 젓가락질을 못 하는 사람인가 보다. 한마디만 더해 보자. 만약 젓가락질하는 것이 DNA와 상관있다면, 아이가 태어나서 가만히 놔둬도 알아서 젓가락질을 할 줄 알아야 한다. 그런데 지금 아이들은 젓가락질을 거의 못 한다. 그렇다면 그게 유전인가, 환경인가. 선천적인가, 후천적인가. 삼척동자도 알 일이다.

14 젓가락질은 남이 하는 걸 보고 배우고 따라 하면서, 몸에 배게 하는 것이다. 타고난 유전자와는 상관이 없다. 젓가락질을 해서 머리가 좋아졌다는 말은, 애초부터 머리가 좋게 태어났다는 말이 아니지 않은가. 후천적으로 젓가락질을 배워서 머리가 좋아지게 되었다는 말이다. 하지만 DNA란 젓가락질을 하든 안 하든 내재적으로 전해지는 것이다.

15 거듭 말하지만, 젓가락질은 내적으로 오는 유전자가 아니다. 바깥에서 보고 들은 걸 모방하는 데서 오는 거다. 보고 배워야 가능해진다는 말이다. 인류는 오랜 기간, 태어나면서부터 부모와 사회 구성원들을 모방하고 학습하면서 문화유전자를 길러왔다. 이런 문화적 동질성은 생물학적인 것이 아니라 학습을 통해 길러지기 때문에 DNA가 아닌 밈,• 즉 문화유전자라고 한다.

• meme

16 밈은 '흉내낸다'는 뜻의 그리스어 'mimema'에서 나온 'mimeme'을, 유전자를 뜻하는 진•과 유사한 한 음절의 단어로 만든 것이다. 리처드 도킨스•가 문화의 진화를 설명하기 위해 만든 용어다. 도킨스는 그의 저서 《이기적 유전자》•에서, 문화의 진화에도 유전자와 같은 복제단위가 있을 거라는 가설을 세우고, 지성과 지성 사이에 전달되는 문화 정보의 복제자를 밈이라고 불렀다. 멜로디, 사상, 표어, 의복의 양식, 제조 기술, 건축법, 헤어스타일, 유행 같은 것들이 모두 밈이다.

• gene | Clinton Richard Dawkins, 《The Selfish Gene》

17 한국인이 한국어 할 줄 아는 능력을 DNA로 갖고 태어나지는 않는다. 타고나는 거라면, 갓난아기 때 미국으로 입양 간 한국 아이들은 모두 영어 대신 한국말을 유창하게 해야 한다. 그런데 아니지 않나. 한국말을 쓰는 어머니한테서 말을 배우니까 한국말이라는 문화유전자를 갖게 되는 것이다. 젓가락질도 마찬가지다. 타고나는 게 아니다.

18 반드시 부모로부터 배우거나, 남들 하는 걸 보고 모방해야 할 수 있는 거다. 만약 젓가락질이 DNA에서 오는 거라면 어린애들이 일정 나이가 되면, "엄마, 젓가락 줘!" 해서 자기가 젓가락으로 먹어야 하는 거다. 포크 나이프는 그럴 수 있다. 신체조건이 갖춰지고 본능만 있으면 누구나 할 수 있다. 관련 매너가 있기는 하지만, 매너는 문화유전자의 산물이 아니다.

19 말하는 몸짓, 말투, 옷 입는 스타일, 음식을 먹는 방식 같은 것, 즉 우리가 스스로를 한국인이라고 부를 수 있는 것들은 수만 년 동안 이어 내려온 문화유전자 속에서, 보고 배우는 가운데서 자연스럽게 익히게 된다. 자신이 존경하는 사람과 생물학적인 유전자는 다르지만, 그가 쓴 글이나 강연을 자꾸 읽고 듣다 보면 비슷해지는 것, 그것이 문화유전자인 것이다.

20 그래도 모르겠는가? 프랑스 사람들은 놀라거나 감탄할 때 어깨를 으쓱하며 '울랄라!' 한다. 내가 프랑스 살 때, 다들 그렇게 하니 나도 한번 해볼까 하고 '울랄라' 했더니, 얼마나 어색하고 창피하던지. 그런데 프랑스 사람들은 자연스럽다. 그건 자기 아버지가 그렇게 했

고, 어머니가 그랬고, 친구가 그렇게 하니까 저도 모르게 오랜 시간 동안 학습되면서 체화된 것이다. 프랑스 아이라고 뱃속에서 나오면서부터 울랄라 하는 아이는 없다. 나와 다를 게 없다, 배우지 않으면.

21 또 있다. 중국 사람의 푸른색과 한국 사람의 푸른색은 이름만 같을 뿐, 어딘가 다르다. 베이징 공항에 내려서 큰 표지판에 쓰인 푸른색을 봐라. 우리와는 무언가 다른 색감의 푸른색이다. 그걸 한국에서도 가끔 본다. 화교가 하는 중국집에서다. 청나라 때부터 중국인에게 이어 내려온 청색인 게다. 색깔은 못 속인다.

22 우리가 배우고 함께 공유함으로써 모방 전승되는 문화유전자 밈은, 생물학적 유전자 DNA와는 전혀 별개의 것이다. 문화적 밈은 학습과 모방에서 오는 거다. 유전자가 유전자 풀에서 이동할 때 단백질과 단백질 사이를 오가는 것처럼, 밈은 밈 풀에서 전이될 때 모방의 과정을 거쳐, 뇌에서 뇌로 오가는 것이다. 누군가 좋은 아이디어가 있어서 동료에게 이해시키면 그 생각이 뇌에서 뇌로, 사람에서 사람 사이로 바이러스처럼 번져가는 것도 역시 밈의 한 예라고 할 수 있다.

23 말하자면 유행 같은 거다. 인터넷에서 괴담이 퍼지듯 막 퍼지는 것, 소위 이런 게 문화유전자다. 해가 되기도 하고 이익이 되기도 하는데, 밈은 교육으로 받은 지식과는 다르게 일종의 바이러스처럼 번진다. 그래서 마인드 바이러스니, 문화적 바이러스니 하는 말까지 생긴다. 젓가락질은 바로 그런 문화유전자다.

24

문화유전자는 모방학습이다. 횡적인 것이 아니라 종적이다. 우리는 조상에게서 생물학적 DNA를 물려받듯이, 문화적 밈도 물려받았다. 그러나 생물학적 유전자는 굳이 노력하지 않아도 발현되지만, 문화적 밈은 배워야 내 것이 된다.

젓가락은 가장 확실한 문화유전자의 모델이다. 그렇기 때문에 젓가락을 알면 우리의 문화유전자를 알 수 있다. 우리 조상이 쌀밥 먹고 국수 먹을 때부터, 우리도 모르게 전승돼 내려오면서 학습된 나의 문화가 있다. 이것이 우리가 살고 있는 토대다.

25

에베레스트산이 왜 높을까? 히말라야라는 높은 산맥이 있기 때문에 거기서 조금만 높아도 세계에서 손꼽히는 봉우리가 되는 거다. 평지에서는 절대로 에베레스트산이 나올 수 없다. 이런 이야기를 하는 건, 인간 역시 자신이 존재하는 문화에서 일어서야 세계 제일이 될 수 있기 때문이다. 문화유전자를 배우고 아는 것이 전통을 아는 것이고, 그것을 통해 모든 걸 내 머리로 생각할 줄 아는 창조적 힘을 기를 수 있다.

26

우리가 아시아를 문화적 공동체라고 하지만, 종교도 문자도 말도 다 다르다. 단 하나, 문화유전자인 젓가락은 같다. 좁게 봐도 마찬가지다. 청주 사람과 부산 사람, 말도 다르고 성격도 다르지만 밥을 먹기 위해서는 똑같이 젓가락을 사용한다. 이렇게 생물학적 유전자는 지역과 풍토에 따라서 조금씩 다를 수 있지만, 문화유전자는 대단히 비슷한 거다.

27 우리가 하나의 민족이고 하나의 공동체라면 무엇을 알아야겠는가? 한국인이라는 생물학적 유전자가 아닌, 학습하고 전승되는 문화유전자를 배우고 길러야 한다. 만약 우리가 젓가락질도 바르게 못 하고, 젓가락이 무엇인지도 모른다면 한국인의 정체성과 그 문화를 모르는 것이나 마찬가지다.

샛길

리처드 도킨스(Richard Dawkins) - 문화적 밈

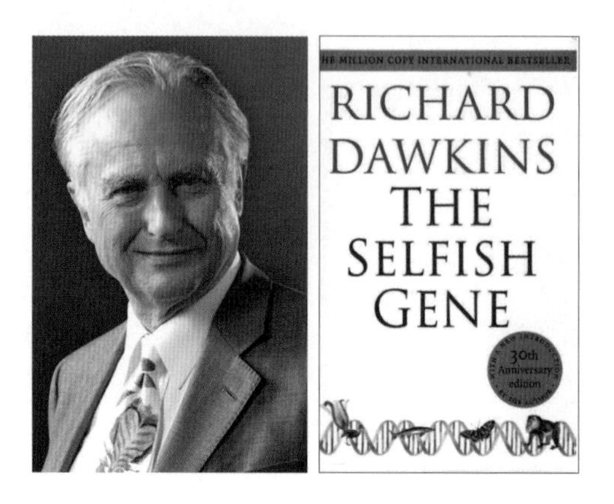

다윈이 제시한 진화론의 핵심은 적자생존과 자연 선택이다. 이 이론을 바탕으로, 리처드 도킨스는 생물의 유전자의 본질적 속성은 자신의 유전자를 후세에 남기려는 이기적 행동이라고 설명한다. 여기서《이기적 유전자》라는 제목이 나왔다.

생물학에서 보는 밈

생명이 유전자(gene)로 구성되듯, 우리가 문화라고 부르는 것들도 문화유전자인 밈(meme)로 만들어졌다. 유전자가 정자와 난자를 통해 사람과 사람 사이로 번져가듯, 밈은 사람의 마음에서 마음으로 퍼진다. 경쟁에서 이긴 밈은 더 많은 사람의 마음에 잠입하고, 창조적 활동에 더 크게 작용한다. 문화란 그 밈들이 서로 경합하는 상태로, 성공한 밈들이 오늘의 문화를 형성한다.

심리학에서 보는 밈

밈 이론은 인간의 행위를 구성하는 요소보다도 마음의 움직임을 중요하게 여긴다. 심리학자 헨리 플로트킨에 의하면 밈은 '문화의 유전 단위. 유전자와 같은 것으로 지식의 내부 표현'이다. 유전자의 DNA 패턴이 사람의 겉모습(눈 색깔, 머리 색, 혈액형)을 결정하는 것처럼, 우리의 행동은 뇌 속에 들어있는 밈에 의해 결정된다는 게다.

인지학에서 보는 밈

뇌와 신경 같은 인간 신체가 컴퓨터의 하드웨어라면, 밈은 그 프로그램, 즉 소프트웨어에 해당한다. 문화유전자는 문화의 겉모습이 아니라 인간의 심리 속에 있다.
철학자인 대니얼 데닛은 밈을 생각의 작은 단위로 본다. 사람의 기억에는 개별적인 단위로 남아있지만, 그것의 내면은 복잡하여 스스로가 형태를 만들어낸다. 그리고 외부의 매개물에 의해 확산된다.

사회정보학에서 보는 밈

밈은 마음의 바이러스 같은 것이다. 이 문화 현상은 사회적으로 전염되고 확산된다. 밈의 유행은 좋은 일과 궂은일, 선악을 가리지 않는다. 가령 나치스는 히틀러 시대에 급속히 독일 전역으로 퍼진 마음 바이러스로 볼 수 있다. 다른 한편으로 밈은 인간의 생존이나 재생을 돕고, 소통의 영역을 증폭시키기도 한다.

밈 바이러스의 역할

1. 위기 : 위험의 경고를 사람들 사이에 신속하게 퍼뜨려, 개체들의 생존 가능성을 높인다.
2. 사명 : 적과의 싸움이 일어났을 때, 먹이를 발견했을 때 그것이 널리 알려지게 한다.
3. 문제 : 양식이 모자라거나, 짝을 놓고 싸움이 벌어지는 등의 상황을 구성원 모두가 풀어야 할 문제로 인식하게 한다.
4. 위험 : 잠재적인 위기상황에 대응할 수 있게 준비시킨다.
5. 호기 : 기회가 왔을 때 놓치지 않도록 한다.

이와 관련된 심리를 구체적으로 4F* 로 분류하기도 한다.

* Fight-분노 Fugitive-공포 Food-공복 Fertilization-성욕

밈에 감염되는 세 가지 경로

1. 반복 – 밈은 같은 프로세스를 되풀이하여 사람들 안에 자신이 프로그램되게 한다.
2. 인지적 불협화* - 인간은 궁금증을 풀려는 경향을 가지고 있다. 밈은 잘 모르는 것에 대해서 알아보고 이해하려는 사람의 마음을 이용한다.
3. 트로이의 목마 – 밈은 유전자 안의 단추를 누른다. 사람들은 아이들의 울음소리나, 타인이 가진 성적 매력에 본능적으로 반응한다. 밈은 그런 장치를 기동하는 단추를 눌러 사람의 관심을 끈다. 즉 밈은 마음속에 미리 들어있는 우리 자신에 직접 작용한다. 이것은 우리에게 위험에 대한 경고가 되기도 한다.

• 認知的不協和

둘째 꼬부랑길

서양 사람들의 젓가락질

서양인들의 젓가락질은 정확하다.
젓가락질이 DNA가 아니라
Meme이라는 반증이다.

01 존 케리* 미 국무장관이 2014년 한국을 방문했을 때, 사람들이 놀란 게 있다. 전통시장에서 떡볶이를 먹는데, 오른손에 쥐고 있는 젓가락 사용법이 완벽했던 거다.

사실 서양에서 젓가락질이 상류층의 상징처럼 여겨진 지는 꽤 오래되었다. 일본 스시가 미국을 비롯한 서양에서 고급 음식으로 대접받게 된 것이 그 배경이다. 스시를 먹는 도구인 젓가락을 능숙하게 다룰 줄 안다는 것은, 평소에는 가까이하기 어려운 비싼 외국 음식을 자주 자연스럽게 접한다는 증거니까. 그만큼 부유하다는 방증이 되겠고, 아시아문화에 관심이 많다는 이야기도 될 테다. 케리 국무장관, 젓가락질 하나로 딴 외교 점수가 만만찮다.

• John Forbes Kerry

02 2000년경 호주에서는 젓가락 사용법에 관한 책이 베스트셀러가 된 적이 있단다. 당시의 정확한 베스트셀러 목록을 보지는 못했지만, 지금 호주 아마존에 들어가 '찹스틱'* 이라는 키워드* 로 검

색해보면, 수많은 젓가락 관련 책이 있는 걸 확인할 수 있다. 16권씩 표시되는 페이지가 무려 84장이나 있으니, 젓가락 문화권도 아닌 나라에서 엄청난 숫자가 아닌가? 대부분이 젓가락 사용법에 관한 책인데, 연관검색어로 중국과 일본의 요리책도 있다. 한국의 인터넷 서점에서 '젓가락'을 검색할 때 나오는 빈약한 결과와는 비교도 안 된다.

• chopstick | keyword(핵심어)

03

게다가 동영상 사이트 유튜브• 에서 'how to use chopsticks'라는 키워드로 검색해보면, 젓가락 사용법을 가르쳐주는 동영상이 36,400여 건이나 나온다. 또, 같은 키워드로 미국 구글이나 호주 구글에서 이미지 검색을 하면, 젓가락 사용법을 알려주는 사진과 그림이 셀 수도 없을 만큼 쏟아진다. 심지어 미국 어느 일식당의 일회용 젓가락 포장지에는 젓가락 사용법과 함께 유머러스한 젓가락 매너가 인쇄된 것도 있다.

• Youtube(www.youtube.com)

04

젓가락 관련 자료들만이 아니다. 이런 사실과 함께 우리가 주목해야 할 점은 서양인의 젓가락질이 매우 정확하다는 사실이다. 좀 더 구체적으로 말하면, 그들의 젓가락질은 교과서에 나오는 '정통'의 방법을 그대로 따르고 있다.

서양인의 경우는 성인이 돼서, 손가락 신경이 완벽하게 분화됐을 때 젓가락질을 배우게 된다. 그것도 고급 음식을 먹기 위해서. 우리가 격식 차린 양식을 먹을 때, 줄줄이 놓인 포크, 나이프, 스푼의 사용 순서를 헷갈릴까 봐 노심초사하듯이, 그들 역시도 고급 식당에서 실수하지 않기 위해 집에서 연습하는 거다. 제대로 된 정통교본으로 말이다.

05 한국 아이들은 가르쳐주지 않아도 서양의 스푼처럼 숟가락질을 한다. 그러나 젓가락질을 하려면 시간이 한참 더 걸린다. 젓가락질은 아이들 손의 신경이 성인의 손처럼 완전히 세분화되어야 가능하기 때문이다. 그렇다고 신체적 문제만 있는 건 아니다. 어른들이 제대로 가르쳐 주지 않으면, 그리고 아이들이 어른들의 젓가락질을 제대로 모방하고 배우지 않으면 그 버릇이 평생을 간다. 막 젓가락질하는 사람치고 막말하지 않는 사람이 없다.

'세 살 버릇 여든 간다'는 말도 있지 않은가. 그렇게 잘못된 젓가락질이 굳어지면 성인이 된 후에도 계속된다. 그리고 나중에 아이를 낳은 후에는, 그 아이가 하는 젓가락질의 모델이 되어 대물림하게 된다.

06 1563년 일본으로 건너가 포교 활동을 한 루이스 프로이스*는 유럽 문화와 일본 풍속의 차이를 젓가락을 통해서 비교했다. 예를 들면, '우리(서양 사람들)는 4살 된 아이도 혼자서 자기 손으로 음식을 먹지 못하는데, 일본 아이들은 3살만 되어도 젓가락으로 밥을(음식을) 먹는다'라는 기록이 있다. 또, '일본인의 식사와 음주법'이란 장에서는, '우리는 모든 것을 손으로 먹지만, 일본 사람들은 남자나 여자나 어렸을 때부터 두 가락의 젓가락으로 밥을 먹는다'라고 적고 있다.

* Luis Frois(1532~1597, 예수회 소속 선교사)

07 루이스 프로이스가 이 글을 쓸 당시만 해도 유럽인들은 아직 손으로 먹는 상황이었고, 포크가 일반화되지 않았다. 그런 사

정은 프로이스가 '우리는 식사하기 전에, 그리고 식사하고 나서 손을 씻는다. 그러나 일본 사람은 손으로 음식을 건드리지 않기 때문에 손을 씻을 필요가 없다'라고 적은 것을 보아도 알 수 있다.

08 서양 사람들이 본격적으로 포크를 사용하여 밥을 먹기 시작한 것은 17세기 초 이탈리아에서였다. 그 무렵 이탈리아를 여행한 영국인 토마스 코리어트*는 "모두가 입으로 들어가는 고기에는 직접 손을 대지 않았다"라고 보고했다. 그는 처음으로 영국에 포크를 가지고 돌아왔는데, 19세기가 되어서도 영국 서민 사이에는 포크 사용을 완강히 거부하는 사람들이 있었다고 한다. 이탈리아 피렌체의 카트린느 드 메디치가 프랑스 궁정에 포크, 나이프의 식사 예법을 전한 것은 16세기 초다.

* Thomas Coryate(1577~1617, 영국의 여행가, 작가)

09 그래서 프로이스가 열여섯 살 무렵 인도에 갔을 때는 문화적 충격을 받지 않았다. 인도사람 역시 맨손으로 음식을 먹었으니까. 그런데 일본에 가서야 젓가락을 보고 놀랐다는 사실은 젓가락 문화의 의미가 무엇인지, 동서양 문화를 비교하는 중요한 단서가 된다. 물론 인도사람을 봐도 알 수 있듯이, 맨손으로 먹는다고 해서 야만시하는 것은 짧은 생각이다. 하지만 갈릴레오가 망원경으로 별을 관측하고, 지동설을 주장할 때도 맨손으로 밥을 먹던 서양 사람들이다. 그들에 비해 천 년이나 앞서 수저를 사용한 사실은 예사로 볼 일이 아닌 것이다.

젓가락질 교육이 필요한 이유

2014년 2월 13일 존 케리 미 국무장관이 서울 통인시장의 유명 먹거리인 기름 떡볶이를 먹고 있는 것을 찍은 사진. 한국 전통 간식거리를, 그것도 노점에서 먹는 것도 특이했지만 더욱 관심을 끈 것은 그의 완벽하고도 능숙한 젓가락질이었다.

서양인들이 젓가락 사용을 정통의 방식 그대로 하는 것이 단지 상류층의 상징과 같이 여겨지기 때문만은 아니다. 구한말 한국에 들어온 서양 선교사들이 한국식 식사를 하는 장면을 찍은 사진을 봐도 젓가락 사용법은 능숙했던 것을 알 수 있다.

결국 젓가락의 능숙한 사용은 성인이 되어 젓가락질을 '정석대로' 학습했기 때문이다. 우리가 어려서부터 젓가락을 사용하고 있어도 젓가락질 교육이 필요한 이유이기도 하다.

셋째 꼬부랑길

젓가락질은 계승되는 문화유전자

갱도 내 독소를 알아차리는 카나리아,
잠수함의 산소 포화량을 진단하는 토끼.
한국인에게 젓가락은 갱부의 카나리아요, 잠수함의 토끼다.

01 공부 못하는 자식을 두고 부모가 말씨름을 한다. 아내가 남편에게 볼멘소리를 내지른다. "쟤는 당신 닮아서 머리가 나쁜 거야." 이 말을 듣고 남편이 발끈한다. "당신이 애 교육을 제대로 시키지 않아서 그런 거 아냐?" 이 대화가 단적으로 보여주는 게 무언가. 아이의 장래를 결정하는 것이 유전이냐, 환경이냐를 놓고 다투는 거다.

02 앞서 나왔던 금수저 은수저 이야기는 유전이 아니라 아이들이 자라온 환경, 그중에서도 경제적 환경에 관한 것이기 때문에, 환경결정론이라고 할 수 있다. 그러나 흑인보다 백인의 두뇌가 우수하니까 인종차별은 당연하다는 것은 유전설에서 오는 것이다. 한국인이 머리가 좋다는 것도 역시 유전설이다.

03 인간의 지능이 두개골 안면각으로 결정된다는 이론*에서 보면, 분명 흑인은 안면각이 낮다. 그래서 머리가 나쁘다고 주장하는 건 유전설이다. 안면각의 각도로 한 인종의 지능을 평가하는 일부

유전 결정론자들을 공박해서 이런 말까지 생겨났다. 그렇다면 '안면각이 낮았던 진화론자 다윈•은 비글호•에 태워주지도 않았을 것이다.'

• 골상학(phrenology), 두개골의 형상적 특징에 의해 동물과 인간의 지능 정도를 측정할 수 있다는 이론 | Charles Darwin(1809~1882, 영국의 생물학자이자 진화론자) | HMS Beagle

04 '개꼬리 굴뚝에 3년 묵어도 소꼬리(황모) 안 된다'는 말은 유전 우월론이고, '말은 나면 제주도로 보내고, 사람은 나면 서울로 보내라'는 건 환경 우월론이다.

이처럼 인간의 지능을 두고 환경이냐 유전이냐 하는 문제는 오랫동안 논쟁거리였다. 그러나 이 싸움은 결판난 지 오래다. 한 인간의 능력과 성품이 결정되는 데는 환경과 유전이라는 두 요인이 복합적으로 작용하기 때문이다.

05 젓가락질도 마찬가지다. 젓가락질하는 한국인의 손에는 다분히 유전적 요소가 있다. 그렇다 해도 젓가락질이란 보고 배워야 하는 것이다. 젓가락질은 반드시 부모가 하는 것을 보고 배운다. 혼자서는 절대 못 한다. 그래서 젓가락질은 생물학적 유전과 달리, 전승과 모방으로 이어지는 문화유전자 영역에 속한다. 아이가 젓가락질을 못 한다는 것은 부모가 자식에게 문화를 전달해주지 않았다는 말이다. 그건 가족 구성원들이 단절돼 있다는 뜻이고, 우리의 전통이 현재로 이어지지 않고 있다는 걸 의미한다.

06 한국에도 차츰 그 수가 늘고 있는 다문화가족이 생물학적 유전자 측면에서는 순수성을 희석시킨다 해도, 문화적 유전자만

있으면 한국인이다. 자신의 정체성을 말할 때, 생물학적 유전자보다 문화적 유전자가 더 가치가 있는 이유다. 더 이상 단일민족을 자랑하던 순혈주의 한국이 아닌 게다. 이런 현실에서 우리는 무엇을 우리의 동질성으로 삼아야겠는가. 그건 생물학적 유전자가 아닌 문화유전자다.

07 침팬지 실험에서도 보았듯, 서양의 포크 나이프는 배우지 않아도 아무나 쉽게 사용할 수 있다. 그러나 서양 사람들에게 젓가락을 주고 써보라고 하면 절대 못 한다. 간단한 것 같아도 젓가락질은 반드시 배워야 할 수 있는 거다.

아이들이 숟가락으로 음식을 입에 가져가는 것은 대체로 한 살, 우리 나이로는 두 살쯤에 가능하다. 두 살 반이나 세 살 반에 이르면, 밥을 거의 흘리지 않고 먹을 수 있다. 숟가락만이 아니라 웬만한 아이들은 그때쯤이면 젓가락질을 배운다.

08 우리가 자전거를 탈 수 있는 건, 사람들이 자전거 타고 다니는 걸 보았기 때문이다. 그렇지 않으면 자전거가 처음 들어온 구한말 때처럼, '두 바퀴로 어떻게 쓰러지지 않고 굴러가겠나?' 하고 아예 시도조차 안 해볼 거다. 끈기 있는 사람이라 해도, 두 바퀴 달린 자전거를 타보라고 하면, 몇 번 넘어지고는 불가능한 일이라고 단념할 게 뻔하다. 젓가락질도 마찬가지다.

숟가락질은 누가 시키지 않아도, 걷고 일어서고 걸음마 하듯이 자연스럽게 할 수 있다. 하지만 젓가락 고개는 혼자 못 넘는다. 반드시 누군가와 함께 손잡고 넘어야 한다.

09 문화유전자는 모방이라 했다. 부모가 젓가락질을 하면, 아이는 억지로 가르쳐주지 않아도 보고 배운다. 아이들은 새로운 것에 호기심이 많아서, 어른들이 하는 걸 따라 하게 마련이다. 그래서 여자아이들은 소꿉장난을 하고, 사내아이들은 아버지의 큰 신발을 끌고 밖으로 나가는 거다. 그러니 옆으로 기는 게가 어찌 그 자식은 똑바로 걷기를 바라겠는가. 요즘 아이들이 젓가락질을 못 하는 건 우리의 문화유전자가 끊긴다는 뜻이다. 대신, 서구식 문화유전자로 바뀌고 있는 현실을 말해주는 거다. 그래서 젓가락은 문화의 추이를 측정하는 잣대이기도 하다.

10 진•이라는 말에서 밈•이라는 말이 왔다고 하지 않았나. 유전자란 진이든 밈이든 시간적으로 계승되는 것이다. 길게는 머나먼 옛날, 진핵세포가 생겨날 때부터 시작하면 수십억 년이다.
문화유전자는 단순히 횡적인 유행이 아니다. 옆으로 확산되는 유행은 곧 사라진다. 한때 인터넷을 타고 유행한 '포켓몬 고'를 봐라. 그 무서운 전파력에 비해 며칠이나 가더냐. 그러나 부모에게 물려받은 사투리, 민요, 싸이 춤에 나오는 금강역사의 몸짓 같은 건 쉽사리 변하지 않는다. 이런 게 진짜 문화유전자다. 한때 반짝하다가 거품처럼 사라지는 게 아니다. 사회적 전파보다는 수직으로 계승된다.

• gene | meme

11 젓가락질은 그 밈을 통해서 한 식탁에 모인 구성원들 사이에 형성되는 파워•다. 우린 그걸 가족이라고 부른다. 인간이 만든 제도 가운데 가장 오래되고 가장 소중한 것이 가족이란 제도다. 가족

은 인류가 수천 동안 이어온, 여느 동물에게는 없는 문화 밈으로 연결된 문화의 핵심단위요, 사회의 기초가 되는 공동체다. 아이들이 젓가락질을 못 한다는 건 그런 가족이 단절되고 붕괴되고 있다는 의미이기에, 갓 버리고 족두리 버린 걸 탓하는 차원이 아니라는 말이다.

• power

12 어느 나라에나 식사 예절이 있다. 특히 우리나라는 예로부터 '밥상머리 교육'이라는 말이 있었다. 가족이 함께 식사하면서 올바른 식습관이나 기초 예절을 익히는 것이다. '웃어른이 수저를 들기 전에 자기 수저 먼저 들지 않기', '젓가락으로 반찬 뒤적이지 않기', '입에 음식 넣고 말하지 않기' 같은 밥상머리에서 이루어지던 교육은 비단 식사 때만의 예절이 아니다.

13 식탁은 세상의 작은 축소판이다. 인간의 가장 기본적인 밥 먹는 행위를 통해서, 내 부모에게 인간됨의 가르침을 받는 훌륭한 교육의 장이다. 젓가락질 못 하는 아이들은 그 부모에게서 아무것도 배우지 못한 것과 마찬가지다. 그래서 아이들이 젓가락질의 문화적 밈을 제대로 갖추지 못하게 된다면 가족의 해체라고까지 말하는 게다. 이 대목에서 왜 우리가 젓가락을 사용하게 되었는가와 관련해, 실증이 이루어진 것은 아니지만 중국《예기》에서 기막힌 대목을 만날 수 있다.

14 만약 음식을 손으로 가져다 먹거나 숟가락으로 떠 올 경우, 모두가 제가끔 욕심껏 많이 가져오려고 할 것이다. 그것도 한 가족의 한 밥상에서 말이다. 그러나 젓가락을 쓰면 어쩔 수 없이 소량밖

에 가져오지 못한다. 이제 알았는가? 왜 콩을 한 알씩 집어오는지. 순가락으로 퍼먹어봐라. 서로 많이 떠오려고 암암리에 식탐의 불꽃이 튄다. 그런 인간의 속성을 미리 알고 공자께서 젓가락으로 음식을 집어오도록 말한 게다.
젓가락질은 단순히 먹을 것을 옮기는 기술이 아니라, 거기에 얽힌 예법과 마음가짐이 한데 어우러진 행위다. 가족 구성원의 배려, 윗사람의 자애, 아랫사람의 공경. 이런 모든 것이 젓가락질을 통해 표현되는 것이다.

15 한자는 식자들이 쓰는 문자라며, 우리의 바탕말인 순우리말을 비어로 전락시키는 부당한 경우를 심심찮게 본다. 노인이라면 점잖은 말이요, 늙은이라 하면 빰 맞을 비속어다. 행위를 뜻하는 용• 이나 사• 에 속하는 순수한 우리말이 '질'이다. 그런데 어느새 '질'자가 붙으면 전부 나쁜 말이 돼버렸다. 교사에게 '선생질'이라고 하면 화내지 않을 사람이 있겠나. 서방질, 도둑질, 고자질, 분탕질같이 질이 붙은 말은 다 손가락질받을 만한 말이다. 그런데 손가락의 연장이요, 그 행위인 젓가락질만은 '질' 자가 붙었다 해서 비하하는 말이 아니다. 그만큼 젓가락질에는 예법이 있었고, 거기에 마음을 담았기 때문이다. 그래서 한 중일 가릴 것 없이 상대방을 향해서 젓가락을 드는 행위는 금기 중의 금기다.

• 用 | 事

16 중국에서도 젓가락질은 가정교육의 수준을 가늠하는 직접적인 잣대가 된다. 중국 상하이에서는 '현지인들은 식사할 때 젓가락을 사용한다. 어른들은 어린아이가 어느 정도 자라면 젓가락으로 식

사하는 법을 가르친다. 아이는 대개 어른들이 몇 차례 가르쳐준 방식으로 젓가락을 사용하고, 세세한 방법은 자기 스스로 익혀 간다'고 한다. 이렇게 아이들에게 젓가락 사용법을 가르치는 것은 부모가 자식에게 모범을 보이는 행동인 동시에 전통방식에 따른 올바른 젓가락 사용법을 적극적으로 알리려는 행위이기도 하다.

17 기본예절을 중시하는 일본도 식탁에서 젓가락질을 잘 못 하면 '가정교육을 제대로 받지 못한 사람'으로 취급했다. 예로부터 젓가락질하는 것만 봐도 그 집안의 가정교육과 사는 형편이 어떤지를 가늠할 수 있다고 했다. 가정에서 젓가락 교육을 제대로 시키는 이유는, 내 자식이 어디 나가서 손가락질당하지 않고 기본이 되었다는 말을 듣게 하는 일이기 때문이다.

18 비교적 옛날 원시적 형태를 잘 보존하고 있는 아이누족의 젓가락 문화를 보면, 그 젓가락 밈이 어떤 것인지를 선명하게 들여다볼 수 있다.

아이누는 주목* 을 사용하여 독특한 사슬 무늬의 젓가락을 만들어 쓰는데, 이걸 투무시 콕 파스이* 라 부른다. 아들이나 손자가 첫 생일을 맞으면 축하선물로 이 젓가락을 준다. 젓가락의 모양은 머리 부분을 사슬 모양으로 깎아 만들고 목령(투무시)을 장식했다.

• Taxus cuspidata | Tumush kok pasuy(목령 달린 젓가락), 출처《젓가락-사물과 인간의 문화사》

19 할아버지나 아버지가 열심히 깎아서 손자나 자식에게 주는 이 독특한 젓가락은, 만약 아이가 방울 부분을 부러트리더라도, 아이가 강하고 튼튼하게 자라고 있다는 증거로 생각하고 기뻐한단다. 젓가락은 손가락 굵기만도 못한 가냘픈 것이지만, 그래서 어린아이가 쉽게 부러뜨릴 수도 있는 거지만, 한 가족을 버텨주는 튼튼한 기둥보다 더 굵다. 전 가족을 지탱해주는 어떤 기둥보다도 굵은 거다.

20 젓가락질에도 정석은 있기 마련이다. 그러나 거기에 너무 얽매일 필요는 없다. 함께 식사하는 사람에게 피해를 주지 않는 한에서 자기 손에 편한 방법으로 하면 된다. 모든 것에는 개성이 있고 다양성이 있기 때문이다. 다만 부모를 따라 하며 그 기본은 몸에 배게 하는 게 좋다. 기본 위에 개인차가 생기는 것은 어쩔 수가 없다 하더라도 말이다.

21 비단 젓가락질만이 아닐 거다. 우리의 문화가 모두 그렇지 않은가. 전통을 곧이곧대로 계승하는 것이 아니라 개성에 맞춰 변화시키는 것이다. 하지만 무엇이든 받아들이고 체화하는 과정에서 그 기본이 몸에 배도록 하는 건 중요하다. 공통의 가치와 공통의 매너를 나누는 것, 개성은 달라도 규칙은 같아야 한다. 젓가락질을 하는 기초적인 양식과 태도, 그에 따른 식사 예법은 공동체를 구성하는 최소한의 규약이고, 함께 공유하는 가치의 법전 같은 것이다.

22 젓가락에 규범이 없어지고, 젓가락질을 할 수 있는 아이보다 못하는 아이가 더 많아진 오늘의 현실에서 가족의 해체, 사회 공동체의 붕괴 그리고 문화유전자 밈의 단절이라는 위기의식을 느낀다.

광산의 인부는 카나리아를 데리고 다닌다고 한다. 갱도에 독소가 있으면 카나리아는 죽는다. 잠수함에서는 토끼를 키운다. 게오르규의《25시》에도 나오는 이야기다. 한국인에게 있어서 젓가락은 갱부의 카나리아요, 잠수함의 토끼다.

10

저맹 고개

젓가락 문화의 위기

첫째 꼬부랑길

3국의 젓가락 전쟁이 시작되었다

둘째 꼬부랑길

문맹이 아니라 저맹

첫째 꼬부랑길

3국의 젓가락 전쟁이 시작되었다

우리도 모르는 사이 한중일 3국의 젓가락 전쟁이 시작되었다.
종주국 따지지 말자.
한중일이 함께 이어온 젓가락 문화유전자 아니더냐.

01 동영상 사이트 유튜브에서 젓가락을 검색하면 젓가락 사용법에 대한 설명 말고도, 다음과 같은 논란의 동영상을 볼 수 있다. '3국의 젓가락 대전이 시작됐다'는 내용이다. 내용을 조금 옮겨보자. 2015년 1월 24일 중국 국영 신화사•와 데일리 텔레그래프•는 '상해에서 젓가락 문화의 유네스코 등재를 위한 움직임'을 보도했다. 그 보도 내용 중 상하이 젓가락문화촉진회의 쉬화롱 회장의 발언이 논란을 불러온 게다. 그는 "젓가락은 중국인의 발명품이다. 그런데도 일본에는 8월 4일 젓가락의 날이 있고, 한국에서는 '젓가락은 한국인이 발명했다'는 설까지 등장했다"라며 경계심을 드러냈다. 때문에 젓가락 문화가 중국이 기원이라는 사실을 올해 안에 유네스코에 등재할 계획이라는 내용이다.

• 新華社 | The Daily Telegraph

02 여기에 대해 한국의 반응은 대체로 이렇다. '한국이 젓가락의 기원이라고 주장한 적 없다. 기원설의 출처는 어디인가? 중국의 신문을 일본에서 이상하게 번역한 거 아닌가? 일본인이 기원 논쟁으

로 한국과 중국의 관계를 교묘하게 이간시키려는 것 같다. 논란을 일부러 만드는 중국과 일본, 정말 유치하다.'

03 지금 중국 인터넷에 들어가 봐라. 한국 사람을 두고 '역사의 좀도둑'이란다. '한국인은 공자, 노자, 석가모니를 한국인이라 주장하고, 만리장성도 자신들이 축조했다고 한다. 중국의 미인 서시도 한국인이라 할 정도니, 중국 역사를 훔치는 한국인들은 얼마나 후안무치한가'라는 것이다.

과거 문헌에 기록된 동이*를 한* 민족으로 전제하고 역사의 원류를 거슬러 가보면, 의외로 한국과 밀접하게 관련된 역사적 사실들이 많다. 사실 동이는 중국의 전통적 한족이 아닌, 동쪽에서 온 사람을 말한다. 중국의 북방은 유목민, 동쪽은 한국이니 동이는 한국인이라는 게다. 그러니 자연 중국 문화의 기원을 따라 올라가면 충돌이 생기게 된다. 거기에 동북공정*을 내세워 중화 변방의 문화까지를 모두 자기네 문화로 재해석하려는 중국 정책에 의해 역사 충돌이 벌어지는 것이다.

• 東夷 | 韓 | 東北工程

04 앞에서 말한 은나라 유적지 은허는 한국과 가까운 산동성 근방에 있다. 지도를 보면 아주 가까운 거리다. 은나라 하면 우리에게는 친숙한 순* 임금이 떠오른다. 아닌 게 아니라 중국의 전설적 성군 가운데 한 사람으로, 그들이 숭앙하는 태평성대의 성군 순 임금도 위대한 유학자 맹자도 모두 동이족* 출신이란다. 중국의 기록이 그렇다. 그 순 임금이 이끈 은나라 상* 왕조는 동이족 문화와 상당히 가까웠다고 볼 수 있다.

• 舜 | 東夷族 | 商

05 더구나 이때의 유물로 나온 젓가락은 청동으로 만든 것이다. 앞에서 나온 대로, 청동 젓가락 같은 금속젓가락을 아직도 쓰고 있는 나라는 한중일 3국 중 한국밖에 없다. 그래서 우리는 자꾸 젓가락의 시초를 한국 사람이라고 주장한다. 이를 두고 중국에서는 역사 왜곡이라고 항의하면서, 누가 먼저 젓가락을 만들었나를 둘러싼 인터넷 대전이 벌어진 거다. 우리 쪽에서는 '너희들은 나무젓가락, 대젓가락을 많이 쓰는데 다 썩어서 증거도 없고, 지금까지 금속젓가락을 쓰는 건 우리뿐이다. 심지어 우리는 은나라 상 왕조와 같은 동이족이다. 그러니까 젓가락은 우리가 만들었다' 한다. 그러니 싸움이 안 나겠나.

06 한국과 중국의 젓가락 시조* 전쟁에서 일본은 한 발 비껴 있다. 백제 성왕 때, 불교 경전과 함께 젓가락이 전해졌다는 확실한 문헌의 기록이 남아있기 때문이다. 그 이전 시대의 출토품에서 설령 젓가락 비슷한 것이 나왔다 하더라도, 손으로 밥을 먹던 사람들이 젓가락을 사용하게 된 것은 우리보다 나중이라고 본다. 고증을 더 해봐야겠지만, 쌀도 한반도를 통해서 들어갔으니 젓가락 사용이 한반도보다 늦었다는 게 당연하지 않겠나. 먹을 것이 있고, 그걸 먹기 위한 도구가 등장하는 것이 순서다.

• 始祖

07 사실이 어떻든 간에 '삼계탕도 한국이 원조다, 젓가락도 한국이 원조다, 한문도 한국 거다.' 이런 주장들이 실제로 중국이나 일본의 젊은이에게 한국에 대한 악감정을 만들고 있는 것도 현실이다. 물질적인 것, 경제나 정치 분야 같은 데서는 다툼이 있을지라도 문화는

그래선 안 된다. 한반도와 대륙, 섬나라 일본이 젓가락 문화만 놓고 봐도 2,000년, 3,000년 동안 함께 나누면서 살아오지 않았나. 아시아가 차츰 살만하게 되면서 문화의 중심이 아시아로 옮겨온다는데, 지금 아시아인들끼리 싸우고 있는 거다. 이게 과연 좋은 일이겠는가? 그거야말로 젓가락 밈에서 어긋나는 일이다. 외짝으로는 안 되고, 짝이 있어야 뜨거운 것을 집을 수 있는 게 젓가락 아닌가. 그런데 왜 역사 문제를 뜨거운 감자로 만들어 놓고 집지도 못하게 하는가.

08 이런 젓가락 싸움 같은 건 한편의 우스갯소리로 흘려버려라. 중국 사람이 "너희가 정보 통신 선진국 어쩌고 그러는데, 우리는 벌써 옛날에 정보 통신 있었다. 몇천 년 전의 유적지에서 전선줄이 나왔거든." 그러니까 일본 사람이 "우리는 광케이블이 나왔는데?" 하고 응수한다. 그러자 한국 사람이 "우리는 아무것도 안 나왔어. 당시에 이미 와이파이• 썼거든."

난센스,• 난센스다. 그냥 웃어라. 재미있지 않은가. 이런 일로 싸우는 건 어린애들이나 하는 짓인데, 아직까지도 우리는 이런 유치한 싸움을 하고 있다. 이제 우리도 어른이 되자.

• wi-fi | Nonsense

09 서양 문화는 그리스 · 로마 문화에서 시작되었다. 신사의 나라 영국이건, 문화적 자부심이 하늘을 찌르는 프랑스건, 독일이건 전부 그리스 · 로마 문화에서 자유롭지 못하다. 하지만 역사 속의 로마가 이탈리아에 있었다고 해서, 지금 이탈리아 사람이 프랑스 사람한테 "야, 그거 그리스 · 로마 시절에 우리가 만든 거야. 너희 알파벳도 그리스

사람이 만든 거야" 하고 자랑하지는 않는다. 종주국을 따지고 자랑하는 유치한 행태는 문화가 아니다. 지금 여기에, 그 문화를 제대로 살리고 지키는 문화 공동체가 있느냐 없느냐 하는 것이 훨씬 중요하다.

10 젓가락은 인류가 만든 소중한 문화의 시작점이고, 또 평화로운 것이다. 3국이 서로 자기들이 먼저라고 싸우는 것 자체가 비•젓가락적인 행위이며, 오히려 젓가락 문화의 위기를 불러온다. 우리도 모르는 사이에 벌써 한중일 사이에 젓가락 전쟁이 시작되었다. 그러나 이러한 논쟁에 휘말려 젓가락의 종주국을 따지는 것은 중요하지 않다. 어느 나라가 젓가락 문화를 잘 보존하고 있고, 젓가락 정신을 잘 이해하고 있느냐. 그것이 관건이다.

• 非

11 불행한 과거를 되풀이하고 싶지 않다면, 젓가락에까지 패권주의 경쟁을 끌고 들어와 한 나라가 패권을 쥐는 그런 아시아를 만들지 말자. 겉으로는 '아시아는 하나'라고 외치면서 속으로는 중화주의, 대동아주의를 꿈꿨던 때처럼, 서로 자기네가 아시아의 제일가는 나라라고 주장하는 못난 아시아인이 되지는 말자. 그것 때문에 항상 서구에게 밀리고, 제국주의 식민지가 되었던 게 아닌가.

12 우리가 걱정해야 할 것은 원조를 따지는 일이 아니다. 지금 한중일 3국은, 어느 나라 할 것 없이 모두 젓가락 밈을 잃을 공통의 위기에 처해있다. 젓가락질을 못 하는 아이들이 늘고 있다는 것은 이런 위기의 표시기도 하다. 동병상련•이라 하지 않았나. 같은 병을 앓는

사람끼리 서로를 가엽게 여기듯, 한중일이 똑같은 처지니 서로를 도울 수 있다.

저출산과 환경 파괴라는 지구촌 공동의 위기 앞에서 인류는 서로 협력하는 모습을 보여 왔다. 젓가락의 위기는 한중일 3국이 협력할 수 있는 또 다른 기회이기도 하다.

• 同病相憐

13

위기는 기회와 깊은 관계가 있다. 위기•의 한자를 봐라. 글자 자체에 위험과 기회가 동시에 존재한다. 희랍어의 '위기'는 '선택'을 의미한다. 죽느냐 사느냐의 경계선에서 우리가 무엇을 선택하느냐에 따라, 위험에 빠질 수도 새로운 기회를 잡을 수도 있다는 뜻이다.

한중일이 오랜 역사와 함께 이어온 젓가락 문화의 위기를 힘을 한데 모아 극복한다면, 이 문화유전자로 3국의 갈등을 풀어내고, 인류 미래에 새로운 메시지를 전할 수도 있지 않겠는가. 전혀 불가능한 일이 아니다.

• 危機

은허와 갑골문

은대 청동기 명문(殷代青銅器銘文)에서 볼 수 있는 회식의 모습

은허*는 기원전 13세기부터 기원전 11세기까지 번영을 누리던 은 왕조의 유적, 또는 그 무덤을 말한다. 이 은허에서 나무 손잡이가 붙은 동제 젓가락 세 쌍이 출토되었다. 그러나 은나라 시대의 갑골문에는 대 죽(竹) 변이 붙은 글자 중 젓가락 저(箸) 자와 같은 글자들은 나타나 있지 않다. 또 갑골문 중 솥을 중심으로 두 인물이 좌우에서 손으로 음식을 먹고 있는 모습에서도 확인되듯 은대에는 식사용으로 젓가락을 사용한 것이 아닌 것 같다.

무덤의 부장품으로 나온 것을 보아서도 그렇고, 모양을 보아서도 실제 식사에 사용된 것이 아니라 제사를 지낼 때 제상에 음식을 진설하는 용도로 쓰였을 것이라고 추정한다.

이 갑골문이 발견된 과정도 재미있다. 20세기가 막 시작되기 직전인 1899년의 일이다. 청나라 왕조의, 지금으로 말하자면 교육부 장관과 같은 위치에 있던 왕의영* 이라는 사람이 학질에 걸렸는데, 용골*이라는 약재를 갈아 먹으면 낫는다는 민간

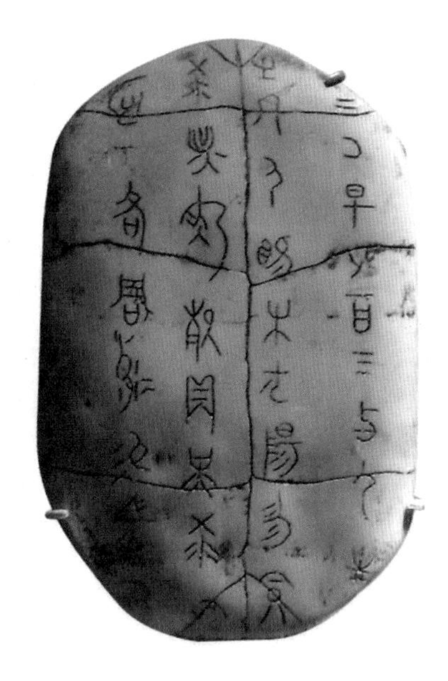

갑골문자

요법에 따라 그 약재를 구했다. 그걸 막 갈아 먹으려다 문득 그 약재에 이상한 문양이 있는 것을 발견한 거다.

그때까지만 해도 도굴범이 도굴을 하거나 농부가 밭을 갈다가 이 용골이 나오면 거기에 새겨진 것이 문자인 줄도 모르고 병에 걸린 사람들에게 약으로 팔았던 것이다. 다행히 왕의영은 금석문을 아는 사람이었다. 거기에 쓰인 문양을 보고 이것은 글자, 틀림없이 한자의 선조가 되는 문자일 거라고 해서 다른 학자들과 연구를 하게 된다.

역사에는 참으로 이상한 일도 생긴다. 3, 4천 년 전 은나라, 그 화려하고 놀라운 문화들이 약으로 팔리다가, 우연히 글자와 금석문에 관심이 있던 사람의 눈에 띈 거다. 이 사람이 학질에 걸리지 않았으면 영원히 못 찾았을지도 모른다.

• 殷墟 | 王懿榮 | 龍骨

무령왕릉에서 출토된 왕과 왕비의 수저

무령왕릉에서 출토된 왕과 왕비의 수저(국립중앙박물관)

한국은 무령왕릉에서 청동 숟가락 세 점과 청동 젓가락 두 벌이 나왔다. 왕과 왕비의 수저이다. 지금은 공주 박물관에 전시되어 있다.

두 벌의 젓가락은 무령왕릉의 관대 앞에서 발견된 것으로, 각각의 길이는 21.2cm, 19.6cm이며 조금 더 긴 것이 길이 19.5cm의 숟가락과 짝이 되고 조금 짧은 젓가락이 길이 18.2cm의 숟가락과 짝이 되는 것으로 볼 수 있다. 두 벌의 젓가락 가운데 한 벌은 단면 원형에 잡는 부분의 직경은 0.4cm, 아랫부분은 0.2cm이다. 조금 짧아 왕비의 것으로 짐작되는 젓가락은 단면 팔각형에 약 5.5cm 지점에 고리를 부착하여 두 젓가락을 연결할 수 있는 사슬을 달 수 있도록 하였다.

무령왕릉에서 출토된 숟가락의 형태는 우리나라의 청동 숟가락 가운데는 유일한 형태로 중국의 북위 태화 5년 명석함에서 출토된 숟가락의 형태와 흡사하다. 그렇다고 이 숟가락을 중국 북위에서 수입한 것으로 확신할 수는 없다. 이런 형태의 숟가락은 중국에서도 북위 태화 5년 명석함 외에는 다른 예가 없는데 44년이나 뒤인 무령왕릉 축조기에 중국에서 이미 유행이 지난 숟가락을 수입하지는 않았을 테니까. 또 하나, 중국 하북 정현의 석함에서는 숟가락은 발굴되었지만, 젓가락은 나오지 않았다. 무령왕릉의 젓가락은 금속젓가락이 한국에서 발생한 한국의 고유한 문화임을 증명한다.

일본 헤이조쿄 유적에서 나온 젓가락

긴메이 천황(欽明天皇, 552년)대에 백제의 성왕(聖王)으로부터 불상과 경론 등과 함께 유입

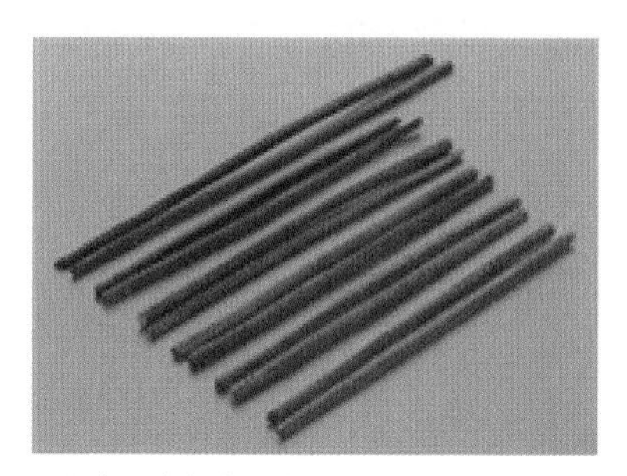

모습이 온전히 남은 젓가락만 300개 이상 출토

둘째 꼬부랑길

문맹이 아니라 저맹

다른 것은 모두 '양'에게 자리를 내주었지만
젓가락만은 지켰다.
서양의 어떤 것에도 밀리지 않고 자리를 지켰다.

01 젓가락이라고 하면, 오래된 이야기지만 미국에서 자란 외손자 생각이 난다. 미국에 가보니 그 아이 친구들은 물론이고 내 손자 녀석까지도 젓가락질을 못 하는 거다. 그래서 나는 놀고 있는 아이들을 모아놓고 이렇게 말했다. "얘들아, 초등학생들 가운데 60퍼센트는 젓가락질을 못 하고 단 40퍼센트만이 젓가락질을 제대로 할 줄 안단다." (이제는 할 줄 아는 비율이 20퍼센트까지 내려갔지만.) 그러자 그중 한 아이가 손을 번쩍 들고 이렇게 묻는다. "할아버지, 그거 좀 이상하지 않아요? 어떻게 통계 숫자가 40, 60으로 딱딱 떨어지나요? 그 통계 가짜 아니에요?"

02 우리가 매사를 대략적으로 표현하는 데 비해, 서양 사람들은 소수점 하나까지 정확하게 짚어 말한다. 그것이 오늘날의 과학, 또 서양의 문명을 만든 것이다. 그러니까 벌써 서양식 스푼과 포크에 익숙해진 아이들이 자연수로 딱딱 떨어지는 40퍼센트, 60퍼센트의 통계를 수상하다고 여기는 건 어쩌면 당연한 일이다.

'물' 하나만으로는 '사'를 모른다. 박물관에 가보라. 용도를 짐작조차 못 하는 과거의 '물'들인 출토품이 좀 많은가? 반대로 '사'만으로도 '물'을 알 수 없다. 예를 들어 나무토막은 '물'이다. 그걸 부지깽이로 활용, 사용한다. 이때의 쓸 '용'* 자, 이게 소프트웨어다.

* Lewis Mumford(1895~1990, 미국의 문명비평가) | 用

03 내가 다시 "젓가락이라는 건 스푼이나 포크에는 없는 소중한 의미가 담긴 문화란다"라고 하니, 이번에는 손자 녀석이 "할아버지, 그건 문화가 아니라 경제예요"라고 대답하는 게 아닌가? 손자 말이, 젓가락이야 부러진 나뭇가지 두 개만 있으면 만들 수 있지만 스푼과 포크, 나이프를 만들려면 얼마나 돈이 들겠냐는 거다. 그래서 가난한 나라에서는 젓가락으로 먹는 거 아니냐는 거다. 그러니 그나마 도구도 없이 맨손으로 먹는 사람은 불쌍한 야만인으로 볼 게 뻔하다.

04 그 말을 들으니, 큰일 났구나 싶은 생각이 들었다. 미국에서 나고 자라서 이미 서양 사람의 시각이 된 아이다. 서양 사람의 눈으로 젓가락을 볼 때 그들도 모두 이 아이처럼 생각할 게 아닌가. 아시아 사람이 젓가락질하는 건 가난하기 때문이라고. 그래서 이번에는 모든 걸 경제로 바라보고, 그 과학적 기술 결정론으로 생각하는 아이들을 위해서 진지하게 문화 강연을 시작했다.

05 "문화라는 건 반드시 경제적 요인으로만 생기는 게 아니야. 그런 식으로 보면, 가난해서 젓가락을 사용하던 한국 사람들 옷고름이 왜 그렇게 긴 거니? 그럼 서양 사람은 가난해서 옷고름 싹둑 잘

라서 리본 만들었냐? 또 바지통은 어떻고. 청바지 옷감이 모자라서 그렇게 몸에 찰싹 달라붙은 거냐? 한국 바지는 너희들 하나쯤은 들어갈 만큼 넉넉해." 아이들은 웃으며 즐거워한다. 이렇게 간단한 것을, 그동안 우리는 멋도 모르고 빈자의 젓가락, 부자의 포크 나이프라는 얼토당토않은 이론 앞에서 고개를 못 쳐든 게다. 한나라 당나라, 아니 명나라 때까지만 해도 서양의 경제력은 중국의 발밑에도 미치지 못했는데 말이다.

06

"가난해서 젓가락을 썼다면 중국은 한나라 때부터 젓가락을 썼는데, 그때는 중국이 유럽보다 훨씬 부자였어. 한동안 송나라는 지구 전체 부의 80퍼센트를 독차지했던 나라야.• 그런데도 궁중의 임금님도 젓가락을 썼어." 그리고는 한마디 덧붙였다. "더구나 한국은 가난해도 금속젓가락을 사용했는데, 우리보다 부자였던 중국 일본은 모두 나무젓가락이야." 그 녀석들이 또 한 번 웃는다. 저도 모르게 품고 있던 한국인 콤플렉스가 가시는 게다.

한민족, 그렇게 잘난 민족 아니다. 그러나 가난해서 젓가락이나 쓸 만큼 못난 민족도 아니다. 그렇게 젓가락 강의를 시작한 것이다. 서양에서 자라 서양 사람이 다 된 우리 아이들에게, 한국에서 자랐어도 이미 서양 문화에 젖어버린 아이들에게 되도록 쉽게 우리의 젓가락 문화를 설명해주기 위해서.

• Song Dynasty 960-1279 AD GDP per capita:US$2,280, 80% of the world's GDP - Historical GDP of China 위키피디아 인용

07

한국의 근대화 100년은 한• 과 양• 의 싸움이었다고 해도 과언이 아니다. 생활의 기본인 의식주• 에서, '한' 자 붙은 것과 '양'

자 붙은 것이 서로 싸우다, 결국엔 '한'이 밀렸다. 양복, 양식, 양옥이 승리를 거두었다. 우리의 의식주가 모두 변한 것이다. 이 싸움의 과정을 통해 우리의 생활은 한층 편리해졌다.
또 정치, 경제, 사회 각 분야에서는 자유, 평등, 민주주의의 가치가 확산되었다. 서양에서 넘어온 문물이 우리의 삶을 더욱 윤택하게 해준 것만은 부인할 수 없는 사실이다.

• 韓 | 洋 | 衣食住

08 그런데 과연 문화라는 것을 '경제적으로 윤택한가 아닌가', '편리한가 불편한가'를 기준으로 바꿀 수 있는 문제인가? 아니다. 문화는 같은 땅에서 살아온 공동체가 서로 함께 나누는 생활양식이다. 우리가 다른 것은 모두 '양'에게 자리를 내주었지만 젓가락만은 지켰다. 밥 먹을 때 주로 포크로 먹는다고 해서, 포크를 '양 젓가락'이라고 부르지는 않는다. 하지만 이렇게 서양의 어떤 것에도 밀리지 않고 지켜오던 젓가락도 이제 사라지기 직전의 상태에 있다.

09 부모에게서 말과 함께 배우는 것이 젓가락질인데, 요즈음 아이들은 말은 해도 젓가락질은 못 하는 경우가 허다하다. 지금 아이들은 아마도 〈젓가락 행진곡〉은 칠 수 있어도, 젓가락질은 대부분 제대로 못 할 게다. 한 조사 결과를 보면 한국에서 젓가락질을 제대로 하는 아이의 비율이 25퍼센트에 불과하단다. 지금 어머니들 자신이 젓가락질을 바르게 하지 못하기 때문이다. 그러니 어떻게 아이에게 바른 젓가락질을 가르쳐줄 수 있겠는가?

10 오늘의 부모 세대가 젓가락질을 배워야 할 시기는 한국이 전쟁과 가난 속에서 입에 풀칠하는 게 고작이던 시절이었다. 먹고살기 위해 이리 뛰고 저리 뛰다 보니, 정작 아이에게 젓가락질을 가르쳐줄 만한 여유가 없었다. 게다가 서양문물이 들어오면서 전통은 틀린 것이고, 서양 것은 옳은 것이라는 사회 분위기가 만연했다. 사회 환경이 그러하니, 젓가락질을 배우며 문화적 환경에서 자랄 만한 기회가 주어지지 않았던 거다. 결국 우리 스스로 우리 문화를 단절하는 결과를 초래하고 말았다. 조금 거창하게 말하자면, 젓가락질은 부르디외* 가 말하는 문화자본* 의 귀중한 자산인데, 물적 자본에만 정신을 쏟느라 문화가 자본이라는 사실을 까맣게 몰랐던 시절의 슬픈 역사의 결과다.

• Pierre Bourdieu(1930~2002, 프랑스의 사회학자) | Cultural capital

11 부모들에게 아이가 '말 배우는 것이 중요하냐, 젓가락질 배우는 것이 중요하냐' 물으면, 두말할 것도 없이 말이라고 할 거다. 말은 나이가 들면서 걸음마 배우듯이 배운다. 언어란 반은 인간의 문화지만, 반은 인간의 본성이기 때문이다. 그러나 젓가락질은 인위적으로 가르쳐주고, 본인이 배우려 하지 않으면 익힐 수가 없다. 그만큼 문화적 요인이 크다는 이야기다.

12 젓가락질을 하고 못 하고가 뭐 그리 중요하냐고 물을 수 있다. 전문가의 연구에 따르면, 아이들이 젓가락질을 자유롭게 할 수 있는 시기와 스스로 옷을 벗고 화장실에 혼자 가는 시기가 거의 일치한다고 한다.

세계적으로 인기를 끌고 있는 '몬테소리 교육법'의 창시자 마리아 몬테소리•는 '3-6세 사이를 감각교육의 적합기'라고 했다. 그러나 우리는 몬테소리 교육이 따로 필요치 않다. 뇌로 연결된 손가락의 감각을 가장 왕성하게 움직이는 젓가락질을 하지 않는가.

• Maria Montessori(1870~1952)

13 지금은 칼로 연필을 깎지 못하는 아이들이 대부분이다. 우리가 어렸을 때는 너나없이 모두 연필은 칼로 깎아서 썼다. 요즘은 깎는다 해도 기계식 연필깎이가 대신해 준다. 옷은 모두 단추로 되어 있고, 운동화도 끈 맬 일이 없다. 끈 매기, 칼로 연필 깎기, 젓가락질…. 젓가락질을 못 하는 것과 손으로 하는 작업을 제대로 못 하는 것 사이에는 밀접한 관련이 있다.

14 지금 어머니들은 아이들이 한국어 배우는 것보다, 일찌감치 영어부터 배우는 것이 미래를 위한 경쟁력을 갖추는 일이라고 생각한다. 젓가락질을 못 해도, 한국말을 못 해도 영어하고 포크 나이프만 쓸 줄 알면 글로벌한 세계에서 살아갈 수 있다고 믿는 게다.
미국 이민 사회에서 태어난 아이들을 1.5세대라고 하는데, 미국에 이민을 가지 않고도 미국의 1.5세대와 똑같은 아이들이 한국에서 생겨나고 있는 셈이다.

15 미국 1.5세대의 일화 중에는 참으로 우스운 이야기들이 많다. 어느 아버지가 매일 아침 아이를 통학시키는 길에, 자신의 친구 하나를 픽업해서 태운다. 동승한 그 친구와는 허물없는 사이니, 친구가 내릴 때마다 아버지는 "야 이 새끼 내려" 했단다. 아이는 뜻도 모르면

서 그 소리를 매일 들은 게다. 그런데 어느 날 다른 사람이 탄단다. 내릴 때가 되자 그게 무슨 말인지 모르는 아이는 "야 이 새끼 내려" 하더란다. 이게 실화다. 그뿐인가. '모자를 입는다'라고 하는 영어식 한국어가 심심찮게 화제가 되기도 한다.

16 그런데 희한한 것은 정작 한국말도 바르게 못 쓰는 미국의 1.5 세대들이 젓가락질은 잘한다는 거다. 이민 간 아버지 어머니들이 옛날 한국의 문화유전자를 그대로 가지고 간 게다. 문화의 역조* 현상이다.

60년대 이민 간 사람들이라 쓰는 말씨나 입는 거, 먹는 거가 모두 옛날식이다. 간판을 보면 글씨체도 그때의 것, 맞춤법도 그 시절 그대로다. 하와이의 한인촌에 가면 꼭 60년대 한국에 간 것 같다.

* 逆潮

17 우리는 앞에서 포크 스푼은 특별한 교육 없이도 스스로 사용법을 터득할 수 있으나, 젓가락은 학습하지 않으면 끝내 바르게 쓰지 못한다는 이야기를 나눴다. 젓가락질은 이른바 문화적 요소를 갖고 있기 때문이다. 한국인이 젓가락질을 못 한다는 것은 대대로 내려오는 우리의 전통문화가 단절된 거나 마찬가지다. 오죽 문화적 전승을 안 했으면 25퍼센트밖에 안 되겠나.

우리나라에는 제대로 된 젓가락 학술서 하나 없다. 심지어 요즘은 성인 중에도 젓가락질 못 하는 사람이 많다 보니, 젓가락 교정기까지 판매되고 있다. 그나마 교정기라도 판매되는 걸 다행으로 여겨야 할까.

18 어미 게가 옆걸음질 치는 새끼 게를 보고 이렇게 말한다. "얘야 똑바로 걸어야지." 정작 저는 옆걸음질을 치면서 말이다. 이런 게의 횡보 같은 현상이 지금 우리 현실에서 벌어지고 있다. 그래도 젓가락 교정기를 통해서라도 고쳐주려는 희극은 가상한 편이다. 요즘 어머니들은 아이와 식당에서 냉면을 먹을 때면 아주 자랑스럽게 종업원에게 이르는 말이 있다. "얘는 젓가락질 못 해요. 포크 갖다 주세요." 얘는 한국 아이지만 서구화된 선진국 아이라는 뜻인가 보다.

19 물론 지금도 우리는 서구의 좋은 점이 있다면 열심히 배워야 한다. 그러나 이런 이야기를 어쩐지 자랑스럽게 말하는 이런 어머니, 이런 정신 밑에서 우리가 어떻게 아들을 낳고 손녀를 낳아, 몇천 년 동안 줄기차게 이어온 문화유전자를 전승할 수 있겠는가. 경제 위기를 말하는 사람도 많고 정치 위기를 말하는 사람도 많지만, 문화의 위기를 말하는 사람은 없다. 나는 국수주의자가 아니다. 양복 입고 글로벌한 것을 받아들이면서도 얼마든지 내 것을 할 수 있다는 말이다.

20 서양이 발전하여 우리보다 훨씬 앞선 건 사실이지만, 이제는 그들의 발전도 한계에 다다른 것을 보지 않는가. 그들도 당황하고 있다. 그동안 미국의 경제적 부는 몇십 배로 불어났지만, 어두운 면의 통계 숫자 또한 몇십 배로 커지고 있다. 사기, 강도, 폭행, 총기 사고…. 학교에서 총기로 아이들을 쏴 죽이는 건 미국밖에 없다고 미국 대통령 오바마도 말하지 않았나.

기상 변화를 비롯한 지구의 끝없는 재앙. 우리는 이 상황에 어떻게 대처해나가야 할지 막막하다.

21 한때 우리에게는 희망이 있었다. 서양 사람처럼만 되면, 서양 문명을 받아들여 밥을 빵으로, 젓가락을 포크 나이프로 바꾸면 우리 앞길이 트일 거라는 꿈에 부풀었다. 이렇게 젊은 사람들의 꿈은 다 내 나라에 있지 않고 바다 건너에 있었는데, 그걸 양* 이라고 불렀다. 바다를 통해 서양에서 들어온 건 최고라고 믿었던 때다.

• 洋

22 그런데 아직도 우리 사회에 그 잔재가 남아 있는 걸 볼 수 있다. 지금 해외에서는 한국 화장품이 엄청 팔리고 있단다. 한류의 영향으로 한국 여배우들이 쓰는 화장품을 사용하면 똑같이 예뻐진다는 생각에서 말이다. 그런데 정작 한국 여성들은 한국 화장품이 아닌 훨씬 비싼 외국 화장품을 쓴다. 뭔가 이상하지 않은가? 이렇게 균형이 맞지 않는 사회를 어떻게 하면 좋은가. 거기에 대한 해답을 찾기 위해 젓가락 이야기를 하고 있는 거다.

23 대가족 제도 때의 식탁은 늘 떠들썩했다. 젓가락 부딪히는 소리, 사람들의 말소리, 형과 아우가 반찬 가지고 다투는 소리, 어머니가 나무라는 소리, 오늘은 누가 온다느니, 무슨 일을 해야 한다느니 하며 서로의 하루를 이야기하는 소리…. 그때의 그 모습을 요즘의 식탁에서는 찾아볼 수가 없다.

일단 식구가 모여 같이 밥 먹을 기회조차 흔치 않다. 어쩌다 함께 식사라도 할 때면, 부모나 자식이나 모두 스마트폰에 빠져 있다. 자식의 젓가락질을 보면서 바르게 가르쳐주려는 부모가 과연 몇이나 될까. 식탁에서 아버지가, 어머니가 자식의 밥 먹는 모습을 살피고 젓가락 잡는 법만 제대로 가르쳐주어도 그토록 많은 청소년 문제는 줄어들 수 있지 않을까. 자살하는 중고등학생들의 비극만은 막을 수 있지 않겠는가 말이다.

24 젓가락질 못 하는 아이가 많아지는 건 이 삭막해진 식탁과도 무관하지 않을 것이다. 오늘날은 부모가 자녀에게 문화를 학습시키고 전달하기는커녕, 컴퓨터나 스마트폰 때문에 반대로 아이들이 어른을 가르치는 세상이 되었다. 걸핏하면 "엄만 그것도 몰라?" 하며 무시당하기 일쑤다. 이런 문화에서라면, 과연 어떻게 부모한테서 전해지는 문화유전자가 올바로 계승될 수 있겠는가.

25 한옥이 양옥 되고, 한복이 양복 된 지 이미 오래다. 심지어 반세기 전만 해도 빨래할 때 쓰던 잿물 대신 서양의 화공약품이 들어오자, '양'자를 붙여서 양잿물이라고 하지 않았나. 그렇듯이 언젠가는 젓가락도 서양의 것에 자리를 내주게 될지 모른다. 만에 하나 이런 날이 온다면, 그때도 두 눈 멀쩡히 뜨고 바라만 보고 있을 텐가.
수천 년을 이어 내려온 우리의 문화유전자인 젓가락. 우리의 정체성을 확인하고 일깨워주는 그 젓가락을 살리기 위해, 이제라도 캠페인을 벌이고 축제를 열어서 그 문화유전자를 찾아가는 일에 나서야겠다.

샛길

교정 젓가락

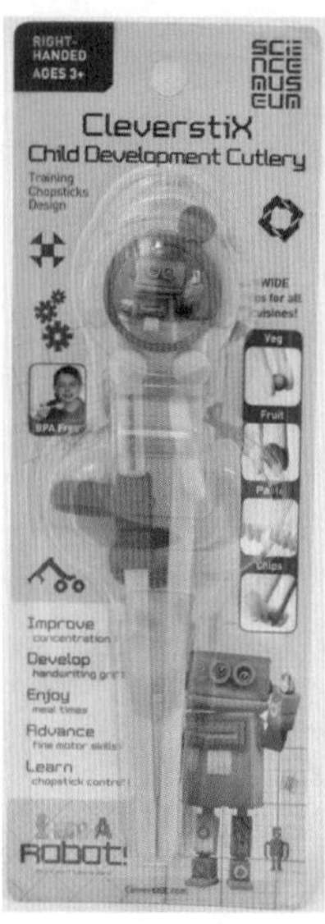

영국 런던 박물관에서 전시 판매되고 있는 지능개발 젓가락

젓가락질을 할 수 있다 해도 올바른 방법으로 젓가락질을 하는 사람은 30%에 불과하다고 한다. 나머지 70%의 사람들은 젓가락을 사용한다 하더라도, 젓가락으로 할 수 있는 많은 일들 중 일부만을 할 수 있다. 올바른 방식으로 젓가락을 잡을 때만 젓가락은 집기, 찢기, 끼우기, 감싸기 등 생각보다 많은 동작을 해낼 수 있다.

젓가락질을 못 하는 아이들이 많아지자 교정 젓가락이 나왔다. 젓가락질을 막 시작하는 유, 아동 자녀를 둔 부모에게 선풍적인 인기를 얻었다. 아이들이 좋아하는 애니메이션 캐릭터인 뽀로로, 코코몽, 헬로키티 등을 사용해 아이들도 거부감 없이 사용할 수 있다.* 그러자 성인용 교정 젓가락까지 개발, 판매되고 있다. 어린 시절에 정확하게 배우지 못한 젓가락질을 교정하려는 거다.

정확한 젓가락질을 배우는 것이 꼭 시판 교정 젓가락만을 통해서 가능한 것은 아니다. 인터넷에는 집에서 손쉽게 교정용 젓가락을 만드는 방법을 알려주는 페이지도

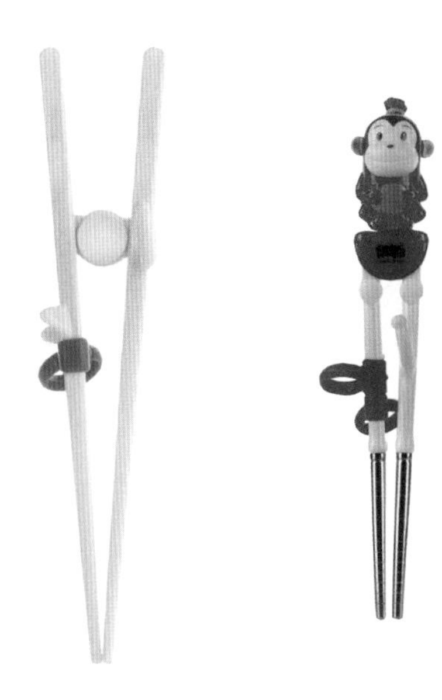

성인용 교정 젓가락과 아동용 캐릭터 교정용 젓가락

있고, 일반 젓가락으로 바른 젓가락질을 교육하는 동영상도 있다.•
이 교정 젓가락은 가격도 그다지 비싸지 않다. 이 교정 젓가락은 '지능개발 젓가락'이라는 이름으로 영국의 런던과학박물관과 맨체스터과학박물관에서도 팔리고 있단다.

• http://www.wikitree.co.kr/main/news_view.php?id=192942
• www.iraon.co.kr

11

분디나무 고개

스포크와 분디나무의 결전

첫째 꼬부랑길

스포크의 습격

둘째 꼬부랑길

분디나무 젓가락의 반격

셋째 꼬부랑길

미래의 젓가락

첫째 꼬부랑길

스포크의 습격

스포크는 '지우개 달린 연필'처럼 서로의 모순이 결합된 것이다.
동양은 서로 다른 것을 조합하면 용이 되지만
서양은 키메라가 된다.

01 시대가 바뀌면서 가장 근대적으로 변화한 것이 식생활이다. 어머니 손끝에서 나오는 장맛이 가정요리에서 사라지고, 많은 음식물이 슈퍼에서 사온 것으로 대체되고 있다. 이런 근대적인 생활양식과 함께 패스트푸드의 비중이 높아지는 식생활의 서구화는 결국 젓가락에 위협으로 다가온다. 그 위협을 직접 눈으로 보여주는 게 스포크다.
식탁의 도구는 무엇보다 문화적 의미를 지녀야 한다. 음식을 어떻게 가져다 먹는가, 음식물과 인간은 서로 어떻게 어울려야 하는가 하는 문화적 문제 말이다. 그런 관점에서 여기 스포크•를 한번 바라보자.

• spork(spoon+fork)

02 스포크는 낯선 말이지만 이미 1909년 판 영어사전에 이름을 올라 있다. 1970년에야 비로소 특허상품으로 등재되는데, 스푼과 포크를 합성한 이 말이 그보다 훨씬 전부터 존재하고 있었다니 이상하지 않은가. 스포크는 '지우개 달린 연필'처럼 서로 모순되는 것이 한데 섞인 혼합제품이다. 스푼은 액체 음식을 떠먹는 도구고, 포크는 고기 같

은 고체 음식을 찔러서 먹는 도구다. 스포크는 이런 포크와 스푼의 기능을 절묘하게 합성한 것이다.

03

스포크는 나이푼* 이라는 이름도 있는데, 이 스포크를 세워서 나이프처럼 자르는 용도로도 쓰는 게다. 찍고, 자르고, 뜨고. 말만 들어서는 팔방미인, 미울 게 하나도 없어 보인다.
그래서 스포크는 미 대통령 클린턴의 연설에도 등장한다. 대통령 임기 2년 차인 1995년, 그는 제3의 정치의 길을 역설하며 이렇게 말한다. "더 이상 왼쪽 식기와 오른쪽 식기 사이에서 잘못된 선택을 할 필요가 없다. 스포크는 내 행정부의 상징이다." 이렇게 포크 겸용 스푼으로 변신한 스포크는 스푼과 포크라는 양쪽 기능을 수행하기에 부족함이 없는 결합으로, 심지어 인간 실존을 위한 완벽한 은유로 기대를 모았다.

• knifoon

04

편리할 줄만 알았던 그 이중성 때문에 스포크는 양쪽의 기능 모두 비참하게 실패하고 만다. 버나드 쇼* 와 이사도라 던컨* 의 조크처럼 되는 거다. 런던의 사교 모임에서 극작가이자 세기의 독설가인 조지 버나드 쇼를 만난 이사도라 던컨이 이런 제안을 한다.
"선생님, 저와 결혼하지 않으실래요? 저의 아름다운 외모와 선생님의 총명한 두뇌를 이어받는다면 얼마나 훌륭한 아이가 태어나겠어요?" 그러자 조지 버나드 쇼 왈, "하하하, 던컨 양. 그런데 말이요, 당신의 두뇌와 나의 보잘것없는 외모를 이어받는다면 그 아이는 조금 끔찍하지 않겠소?"
스포크는 수프를 떠먹기에는 스푼의 깊이가 너무 얕다. 또 고기를 찍어 먹기에는 갈퀴가 너무 빈약하다.

• George Bernard Shaw(1856~1950) | Isadora Duncan(1877~1927)

05 픽사•의 애니메이션 영화 〈월-E〉에도 스포크의 정체에 대한 고민이 보인다. 종말 이후 폐허더미가 된 지구라는 행성에 홀로 남겨진 로봇 월-E는 수백 년을 인간이 버리고 간 지구의 쓰레기를 처리하며 지낸다. 그는 영웅답게 정해진 칸막이 안으로 식탁용 날붙이(나이프, 포크, 스푼 따위)들을 분류해간다. 포크 겸용 스푼과 마주치기 전까지는 말이다. 그러나 처음으로 스포크와 마주한 순간 그의 자그마한 뇌는 이 낯선 개체에 능숙하게 대처하지 못한다. 그는 고개를 갸웃거린다. 이것은 스푼과 어울릴까? 아니면 포크? 스포크는 분류할 수가 없다. 스포크는 이것도 저것도 아닌 어중간한 그 무엇이다. 애매한 것을 싫어하는 서양에서는 스포크가 웃음거리다. 쓸모가 없다며 버려진다.

• Pixar

06 그러나 아이러니하게도 세계 여러 곳에서 이 스포크를 지지하는 추종자들이 생겼다. 몇몇 웹 사이트에는 스포크에 경의를 표하는 하이쿠까지 등장했다. "스포크여. 참으로 아름답도다 / 갈퀴와 둥그스름한 면과 긴 손잡이 / 그 모습 그대로 완벽하구나"

07 동양은 서로 다른 것을 조합하면 용이 되지만, 서양은 키메라•가 된다. 스포크는 키메라다. 한중일 3국은 정치, 경제, 외교 등 모든 것이 글로벌화 하는 근대화 속에서 각기 위상도 다르고 문화도 체제도 다르다. 하지만 세 나라 다 스포크는 젓가락을 위협하는 상징적 도구로 들어왔다. 서양에서는 별 영향이 없겠지만, 아시아 3국에서는

젓가락 문화를 죽이는 요물이다. 키메라가 죽이는 거다.

• Chimaera

08 스포크의 존재를 알고 나서 몇 가지 조사를 해 봤다. 그런데 한국에서는 놀라운 말이 생겨났다. 양복, 양식, 양옥에 이어 이번에는 양 젓가락, '포카락' 이다. 스포크가 한국에서는 포카락으로 불린다. 한자어 '저'에 우리말 가락을 붙여 '젓가락'이라는 말을 만들어 낸 문화유전자가, 이번에는 영어 포크에 우리말 숟가락을 붙여 '포카락'을 만든 게다. 우리는 젓가락을 써서 음식을 집는데, 이걸 쓰면 음식을 찍어야 한다. 급식을 실시하기 이전인 90년대 초반까지, 한국의 아이들은 도시락 통에 포카락(스포크)을 넣어 다녔다.

09 일본 학교에서는 급식에 소바든 덮밥이든 식사 도구로는 모두 젓가락을 사용한다. 물론 일본에도 포카락이 있다. 그런데 아이들을 대상으로 '제일 싫어하는 식도구가 무엇인가'라는 설문조사를 했더니, 결과는 포크와 숟가락을 섞은 포카락이었다. 숟가락도 아니고 포크도 아니고, 이게 대체 뭔가. 그래서 일본에서는 학교급식에서 포크 겸용 스푼인 포카락을 쫓아내는 추방 운동을 벌이고 있다. 설문조사를 해보니 아이들이 불편해한다, 그러니 저거 쓰지 말자고.

10 우리는 추방은커녕 오히려 권장하고 있다. 군대에서는 사병들이 젓가락까지 챙겨 다니기 불편하니까 전부 편리한 포카락을 사용한다. 그러니 젊은 사람들이 군대에 갔다 오면 젓가락질을 더 못하게 되는 것이다.

젓가락이 스포크에 밀려난 게다. 위기다. 이 위기에 맞서야 한다. 글이 아니라 실천을 하자. 나 자신부터 평창동 서재를 벗어나 청주에 내려가서, 젓가락 루프톱을 제안하고 올바른 젓가락 사용을 위한 계몽운동을 시작했다. 다음 꼬부랑길부터는 우리가 나눌 실천에 관한 이야기가 될 게다.

샛길

스포크(spork=spoon+fork)

다양한 모양의 스포크

우리나라 군대의 스포크(포크숟가락, 일명 포카락)

(좌) 스푼 끝이 세 갈래로 갈라져 있어서 스푼이면서 포크로도 사용할 수 있는 이른바 '스포크'• 가 있고, 끝부분에 홈이 파여서 과일을 집는데 용이한 특히 멜론이나 수박을 먹을 때에 사용하는 '끝이 갈라진 스푼'이 있다.

• 출처 : 위키피디아 https://en.wikipedia.org/wiki/Spork

(우) 젓가락은 짝으로 가지고 다녀야 하기 때문에 분실의 우려가 있고, 훈련이나 전시에 빠르게 먹을 수 없다는 이유로 군대에서는 '포크숟가락'이 보급되고 있다.

어떤 음식에 어떤 식도구가 편할까?

일본 초등학생 대상 설문조사

다음의 음식은 어떤 것을 사용해야 먹기 쉬울까

(대상은 동경 치바현의 초등학교/ 숫자는 합계 1,156명에 대한 퍼센트)

순위	1위	2위	3위	4위	기타
소바 우동	67.6	21.7	6.0	3.5	1.2
덮밥	69.3	20.2	7.4	2.9	0.2
접시 위의 밥	58.6	27.3	7.7	5.5	1.0
스프 류	71.3	23.2	입에 대고 마신다 4.7		0.8
스파게티 류	63.3	30.4	5.7		0.6
일본식 반찬	62.2	22.0	8.0	6.5	1.3
서양식 반찬	44.2	26.5	16.2	11.6	1.5
중국식 반찬	57.1	18.0	17.6	6.4	0.9
샐러드 류	41.8	27.8	25.1	4.6	0.7

출처 '학교급식에서 포크숟가락을 추방하는 모임' 조사 자료

둘째 꼬부랑길

분디나무 젓가락의 반격

十二月 분디나무로 깎은 아! 소반의 저와 같아라.
님의 앞에 들어 가지런히 놓으니 손이 가져다 무는군요.
아으 동동다리.

01 스푼과 포크가 합쳐진 스포크처럼, 본래 합성어란 키메라적인 게 많다. 연기와 안개를 합친 스모그라는 말도 그렇다. 20세기 우리 문명을 나타내는 말은 IT, BT, NT처럼 두세 음절의 앞글자만 딴 축약어이거나 줄임말이다. 모든 것을 빨리하려는 스피드의 사생아다. 이런 게 괴테가 말하는 악마의 스피드다.

02 새천년준비위원장을 맡으면서 제일 먼저 한 일은 한자어 천* 에 밀려 사라진 잃어버린 우리 말, '즈믄'을 찾는 일이었다. 고려가요 〈정석가〉에서 찾은 순수 우리말 즈믄으로 우리의 천년을 연 것이다. 이를테면 2000년 1월 1일 처음 태어난 신생아를 부르는 '즈믄둥이'나, 1980년에 태어나 2000년에 만 20세가 되는 '새천년 사이버 즈믄이' 선정 같은 일이 그 작업의 일환이었다.

• 千

03 진화생물학자들이 생물 진화의 미싱링크*를 찾듯이, 나는 우선 잃어버린 말부터 찾는다. 내게 있어서 문화적 접근이란 바로 언어의 접근이니까. 우리 고유어를 찾아보면 일만 만*에 해당하는 말도 있었다. 그런데 한자가 와서 다 잠식해버렸다. 스포크가 와서 젓가락을 잠식하고, 우리 젓가락 문화의 밈을 파괴하듯이 말이다. 그 젓가락을 위해 내가 찾아낸 언어의 미싱링크는 고려가요 〈동동〉*에 있었다.

• Missing link | 萬 | 動動

04 十二月 분디나무로 깎은 아! 소반의 저와 같아라. 님의 앞에 들어 가지런히 놓으니 손이 가져다 무는군요. 아으 동동다리.

월령체가 〈동동〉의 12월령에서 분디나무* 젓가락이 나온다. 우리의 의식동원* 사상에서 보면, 분디나무 젓가락은 단순히 음식을 운반하는 식도구가 아니라 음식 그 자체요, 약이다. 그래서 이 노래의 분디나무 젓가락은 손가락의 연장이 아닌 입이요, 입술의 연장이다. 그러니 내가 갖다 놓은 분디나무 젓가락을 남이 가져다 쓰면 그건 딴 놈이 내게 키스를 한 거나 마찬가지다.

• 산초나무의 옛 이름 | 醫食同源

05 그런데 왜 하필 분디나무냐. 분디나무 젓가락은 겨울에 나온다. 겨울이면 무성하던 잎새들이 다 떨어지고 앙상한 가지만 젓가락처럼 남는다. 그 나목에서 생명을 찾는다면 어떤 것이 있겠나. 애인을 위해 분디나무를 깎아서 젓가락을 만드는 것이다. 여기에 내가 이야기하는 한국 문화의 밈이 다 들어있다. 나무를 깎는다, 바로 이 대목이 커뮤니케이션인 게다.

06 분디나무(산초나무) 씨는 향미료로 쓰거나 기름을 짜서 음식에 넣으면 고소한 맛이 일품이다. 열매는 효소나 장아찌를 만들어 먹고 약용으로 쓰기도 한다. 한방에서는 복부냉증을 다스리며, 구토나 설사를 멎게 하고, 피부염증을 제거하는 데 효과가 있다고 알려졌다. 분디나무 젓가락은 자연 친화적일 뿐만 아니라, 기능과 실용성 면에서도 모두 유용하다. 약이 음식이고 음식이 약이라는 말 그대로 의식동원이다.

07 우리나라 청주에 있는 초정약수•의 초•는 분디나무를 말한다. 분디나무는 곧고 가늘게 자라는데 가시가 많고 줄기 속에 심지가 있어 단단하다. 그래서 젓가락으로 만들면 가볍고 오래가며, 탄력이 좋아서 사용하기에 편리하다. 특히 분디나무 특유의 성질과 향은 요리를 할 때도 유용하게 쓰인다. 음식의 변질을 막아주는 효과도 있으며 일반 잡균을 잡는 데도 도움이 된다.
나는 이 분디나무 젓가락을 청주 젓가락 페스티벌에서 재연하기로 하였다.

• 椒井藥水 | 椒

08 청주 인근 야산에서 직접 채취한 분디나무를 찌고 말리고 다듬는 과정을 거쳐 아름다운 우리의 젓가락으로 만들어낸다. 이렇게 해서 완성된 한지 작가 이종국 씨의 젓가락은 엄청난 인기를 끌었다. 백골 젓가락도 많이 팔렸지만, 충북 무형문화재로 옻칠 명장인 김성호 작가와 공동 작업한 분디나무 옻칠 젓가락이 가장 큰 관심을 불러 모았다.

이후 청주는 물론이고 서울, 광주, 제주도 등 국내 전시회와 박람회에 출품할 때마다 인기를 끌어, 해외에까지 이름을 알리게 되었다. 일본 니가타에서 열린 한일 한가위 축제, 중국 닝보의 국제 공예박람회에서도 판매와 주문이 빗발쳤다. 일본에서는 분디나무 젓가락을 독점 유통하기 위해 청주시와 협상 중인 바이어도 있단다. 우리 젓가락의 아름다움과 산업적 가치, 두 가지 가능성을 모두 보여준 게다.

09 이 분디나무 젓가락을 기획하면서 중국과 일본의 젓가락에 대한 국민적 호응도를 살펴보았다. 가장 먼저, 가장 많이 눈에 띄는 것은 역시 일본이다. 일본은 어린아이의 젓가락 교육에 관한 논문만 하더라도 이미 수십 편이 발표되어 인터넷에서 검색이 가능하다. 심지어 인구 3만 명이 넘는 도시 하나가 모두 젓가락 부흥을 위해 노력하는 경우까지 있으니, 놀랠 노자다.

10 일본은 옛날부터 가업을 잇는 전통이 있다. 한 마을 전체가 하나의 산업에 종사하는 경우도 흔하다. 우리는 집 가• 라 하면 가족이지만, 그들에게 '가'는 사회 전체를 의미한다. 집단주의, 전체주의 사고다. 최근 일본은 저렴한 인건비를 앞세운 중국의 값싼 젓가락이 시장을 점령하는 현실에 맞서, 그 위기 돌파를 위해 많은 노력을 기울이고 있다. 일본은 원래 제조업이 상징인 국가다. 그래서 한중일 삼국 가운데 가장 먼저 젓가락을 공업화 · 산업화한 것도 일본이다. 일본의 젓가락 역사는 한국보다 400년 이상 뒤진 것으로 알려졌지만, 젓가락에 관련된 문화와 산업은 한국보다 훨씬 앞서 있는 게다.

• 家

11

젓가락은 일본의 대표 문화상품으로 꼽힌다. 서양에서도 스시가 고급 음식으로 자리매김하면서 젓가락질을 배우려는 사람들이 많이 늘었다.

2015년 밀라노 박람회에 일본 오바마 시에서 출품한 젓가락이 이채롭다. 손잡이 부분에 전통 방법인 색실을, 빨강 흰색 초록의 이탈리아 국기 색으로 장식한 것이다. 두말할 것도 없이 이 젓가락은 대단한 인기를 끌었다. 밀라노 박람회에서 젓가락질도 못 하는 외국인을 상대로 오바마의 젓가락의 수준 높은 미의식을 제대로 선보인 게다. 또 오바마 시에서는 영문 표기 'Obama'가 미국의 오바마• 전 대통령의 이름과 같다 하여, 오바마 전 대통령에게 젓가락을 선물하기도 했다. 젓가락의 후진국이었던 일본이 가장 선진국이 되고 있다.

• Barack Obama

12

일본은 심지어 8월 4일을 아예 젓가락의 날로 정해놓았다. 일본어로는 8은 하치,• 4는 시•라고 읽는다. 둘을 합치면 하시,• 즉 젓가락이 되는 것이다. 일본에서 젓가락 박람회가 열렸을 때, 오바마• 시에서는 8월 4일 젓가락의 날과 연계하여 8.4톤짜리 금속으로 만든 대형 젓가락을 출품하기도 했다.

• はち | し | はし | おばま(小浜)

13

효자에몽•은 일본의 대표적인 젓가락 회사다. 그 효자에몽의 이름을 세계에 알리는 계기가 된 것이 '갓토바시'•다. 갓토바시란 '배트로 세게 쳐서 멀리 날리다'란 뜻의 일본어 갓토바스•에 젓가락의 하시•라는 말을 붙여 만든 이름으로, 야구 배트로 만든 젓가락이란 뜻이다.

효자에몽의 사장인 우라타니 효고*의 장남 다케토는 어느 날 신문기사를 보고 일본 내 쇠물푸레나무 자원의 고갈을 알게 된다. 순간 배트를 만들 때 생기는 나뭇조각으로 젓가락을 만드는 아이디어를 생각해낸다. 거기에 옻칠을 더한 것이 갓토바시다.

• 兵左衛門 | かっとばし | かっとばす | はし | 浦谷兵剛

14 처음에는 부러진 목재로 일반적인 젓가락을 만드는 정도였으나, 궁리에 궁리를 거듭하여 손잡이 부분을 진짜 야구 배트의 손잡이처럼 만들고, 젓가락의 이름도 '갓토바시'라고 붙였다. 젓가락 이름이나 모양에서 보다 명확하게 야구 방망이의 이미지가 떠오르자, 각 매스컴의 화제가 되었다.

도쿄 이케부쿠로의 도부 백화점과 다카시마야 요코하마점에서 이 젓가락의 첫 발매 이벤트를 실시했는데, '갓토바시'는 개점 전부터 소문이 났던 터라, 준비해둔 2,000벌이 개점 후 40분도 안 돼서 완판되었다고 한다.

15 대만에서도 젓가락 교육을 할 때는 젓가락에다 옻으로 그림을 그리게 하거나, 부러진 야구 배트를 이용해서 자신만의 개성적인 젓가락을 만들게 한다. 같은 젓가락 문화권의 다른 나라에서는 젓가락 교육을 위해 이처럼 열성적인 노력을 기울이고 있다. 그러나 우리의 현실은 어떤가. 아마 우리나라 학교에서 젓가락 교육을 실시한다고 하면, 공부와는 상관없는 쓸데없는 거 시킨다고 따지고 드는 학부모들이 분명 있을 게다.

16 한 기업의 신입사원 교육 현장이다. 어떤 사원은 안도의 한숨을 쉬는가 하면, 어떤 사원은 당황한 기색이 역력하다. 과연 무엇을 하기에 그러는 걸까? 다름 아닌 '젓가락질'이다. 발효를 전문으로 하는 식품기업 샘표에서는 2013년부터 지금까지 매년 입사하는 신입사원을 대상으로 우리 식문화 이론 교육과 함께 젓가락질 테스트를 실시하고 있다.

17 샘표식품 박진선 대표는 신입사원 교육을 진행하던 중, 신입사원들이 젓가락질을 제대로 못 하는 걸 전혀 부끄러워하지 않는 모습에 큰 충격을 받았다고 한다. 이후 박 대표는 '수저, 특히 젓가락은 단순한 식도구가 아니라 한국의 고유한 식문화를 상징하는 것'이라고 강조하며, 신입사원 교육에 젓가락 강습을 필수코스로 추가했다. 특이하게도 이 젓가락 교육은 신입사원 부모들에게, 아들딸의 식사 태도가 변했다며 뜨거운 호응을 얻고 있다고 한다. 우리나라에서 젓가락 교육의 중요성을 알고 실천하는 기업이 있다는 것은 무척이나 반가운 일이다.

18 같은 젓가락 문화권의 한중일 3국이라 해도, 젓가락을 둘러싼 각국의 상황은 이렇게 다르다. 만약 우리였다면 밀라노 박람회에 젓가락을 출품했을까? 과연 우리는 젓가락을 연구하고 상품으로 개발하고 있는가? 우리 자신에게 던져야 할 질문은 수없이 많다.
우리는 아직도 작은 싸움에서부터 이기는 것이 얼마나 중요한지를 모르고 있다. 큰 싸움은 벌여보았자 이기는 쪽도 없고, 서로 똑같이 손해를 볼 뿐이다. 작은 걸 못 하면 큰 것도 못 하는 법이다.

샛길

청주에서 만든 분디나무 젓가락

2015년 청주 젓가락 루프톱 특별전에서 분디나무 1미터 젓가락 전시 모습

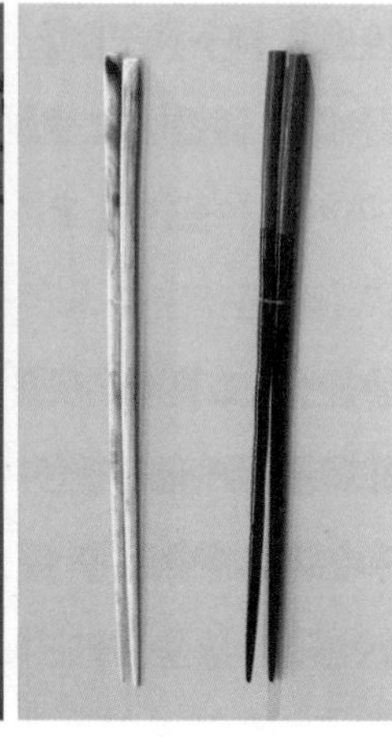

분디나무 백골과 그 위에 옻칠을 한 젓가락

청주에서는 분디나무를 활용한 젓가락 제작에 들어갔으며, 6개월간의 실험과 연구 끝에 현대인에게 맞는 젓가락 문화상품을 개발했다. 분디나무를 찌고 말리고 다듬는 과정을 거쳐 천연 옻칠 등을 통해 다양한 종류와 디자인의 젓가락을 만들었다. 청주는 물론이고 서울, 광주, 제주도 등 국내의 전시회와 박람회 등에 출품할 때마다 인기를 끌었다. 청주 젓가락은 해외에서도 유명세다. 일본 니가타에서 열린 한일 한가위축제, 중국 닝보의 국제공예박람회 등에서 판매와 주문 행렬이 이어졌다. 일본의 한 바이어는 분디나무 젓가락을 독점적으로 일본에 유통시키고 싶다며 청주시와 협상 중이라는 소리도 들린다.

분디나무는 산초나무라고 불리기도 한다. 한중일 삼국에 대량 자생한다. 분디나무는 톡 쏘는 맛을 갖고 있으며, 향신료 등으로 사용된다.

일본의 젓가락 교육

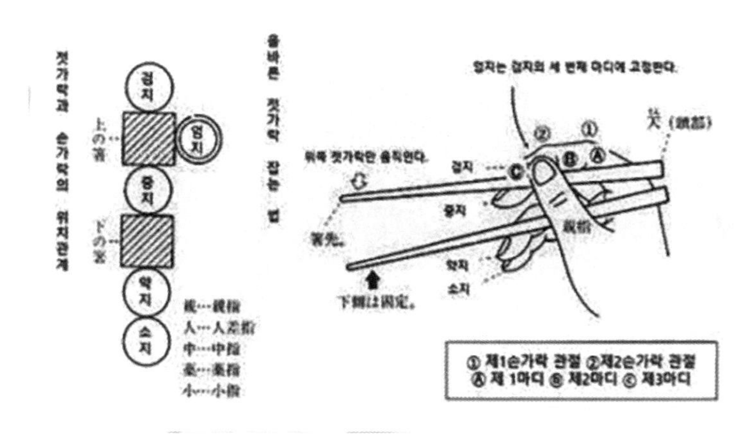

올바른 젓가락 사용에 대한 일본 교육 자료

일본에서는 젓가락과 손가락, 그리고 뇌의 관계에 대한 연구가 활발하다. 젓가락질을 통한 손가락의 움직임은 뇌의 전반적인 부분에 영향을 주지만, 특히 운동을 담당하는 부분과 피부감각을 담당하는 부분이 활성화된다. 젓가락질하는 것만으로도 뇌에 자극을 주어 뇌를 발달시킬 수 있다는 이야기다. 단 여기에는 조건이 붙는다. 젓가락을 정확한 방법으로 바르게 움직였을 때만 그렇다는 것이다.

그래서 일본에서는 젓가락을 바르게 잡는 방법에 대한 교육은 물론, 지능 젓가락 개발에도 힘을 쏟고 있다. 인간의 손의 발달 과정을 보면, 생후 5개월경 손바닥으로 잡는 것을 시작으로, 6~7개월 무렵엔 손 전체로 잡고, 마지막 네 번째 단계는 돌을 전후한 시기로 엄지와 검지를 사용해 잡는다. 이 네 번째 단계까지 발달해야 젓가락질이 가능하다. 일본은 이 네 단계까지 발달을 마친 아이들을 대상으로 길이, 무게, 소재 모두를 고려한 지능 젓가락을 만들어 젓가락 잡는 법을 교육하고 있다.

출처: 잇시키 하치로(一色八郎), 《젓가락의 문화사(箸の文化史)》, 御茶の水書房, 1998

일본 오바마 시의 젓가락

밀라노 박람회에 출품한 오바마 시의 젓가락

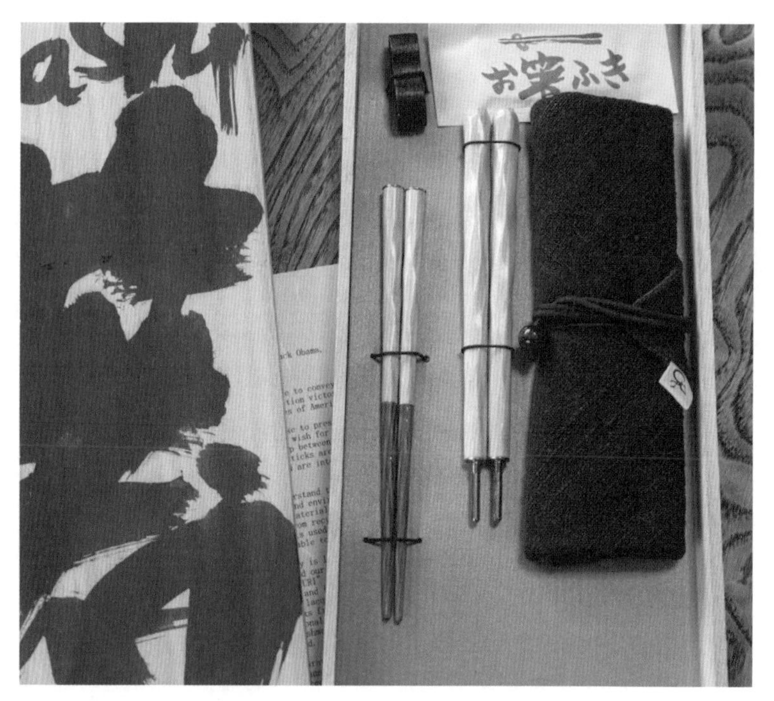

밀라노 박람회에 출품한 오바마 시의 젓가락

2015년 밀라노 박람회에 오바마• 시에서 출품한 젓가락은 손으로 잡는 부분에 전통적인 방법인 색실을 이용, 빨강, 흰색, 초록 세 가지 장식을 한 것이다. 밀라노가 위치한 나라 이탈리아 국기 색을 장식으로 차용한 게다. 물론 엄청난 인기를 끈다. 젓가락질 못 하는 외국 사람에게 젓가락의 아름다움을 선보인 게다.
인구 3만의 작은 도시 오바마는 도시 전체가 젓가락으로 먹고 산다. 또 오바마의 영문 표기Obama가 미국의 오바마 전 대통령 이름과 같다는 것을 이유로 오바마 전 대통령에게 젓가락 선물을 해 화제를 모으기도 했다.

• おばま, 小浜 | Barack Obama

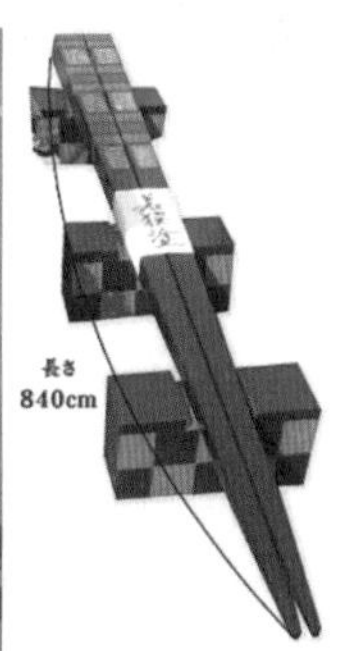

8.4미터 젓가락

일본에서는 8월 4일이 젓가락의 날이다. 일본어로는 8자를 하(は), 4자를 시(し)라고 읽으니 둘을 합치면 하시(はし). 젓가락이라는 의미와 같아 8월 4일이 전국의 젓가락의 날이 된 거다. 일본에서 젓가락 박람회가 열렸을 때, 오바마 시는 금속으로 만든 기둥을 연상시키는 8.4미터짜리 목제 젓가락을 출품했다. 지금도 오바마 시의 젓가락 전문점에서는 다양한 젓가락을 판매하고 있음은 물론, 장인의 젓가락 만드는 과정을 직접 볼 수도 있다.

부러진 야구 배트로 만든 젓가락

야구배트 모양 젓가락

일본의 대표 젓가락 회사인 효자에몽의 이름을 세계에 알리는 계기가 된 것은 '갓토바시'다. 갓토바시란 '배트로 세게 쳐서 멀리 날리다'라는 뜻의 일본어 갓토바스*에 젓가락 '하시'를 더해 만든 이름으로, 부러진 야구 배트로 만든 젓가락을 뜻한다.

2000년, 신문기사를 통해 일본 내 쇠물푸레나무 자원의 고갈을 알게 된 효자에몽의 사장 우라타니 효고의 장남 다케토는 배트를 만들 때 생기는 나뭇조각으로 젓가락을 만드는 아이디어를 낸다.

일본의 프로야구나 대학야구에서 연간 20만 개 이상 소비하는 목재 배트의 주재료가 되는 쇠물푸레나무는 배트의 재료로 쓸 수 있는 크기로 자라는데 7~80년 정도의 시간이 걸려 보호와 육성이 시급한 상황이었던 게다. 우라타니 효고 사장은 야구단과 의논하여 배트를 만들 때 생기는 나무 조각뿐만 아니라 연습이나 시합 때 부러진 배트를 사용하여 젓가락을 만들 수 있게 허가를 받았다. 쇠물푸레나무는 나뭇결이 치밀하고 탄력성이 좋아서 야구 배트를 만드는 데는 물론, 젓가락을 만드는 데도 안성맞춤이다. 더구나 나뭇결이 흰 편이라 옻칠도 잘 받는다.

처음에는 일반적인 젓가락을 만드는 수준이었지만, 손잡이 부분을 진짜 야구 배트의 손잡이처럼 디자인하고 젓가락의 이름을 '갓토바시!'로 하여, 야구 배트와 젓가락을 연결지어 매스컴의 화제가 된다.

효자에몽사는 동경 이케부쿠로의 도부백화점과 다카시마야 요코하마점에서 이 젓가락의 발매 이벤트를 실시한다. 개점 전부터 화제가 되었던 갓토바시는 준비해둔 2천 벌의 젓가락이 개점 후 40분도 안 되어 완판되었다.

비슷한 이벤트는 대만에서도 하고 있다. 대만에서는 부러진 야구 배트를 이용하여 아이들이 직접 그림을 그리고 옻을 입혀 나만의 젓가락을 만들어 쓸 수 있도록 교육하는 행사가 활발하다.

• かっとばす | はし | 浦谷兵剛

대만에서 열린 젓가락 교실의 아이들이 젓가락에 옻으로 그림을 그리고 있다.

젓가락 교육을 하는 한국의 기업

샘표 신입사원들이 젓가락 교육을 받고 있는 모습

해방 직후인 1946년에 시작해 70년 동안 우리 맛, 우리 발효음식을 연구해 온 식품기업 샘표는 임직원들에게 한국 식문화에 대한 기본적인 지식과 애정을 당부한다. 신입사원 교육장에서 요즘의 젊은 세대들이 젓가락질을 잘 못 할 뿐 아니라 그것을 부끄러워하지도 않는 모습에 충격을 받은 박진선 대표이사는 2013년부터 젓가락 교육을 시작한다. '젓가락은 단순한 식습관이 아니라 한국의 독보적인 식문화를 나타내는 상징'이라는 거다.

샘표의 신입사원 연수 프로그램은 매년 사업내용에 따라 역점사항이 조금씩 달라지지만, 젓가락 교육만은 고정적으로 진행되는 교육 프로그램이다. 약 한 시간가량 진행되는 이론교육에서는 올바른 젓가락질 요령을 설명한다. 그리고 바로 실기 테스트가 있다. 테스트는 난이도 별로 2단계로 나눠서, 콩 집어 나르기, 깻잎 떼어 나르기, 만두피 자르기 등의 테스트를 거친다. 생각보다 어려워 매년 상당수의 신입사원들이 재시험을 치른단다.

이 교육은 신입사원 본인보다 그들의 부모에게서 큰 호응을 얻었다고 한다. 젓가락질 하나만으로 식사 태도가 변하더라는 거다. 과연 적소위대다.

비행청소년은 젓가락질을 잘 하지 못한다?

일본의 젓가락 회사 효자에몽에서 젓가락 지육교실을 열고 있다. 효자에몽의 사장 우라타니 효고[•]는 자신의 저서《젓가락 알기》에서 시마다 쓰네코의《교정 메시지》[•]를 언급한다. 오랜 시간 초등학교 교육현장에서 아이들을 지켜본 시마다 쓰네코는 "비행청소년은 세 가지 공통점을 가지고 있다. 젓가락을 제대로 잡지 못한다. 수건을 잘 짜지 못한다. 올바른 문장으로 말하지 않는다."라는 말로, 아이들의 발달 단계에 있어서 그 시기가 아니면 몸에 익힐 수 없는 것을 부모가 가르칠 힘을 가지고 있는지를 묻는다. 젓가락질과 가정교육의 관계를 무엇보다 명확하게 보여주는 거다. 이 구절에 쇼크를 받은 우라타니 효고는 젓가락을 만드는 사람으로서 젓가락을 만들고 판매해서 이익을 보는 것 외에 무언가 할 수 있는 일이 있다면 해야겠다고 결심하고 사원들과 함께 젓가락 문화와 경제를 연계, 기업의 실적으로 연동시키는 문제에 도전한다. 그것이 세 살 아이부터 어른까지를 대상으로 실시한 "젓가락 지육교실"이다. 젓가락 잡는 법, 사용법 강의에 안심하고 사용할 수 있는 자신만의 오리지널 젓가락을 부모와 아이가 함께 만드는 수업이다. 현재 일본 열도의 북쪽으로는 홋카이도에서부터 남쪽으로는 오키나와까지, 17년 동안 2,500곳, 120,000명에 이르는 실적이 이미 일본 국민으로부터 뜨거운 호응을 얻고 있다는 증명이다.

- 島田恒子 | 校庭のメッセ_ジ
- 우라타니 효고(浦谷兵剛), 《젓가락 알기(箸しらず)》, 講談社, 2010년 p125~127 참고

셋째 꼬부랑길

미래의 젓가락

우리가 만들어가야 할 미래의 젓가락은
바로 우리 선조들의 의식동원 사상을 바탕에 둔
ICT 스마트 젓가락이다.

01 우리가 매일 사용하는 젓가락을 보면서 이런 상상을 해본 적은 없는가? 젓가락 끝에 센서가 달려있어서 내가 먹는 음식의 성분을 알려준다면? 혹시라도 좋지 않은 성분이 들어있는지 검사해서 경고등을 울려준다면? 칼로리까지 계산해준다면?
2015년 유네스코가 넷엑스플로•라는 기관과 함께 에너지, 환경, 교육 등 인류의 삶에 영향을 주는 IT 기술 10개를 선정했다. 그 가운데 위의 상상을 비슷하게 현실화한 젓가락이 출시되었다. 중국 바이두에서 개발한 스마트 젓가락•이다.

• NetExplo | Smart Chopsticks

02 이 스마트 젓가락의 이름은 '콰이써우'• 다. '콰이'• 는 중국어로 젓가락을 뜻하고 '써우'• 는 한자어 '찾다, 뒤지다, 수사하다, 수색하다, 검색하다, 검사하다'라는 말이다. 즉 검색하는 젓가락, 젓가락 수색이다. 젓가락 끝에 달린 센서가 젓가락이 집는 음식의 상태 정보를 정확하게 찾아서 검사해준다는 것이다.

검사 방식은 음식에 포함된 유질•과 산도,• 온도, 염도, 이 4가지 데이터를 측정한다. 그래서 음식이 무엇으로 만들어졌는지, 과연 신선한지, 또 어떤 영양 성분을 가지고 있는지를 파악해서 알려준다.

• 筷搜 | 筷 | 搜 | 油質 | ph

03 이 스마트 젓가락을 음식에 담그면 '우수', '양호', '불량' 세 개의 등급으로 음식의 상태를 즉시 알아내 준다. 재미있는 것은 유해한 성분이 파악되면 센서의 LED가 빨간색으로, 상태가 좋으면 파란색으로 깜박인다고 한다.

이 젓가락은 스마트폰과도 연동된다. 스마트폰에 앱을 설치하면 그 결과를 바로 스마트폰으로도 확인할 수 있다. 워낙 불량식품이 많고 매번 음식으로 골머리를 앓고 있는 중국으로서는 그야말로 가장 필요한 젓가락이 나온 셈이다.

04 젓가락만이 아니다. 글로벌 검색엔진 기업 구글이 숟가락 시장에 뛰어들었다. 2014년 미국의 헬스케어 업체인 '리프트랩스'•를 인수한 것이다. 리프트랩스는 파킨슨병처럼 심하게 손이 떨려서 식사조차 어려운 환자들을 위해 특별한 숟가락을 개발해온 회사다. 이 숟가락에는 '리프트웨어'•라는 센서가 부착돼 있다. 이 센서는 손떨림의 정도를 감지, 측정해서 즉각적으로 숟가락의 균형을 잡아주어, 음식이 흐르지 않도록 도와준다고 한다.

• Lift Labs | Liftware

05 바이두와 구글은 지금 스마트 젓가락, 스마트 숟가락 전쟁 중인데 정작 젓가락 문화가 가장 발달한 우리는 아직까지 아무런 소식이 없다. 바이두가 스마트 젓가락을 개발한 것이 중국 내 불량식품 근절이라는 목적만이겠는가. 구글은 왜 스마트 숟가락을 개발하겠는가. 숟가락, 젓가락은 인간 삶의 가장 기본이 되는 '식',* 먹는 것과 밀접한 관련이 있기 때문이다. 그뿐만 아니라, 21세기 인류 최대의 과제인 안 늙고 건강하게 오래 사는 문제의 최전선에 숟가락 젓가락이 있기 때문이다.

* 食

06 우리는 선조들의 지혜조차 살리지 못하고 있다. 구글, 바이두처럼 살고 죽는 문제와 숟가락을 연결시키는 일은 우리 선조들이 가장 먼저 시작했다. 은수저를 봐라. 우리가 왜 은수저를 썼는가. 음식 안에 몸에 해로운 독성물질이 들어있으면 은의 색깔이 변한다. 옛날 왕들은 자신을 해치려는 정적들이 많았으니, 음식을 먹기 전에 은수저로 먼저 음식의 독성 여부를 확인한 것이다.

07 또 옻칠이 있다. 우리나라는 세계에서 옻칠 문화가 가장 발달한 나라다. 보통 그릇에 물을 담아 야외에 방치해두면, 거기에 모기 유충인 장구벌레 같은 것이 많이 생긴다. 그러나 옻칠을 한 그릇에 담아둔 물에는 벌레가 생기지 않는다. 옻의 살충효과 때문이다. 옻은 몸 안의 독성을 제거하는 성분이 있어서 건강을 위한 최고의 약재가 된다. 앞서 이야기한 분디나무는 말할 것도 없다.

08 젓가락은 단순히 음식을 집어오는 도구가 아니다. 직접 입안으로 들어가는 것이니 약과 마찬가지다. 우리가 만들어가야 할 미래 젓가락의 바람직한 방향은 바로 이 의식동원 사상을 바탕에 둔 건강 젓가락일 것이다. 그래서 젓가락을 단순히 음식을 집는 도구가 아닌, 한국의 전통의학과 손잡고 건강을 지키는 도구로 발전시키는 것이다. 여기서 한발 더 나아가 ICT* 젓가락을 만들어 빅데이터를 만드는 도구로까지 가보자.

* Information and Communications Technologies, 정보 통신 기술

09 우리가 잘하는 IT 기술을 활용하여 최첨단 젓가락을 만드는 거다. 식품 속 당분, 나트륨, 중금속 등을 체크하는 ICT 젓가락을 만들고, 그 젓가락으로 음식이 아닌 데이터를 잡자. 전 세계의 암 환자들을 대상으로 '뭘 먹는 사람들이 이런 병에 걸리더라', '이 사람은 췌장암, 이 사람은 간암인데 빅데이터를 보니 음식과 연도의 관계가 이렇더라'라는 빅데이터를 만드는 것이다. 내 자료가 남의 생명을 구할 수도 있고, 전 세계에 건강한 몸, 행복한 건강을 만드는 정보를 줄 수도 있다. 이런 게 바로 세계에 공헌하는 일이다.

10 젓가락이 아닌, 포크 나이프를 사용하는 애플이나 구글은 죽었다 깨어나도 못하는 일이다. 이것이 아시아의 힘이고 한국의 힘이다. 한중일 3국의 젓가락을 비교해보면 우리만 주로 금속젓가락을 사용한다. ICT 젓가락을 만드는 데 가장 유리한 조건이다. 우리 문화 유전자를 바탕으로 미래의 젓가락 하나라도 우리 마음껏 한번 만들어 보자는 거다.

11 이미 부분적으로 ICT를 이용한 기능 젓가락이 고안되어 발표된 바 있다. 스마트 젓가락은 끝에 달린 센서를 이용해 산도, 온도, 염도, 기름 함유량의 4가지 데이터를 측정한다. 내가 만들려고 하는 '생명 젓가락'➦ 은 기존 스마트 젓가락과는 차별화된 것이다. 차별화의 내용을 보면, ① 스마트폰과의 연계-현재 협의 중 ② 당뇨, 고혈압, 고지혈 등을 체크하여 인터넷과 연결, 수시로 데이터를 수집, 분석 ③ 헬스와 힐링 프로그램을 종합적으로 관리하는 세계 초유의 젓가락이다.
2015년 청주 젓가락 루프톱을 기획하며 실제 개발을 진행하려 했던 'ICT 생명 젓가락'의 기획안의 일부와 프로토타입 디자인 및 내용을 간단하게 공개한다.

➦ 11 분디나무 고개 3-샛길 〈다양한 젓가락 상품〉

12 윌리엄 블레이크의 이야기처럼 작은 것에서 천국을 얻을 수 있다. 아무것도 아닌 들꽃에서 천국을 보고, 우주를 느끼는 것이다. 젓가락이 하찮고 쓸모가 없는 것 같지만 그 속에 희망이 있고, 문화유전자가 있고, 우리의 상상력이 있다. 여기에 행복과 평화와 우리들이 나아갈 미래의 세계가 있다.

13 젓가락은 값이 싸면서도 일상생활에서 가장 요긴한 것이다. 아이들 돌날이나 백일에 특별한 선물을 해보자. 돌쟁이 백일쟁이, 또 생일에 아이의 이름을 새긴 분디나무 젓가락이나 옻칠 젓가락, 또는 금속젓가락을 만들어서 선물하는 거다. 이처럼 좋은 선물이 어디 있겠는가. 금과 은은 몸에 좋고, 독성을 찾아낼 수 있는 금속이다. 금으로 된 돌반지는 정작 본인은 보지도 못하고 장롱 속에 들어가 있기 마련인

데, 젓가락은 평생 자기 것으로 남는다.

공예전에서 1등을 한 젓가락을 전국에 팔고, 그걸 전 세계인에게 알린다면 이건 단순한 장사가 아니라 젓가락 문화의 소중함을 알리는 일이 된다. 이것이 가장 이상적인 거다. 문화도 되고, 돈도 되는 것이 젓가락 문화에서 가능하다는 이야기다.

14 세계에서 가장 비싼 젓가락의 가격은 얼마일까? 무려 1억 원에 달한다. 일본 최대의 젓가락 제조회사 효자에몽에서 베이징올림픽을 맞아, 동아시아의 젓가락 문화를 알리겠다는 취지로 만들었다고 한다. 흑단나무에 금과 다이아몬드로 장식한 것인데, 그 호사스러움에 입이 벌어진다. 그래도 이 젓가락을 만든 사람이 한국인이라니 그나마 위안으로 삼아야 하나. 일본은 젓가락 관련 '특허 기술'만도 2,000여 종이 넘는다. 효자에몽에서 운영하는 젓가락 전문 판매점도 500여 곳이다. 이처럼 일본은 젓가락에 있어선 가히 독보적이다.

15 중국도 여기에 뒤지지 않는다. 이미 50만 원에서 200만 원대에 이르는 '원홍'이라는 고급젓가락을 만들어 젓가락 산업화에 열을 올리고 있다. 지난 베이징 올림픽 때는 '올림픽이 성공하기 위해서는 올바른 젓가락 사용이 기본'이라는 인식이 사회적으로 팽배했다. 옆에서 보기에는, 도대체 올림픽 성공과 젓가락질 사이에 무슨 관계가 있는가 하고 의아할 것이다. 그러나 중국은 젓가락 종주국으로서 젓가락 문화에 대한 자부심이 그만큼 큰 거다.

16 우리나라는 어떤가. 젓가락 전문 판매점은 찾아보기도 힘들 뿐 아니라, 사람들의 관심도 호응도 받지 못하고 있다. 젓가락은 그저 밥 먹는 도구일 뿐이다. 세계에서 가장 비싼 젓가락도 한국인의 손을 거쳐야 하듯, 젓가락의 장인들은 있으나 제대로 대접을 못 받는 게 우리의 현실이다. 2013년 박근혜 전 대통령이 러시아와 베트남 순방에 흑단목 젓가락을 외교선물로 선택해서 이슈가 된 적이 있다. 잠시나마 젓가락이 한국을 대표하는 문화상품이 되었지만, 아직 우리가 갈 길은 멀고도 멀다.

17 미래학자 자크 아탈리•는 그의 저서《미래의 물결》•에서, 문명의 축은 아시아로 오고 있다고 말한다. 그는 이미 2006년에 앞으로 세계를 이끌어갈 11개국 가운데 하나로 한국을 꼽았다. 2025년까지 한국의 1인당 국내총생산•은 두 배로 늘 것이며, 탁월한 기술력과 문화의 역동성은 세계를 매혹시킬 것이란다. 그래서 중국을 비롯한 아시아의 모든 나라들, 설령 일본이라 할지라도 한국을 '성공 모델'로 본받게 될 것이라고 전망했다. 이제까지 빗나간 적이 없는 아탈리의 예언이다. 우리는 그가 특별히 지적한 문화의 '역동성'이란 말에 주목해야 한다.

• Jacques Attali(1943~) | 《Une breve histoire de l'avenir》 | GDP

18 천국과 지옥을 구분 짓는 젓가락을 아는가? 길이 1미터, 3척 3촌의 젓가락에 관한 이야기다. 불교에서 널리 퍼진 이 이야기에 나오는 천국과 지옥을 보면, 양쪽의 환경은 조금도 다르지 않다. 3척 3촌의 젓가락으로 음식을 집어 먹는 것까지도 똑같다. 다만 그 젓가락의 사용방법이 다를 뿐이다. 지옥에서는 그 긴 젓가락으로 음식을 집어 자

기 입으로 넣으려고만 한다. 산해진미가 차려져 있으면 뭐하나. 그 긴 젓가락으로는 자기 입에 넣을 수 없으니, 바짝 굶어서 다 죽어간다. 그러나 천국에서는 그 긴 젓가락으로 음식을 집어서 자기 입에 넣는 게 아니라 상대방 입에 넣어 준다.

19 똑같은 조건, 똑같은 젓가락으로 집어서 자기 입으로 가져갈 때는 서로 다투느라 먹지를 못해 굶주린 지옥이 되는데, 자기 입이 아닌 상대를 먹여주면 천국이 되는 것이다. 천국으로 가는 길이 따로 있는 게 아니다. 우리에게도 천국과 지옥이 따로 존재하지 않는다. 내가 남과 나누고 도와주면 천국이고, 내 욕심만 차려서 내 입으로 가져가면 그게 바로 지옥인 거다.

자, 이제 젓가락을 가지고 천국으로 갈 것인지, 지옥으로 갈 것인지, 이 책이 그 안내서가 되길 바란다.

샛길

다양한 젓가락 상품

스마트 젓가락을 발표하는 리옌훙 바이두 CEO

리프트랩스의 손떨림 방지 숟가락

- 출처 : http://www.businesspost.co.kr/news/articleView.html?idxno=4337

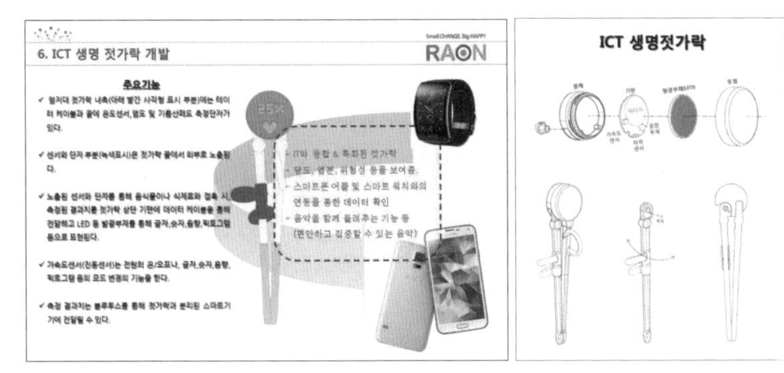

젓가락 회사와 만든 ICT 생명젓가락 기획안의 일부와 프로토타입 디자인

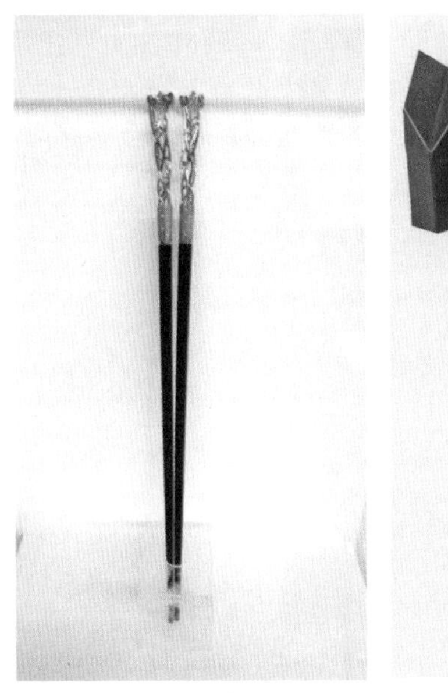

세계에서 가장 비싼 1억 원 젓가락

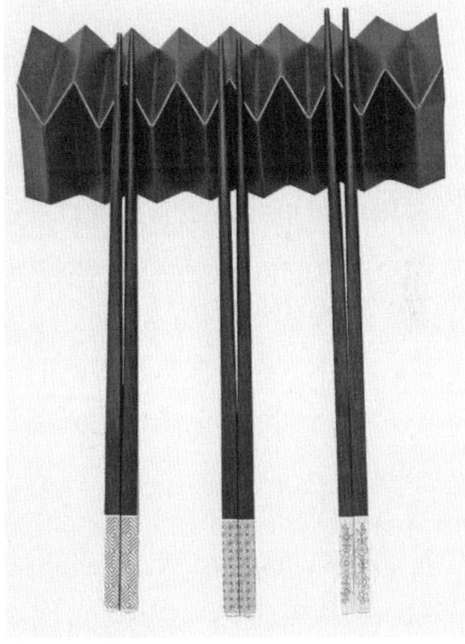

박근혜 전 대통령이 2013년 러시아, 베트남 순방길에 가져간 흑단목 젓가락

천국과 지옥 젓가락

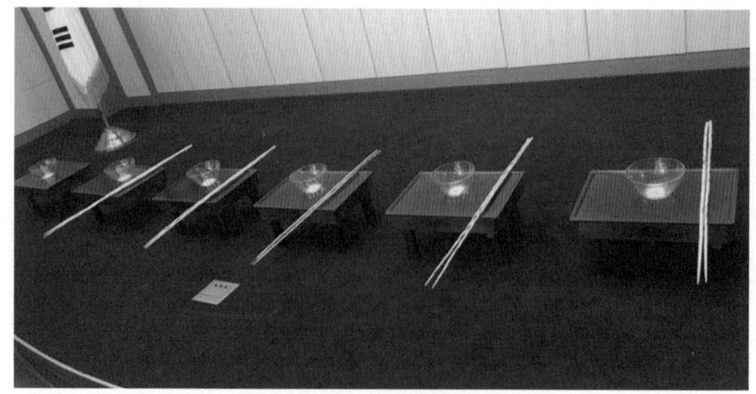

청주 루프톱 특별전 때 전시된 길이 1미터의 천국과 지옥 젓가락

저승에서 살아 돌아온 사람이 말했습니다.
천국과 지옥은 똑같다고. 사는 집, 입는 옷, 먹는 음식까지도 다 같다는 겁니다.
3척 길이의 젓가락으로 밥을 먹어야 하는 그 규칙마저도 다를 게 없다고 했습니다.
그런데 그 긴 저승 젓가락이 문제였습니다.
음식을 집어 먹으려고 해도 젓가락이 길어 입에 들어가지 않습니다.
팔을 굽히고 목을 빼고 몸뚱이를 아무리 비틀어도 소용이 없습니다.
남의 젓가락 끝에 매달린 고기를 먹으려고 입을 대다가 큰 싸움이 벌어지곤 합니다.
3척 젓가락은 창처럼 찌르고 치는 무기가 됩니다.
유황불 속에 떨어진 사람들이 아비규환을 하는 지옥 풍경이 그대로 연출되는 것입니다.
그러나 천국은 다릅니다.
음식을 집어 앞에 앉아 있는 상대방 입에 넣어주기 때문입니다.
그러면 서로 고맙다고 인사를 하고 음식이 얼마나 맛있는지 대화를 나눕니다.
자기 입으로 가져가는 것이 아니므로 젓가락이 아무리 길어도 불편할 것이 없습니다.

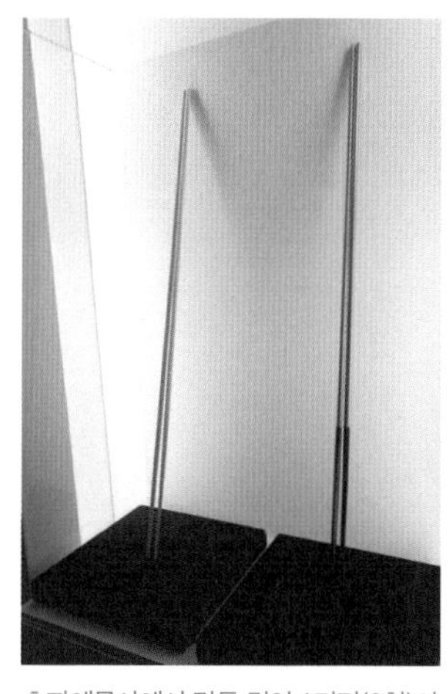

효자에몽사에서 만든 길이 1미터(3척)의 젓가락

KBS 〈이어령의 100년 서재〉 10회 촬영 중 실제 삼척 젓가락으로 먹는 장면을 연출해보았다. (청주국립박물관)

천국에서는 산해진미의 향기로운 음식 냄새가 진동하고
웃음소리와 아름다운 음악 소리가 끊이지가 않습니다.
정말 그렇군요.
음식을 집어 자기 입으로 가져가면 지옥이 되고 남에게 먹여주면 천국이 됩니다.
나보다 남을 먼저 생각하는 마음 그 속에 바로 천국이 있습니다.

_《이어령의 80초 생각 나누기》(시공미디어) 중에서

12

생명축제 고개

젓가락으로 생명을 잡다

첫째 꼬부랑길

생명문화도시 청주발 젓가락의 날 선언

둘째 꼬부랑길

11월 11일은 젓가락 페스티벌

첫째 꼬부랑길

생명문화도시 청주발 젓가락의 날 선언

모든 대립되고 서로 다른 것들을
연결해주는 것이 젓가락이다.
젓가락에는 생명 공감의 문화가 깃들어 있다.

01 냉면 철이 되니 새삼스럽게 나무젓가락이 생각난다. 금속성 젓가락으로는 미끄럽고 긴 냉면 가락이 잘 잡히지 않는다. 그래서 요즘 음식점에 가보면 젓가락 끝에 가는 줄을 파놓은 스테인리스 젓가락이 등장하고 있다. 필요는 발명의 어머니라는 말이 맞긴 맞는 모양이다. 면 가락이 미끄러지지 않아 기능적이기는 하지만 흡사 공장의 나사못이나 드라이버로 음식을 먹고 있는 것 같아 그 맛이 깨나 익살맞다. 뿐만이 아니다. 아이들이 냉면을 먹고 있는 광경을 보면 우습다 못해 애처로운 마음이 든다. 가뜩이나 젓가락질을 못 하는 아이들이 스테인리스 젓가락으로 미끄럽고 긴 면 가락을 곡예를 하듯이 입안에 훑어 넣는 모습은 한편의 희극이다. 젓가락 문화권에서 아마 이와 같은 진풍경이 벌어지고 있는 나라는 오직 우리나라뿐일 것이라는 생각이 든다. 우선 한중일 세 나라 어린이들을 모아놓고 젓가락질을 시킨다면 어떻게 될까 궁금하다.*

• 이어령 시평 〈젓가락 문화의 위기〉, 《중앙일보》 1993년 6월 10일자

02

1993년 중앙일보의 요청으로 쓴 '젓가락 문화의 위기'를 지적한 글이다. 이 글이 쓰인 지 20년이 훌쩍 지난 어느 날, 청주시의 관계자들이 내 사무실을 찾아왔다. 2015년 청주시가 일본의 니가타, 중국의 칭다오와 함께 '동아시아 생명문화도시'의 수도로 선정되었으니 명예위원장을 맡아달라는 요청이었다. 순간 내 머리를 스친 것은 '분디나무'였다. 청주는 분디나무의 고장이 아닌가. 좋다.

후일 알게 되었지만 청주에는 도시 한복판에 사람과 두꺼비가 함께 공존하는 '원흥이 마을'이 있다. 젓가락은 음식을 먹는 도구로 사람의 생명을 살리는 식문화와 가장 밀접하다. 생명을 품은 도시 청주에서 '생명젓가락'을 중심으로 우리가 잃어가는 젓가락 문화를 복원해 보자. 그렇게 시작하여 2015년 1년간 많은 일들이 벌어졌다.

03

청주는 현존하는 세계 최고 금속활자본 직지가 인쇄된 곳이기도 하다. 직지가 인쇄된 때가 1377년이니, 서양 최초의 금속활자본인 구텐베르크의 42행 성경* 보다 무려 78년이나 앞서 있다. 이는 우리나라에서도 금속 문화, 청동 문화가 크게 발달했다는 증거다. 느닷없이 금속활자를 이야기하는 이유는 청주에서 고려시대의 유물 중 금속 수저가 대량 출토되고 있기 때문이다. 현재 국립 청주박물관에는 숟가락 1,000여 점과 젓가락 150여 점이 소장되어 있다.

* 1455년

04

청주 명암동의 13세기 고려 토광묘에서는 죽은 아들과 함께 묻은 청동 젓가락과 먹이 나왔다. 이 청동 젓가락에는 제숙공의 부인이 죽은 아들을 위해 만들었다고 점각돼 있다. 사람의 이름까지 확실하게 명시되어 있는 것이다. 자신의 아들을 위해 마지막으로 묻어준 것이 젓가락과 먹이라니 놀랍지 않은가? 죽어서도 배고프지 않기를 바라는 마음에서 넣은 젓가락과 학문정진을 뜻하는 먹. 참 눈물겨운 이야기다.

05 이 토광묘에서 나온 젓가락만 보아도, 젓가락이란 경제적인 것과 문화적인 것, 외래의 것과 내적인 것. 대립되고 서로 다른 모든 것들을 연결해주는 소중한 우리의 문화 자산이라는 걸 새삼 느끼게 된다. 그게 생명문화다. 눈에 보이지는 않아도 젓가락에는 생명 공감의 문화가 깃들어 있다. 이걸 개발하자는 거다.

06 그러기 위해서는 세계가 주목할 생명문화도시 청주, 그 상징으로 '청주발 젓가락'을 만들어 우수한 문화상품으로 개발하는 것이 첫 번째 과제다. 청주는 초정약수의 고장이니 분디 젓가락을 청주의 상징적인 젓가락으로 개발하는 거다.

일본에서 와사비를 세계적인 향신료로 개발한 것처럼, 분디 젓가락이라면 우리도 세계적인 건강 상품으로 내세울 수 있다. 사용하면 장수한다는 장수 젓가락을 만드는 거다. 분디나무 젓가락은 일본에서도 만든 적이 없다.

예전의 유산에만 머물러 있지 말고, 분디 젓가락 같은 아름다운 공예품을 만들어서 국내뿐 아니라 국제공항을 통해 전 세계로 판로를 넓힐 수도 있다. 천 년이 넘는 시간 동안 끊겼던 우리의 분디나무를 다시 살려내는 것이다.

07 불행히도 현재 한국이 아시아 세 나라 중에 젓가락 문화가 가장 뒤떨어져 있다. 우리 생활과 밀접한 관련이 있는 젓가락인데, 젓가락질할 줄 아는 아이들의 비율도 낮고 제대로 된 젓가락 학술서 하나 나와 있지 않다. 젓가락은 화합하는 짝의 문화를 의미하며, 문화는 종주국을 따지지 않는다. 그렇다 해도, 우리가 선의의 경쟁을 통해, 우리의 젓가락 문화유전자로 아시아의 평화와 번영에 공헌하기를 원한다면, 그 지름길은 11월 11일 젓가락의 날 선포에 있다.

08 젓가락의 날을 선포하게 되면 한국은 동양 3국은 물론이고 세계에서도 3,000~4,000년을 이어온 아시아의 문화유전자를 가장 많이 가진 나라가 될 것이다. 아주 작은 것이 세상을 바꾼다.

09 '청주 문화도시' 선포를 계기로 청주에서 젓가락 축제를 열면, 3국 문화의 축을 이루는 젓가락을 통해 아시아의 동질성을 찾을 수 있다. 뿐만 아니라 3국의 서로 다른 젓가락 문화를 통해 다양성을 추구할 수도 있다. 이는 중화주의나 아시아는 하나라는 구호로 대동아주의를 표방하던 근대의 제국주의에서 벗어나, 다양한 문화의 공존을 유도하는 계기가 될 것이다.
지금은 어느 때보다 먹고살 만해졌는데도 이웃 간의 살벌한 싸움은 배고플 때보다도 더 많아졌다. 옛날엔 배가 고팠지만 지금은 마음이 가난하다 보니, 마음이 고프고 머리가 고프고 눈도 고파지는 거다.

10 옛날엔 보릿고개였으나 이제는 마음고개를 넘어야 한다. 배고픈 보릿고개를 넘는 일은 비교적 쉬웠지만 마음이 고픈 보릿고개, 문화의 고개 넘는 일은 생각보다 쉽지 않을 게다. 정치든, 경제든, 사회든 모든 것이 위기라고 말한다. 젓가락을 통해 아시아가 함께 마음의 보릿고개를 넘어보자. 그것이 내가 생각하는 젓가락 축제의 취지다. 젓가락을 놀이와 산업, 그리고 예술이 어우러진 새로운 한류 콘텐츠로 키워나가자. 이미 젓가락이 가진 문화유전자 안에 그 가능성은 무궁무진하게 담겨 있다.

11 나는 여동생이 하나 있지만 아들로는 집안의 막내다. 부모님이 상당히 나이가 드셔서 나를 낳으셨다. 본래는 아주 엄한 유교 가정인데, 막내아들이라 나만 멋대로 자라도록 놔두셨다. 그래서인지 아직도 나는 젓가락질을 제대로 못 한다. 내 멋대로 젓가락질을 했기 때문이다. 그래서 내가 젓가락 대회를 하려고 하는 거다. 부모님에게 엄격한 교육을 받은 우리 형들하고, 내 멋대로 굴었던 나를 생각할 때, '아, 내가 젓가락질만 제대로 했어도 지금쯤 훨씬 다른 사람이 되었을 텐데' 하는 생각이 들 때가 있다. 그래서 나 같은 사람이 다시 생겨나지 않도록, 정확한 젓가락질로 3,000~4,000년의 우리 문화유전자를 나눠 갖자는 거다. 이건 내 체험에서 나오는 소리다.

12 일상의 흔해 빠진 것에 관심을 기울여 세심히 관찰하여, 그 안에서 문화와 역사를 캐내는 것이 창조다. 작은 젓가락 속에서 그렇게 많은 의미를 캐내고, 거기서 미래 한국인의 얼굴을 보는 것, 이런 게 바로 창조다. 우리가 급격한 민주화, 산업화를 이루면서 예기치 못했

던 사건의 발생 건수도 많아지고 피해 규모도 커졌다. 이 위기를 제대로 극복하지 못한다면 우리가 이뤄낸 기적들은 한낱 물거품으로 돌아갈 것이다. 하지만 나는 내 자식, 내 손자들에게 희망을 걸어본다. 한국에 절망하고, 한국인임을 한탄한 적도 많았지만, 역시 한국인밖에 없다는 생각이 든다. 한국인이 아니었으면 못했을 것들 덕분에 내 조국과 민족이 자랑스럽다.

샛길

청주와 청동문화 그리고 젓가락

청주는 현존하는 세계 최고(最古) 금속활자본 직지를 비롯해 금속문화, 청동문화가 크게 발달해왔으며 금속 수저가 다량 출토되고 있다.

금속활자 직지를 인쇄한 청주 흥덕사지

청주 일원에서 출토된 금속 수저(국립청주박물관 소장)

감실에서 부장품으로 출토된 조선시대 숟가락과 젓가락(청주 상신동 유적)

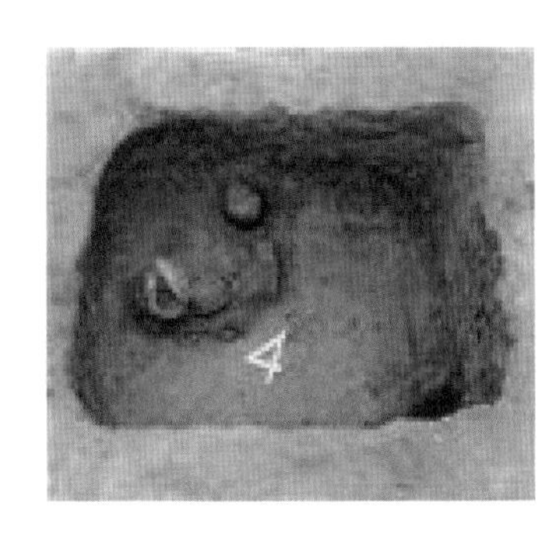

청자와 함께 수저가 출토된 고려시대 토광묘(청주 봉명동)

죽음과 젓가락

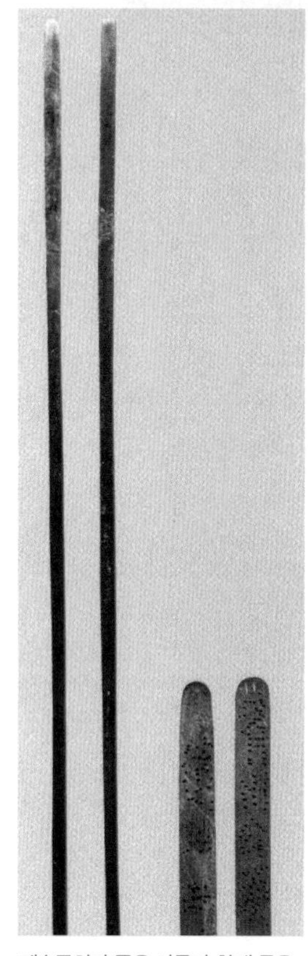

제숙공처가 죽은 아들과 함께 묻은 젓가락으로 '齊肅公妻 造○世亡子'라고 점각되어있다. 함께 출토된 먹은 생시에 쓰던 것으로 현존 유일의 고려 먹이다. (청주시 명암동 고려 무덤 출토, 국립청주박물관 소장, 13세기경)

우리네 말에 "수저를 놓았다"라고 하면 죽음을 의미한다. 또한 조상의 제사상에 숟가락과 같이 젓가락도 올려놓고 병이나 통증이 심할 때는 "밥술 뜰 힘도 없다"라고 표현한다. 이 같은 관념은 중국과 일본에서도 볼 수 있다. 중국에서는 죽은 사람이 사용했던 젓가락을 대문에 걸어 두어 조상신으로 섬기고, 일본 사람들은 생명은 젓가락으로부터 시작해서 젓가락으로 끝난다고 여겨 탄생과 죽음의 의례 때 젓가락을 놓는다. 그리고 3국이 모두 절기나 동제에 신을 모시는 제사상에도 젓가락을 올려놓는다.

젓가락을 부모님의 신체와 동일시하여 상 위에 올려놓은 젓가락의 길이가 다르면 부모님 중 한 분이 먼저 저세상으로 간다고 믿는다. 그래서 식당을 가서 제일 먼저 하는 일이 젓가락이 짝이 맞나 확인하는 것이 일반적인 습관이 되었다. 특히, 사내식당에서는 더욱 그러하다.

중국에서 젓가락은 남편을 상징하기도 한다. 중국 소수민족의 처녀들은 젓가락을 떨어뜨려도 절대로 젓가락을 바꾸지 않는데, 만약 젓가락을 바꾸면 장차 남편을 바꾸게 된다고 본다.

• 출처 : 〈젓가락 삼국지〉, 정연학(국립민속박물관 학예연구사)

11월 11일은 젓가락 페스티벌

11월 11일, 11은 그 모양도 닮아있지만
젓가락에 담긴 짝의 문화,
나눔과 배려의 문화를 상징한다.

01 드디어 2015년 11월 11일 오전 11시, 청주에서 한중일 3국 공동으로 '젓가락의 날'이 선포되었다.

일 년 열두 달 중 젓가락을 닮은 11월에 지구촌이 젓가락으로 하나 되는 세상을 열자는 것이다. 11은 그 모양도 닮아있지만 젓가락에 담긴 짝의 문화, 나눔과 배려의 문화를 상징한다. 젓가락의 날 선포는 이승훈 청주시장을 비롯해서 일본과 중국의 문화도시 시장들이 함께했다. 동아시아 문화도시 명예위원장으로서 젓가락 날의 선포를 주장하긴 했지만, 청주시의 적극적인 참여가 없었더라면 계획으로만 머물렀을지 모른다.

02 젓가락의 날 행사가 열린 청주국민생활관 일원은 지역작가들이 제작한 한지등과 젓가락 손글씨 현수막 같은 제작물로 행사장 분위기가 무르익었다. 서예가 이희영 씨와 신철우 씨는 젓가락에 담긴 다양한 메시지 40여 장을 붓글씨로 제작해 행사장 앞거리에 설치했다. 이 메시지는 한중일 3국의 문자와 디자인이 돋보였다는 평가를 받았다. 특히 전시장 내에는 한지작가 이종국 씨가 한지등 30여 개를 제작 설

치해 장관을 이루었으며, 중국 일본의 예술가들도 동참해 한중일 3국이 하나가 되는 축제의 장을 연출했다.

03 11월 11일에는 소중한 사람들에게 젓가락 선물하기 운동을 전개하자는 분위기도 확산되었다. 휴대용 젓가락, 옻칠 젓가락, 금속 수저 등 국가의 특성이 담긴 젓가락을 선물하면서 젓가락의 날, 생일, 결혼식 등에 젓가락 선물하기 운동을 확산시켜 나가자는 목소리도 나왔다. 한중일 3국의 대표 작가는 이날 행사장에서, 3국의 동아시아문화도시 대표에게 젓가락을 선물로 기증했다.

04 거리에는 음식, 시연, 체험, 판매 등 젓가락 문화를 한자리에서 보고 즐기는 난장이 펼쳐졌다. 국수(한국), 짬뽕(중국), 우동(일본)의 맛을 모두 경험할 수 있는 푸드트럭이 운영되면서 수백 명이 음식 맛을 보기 위해 줄을 서는 진풍경을 연출하기도 했다.
한편에선 유기, 나전 같은 한국 전통공예 체험과 중국 일본의 젓가락 장인들이 참여하는 각국의 젓가락 제작과정을 시연, 체험할 수 있는 공간도 마련되었다. 또, 청주 지역에서 활동하는 생활공예인 20여 명이 플리마켓을 열어, 젓가락을 중심으로 한 의식주* 서브컬처를 한 자리에서 만나는 자리가 되었다.

* 衣食住

05 젓가락은 한중일이 공통으로 사용하고 있으므로, 3국 공동의 정체성을 볼 수 있는 것이 있다면 단연 젓가락 문화다. 서양 사람들이 아시아를 바라볼 때 가장 먼저 생각하는 것이 젓가락질일 게다.

여기에 아시아문화의 정체성이 있다. 그런데 지금껏 그 누구도 젓가락 문화를 새롭게 학술적으로 연구하고, 전시하는 이벤트를 만든 적이 없다. 젓가락 페스티벌이 국내외의 많은 관심을 받은 것도 그 때문일 거다.

06 젓가락에 관한 학술 세미나도 개최되었다. 이 자리에서는 한중일 젓가락 문화의 공통점과 발생 이유, 그리고 역사적으로 우리의 식생활과 전체 생활양식에 어떤 아시아적 특성을 주었는지에 대한 연구발표가 있었다.

세미나를 통해 문화, 과학, 산업과 연관된 젓가락의 중요성에 대해 재인식하고, 3국 공통의 젓가락 문화유전자를 확인했다. 무엇보다 가장 큰 성과는 한중일 3국 공동으로, 젓가락 문화의 유네스코 세계문화유산 등재를 추진하기로 합의한 점이다. 이를 위해 동아시아 젓가락 협의체도 구성될 예정이다.

07 한류의 열풍으로 우리 문화에 대한 관심이 고조되어 있는 때이니만큼, 누구나 친근하게 다가갈 수 있는 젓가락은 아시아 문화를 이해하고 배울 수 있는 기폭제가 되어줄 것이다. 더하여 한류의 음식문화 등 의식주의 서브컬처를 세계에 널리 알리는 효과도 기대할 수 있다. 여기에 관람객이 직접 참여하는 프로그램으로, 한국 특유의 젓가락 장단을 두드려 본다거나, 음식을 나눠 먹는 한국 전통의 잔치 문화를 재현해볼 수도 있다. 이런 자리는 나눔과 공동체 의식을 강화하는 기회가 될 것이다.

08 젓가락 루프톱 기간 동안 '젓가락신동 선발대회'도 열렸다. 전국의 어린이집, 유치원, 초등학교에서 2,000여 명이 신청하여 예선을 거친 뒤, 이날 본선에서는 150명이 젓가락질 실력을 겨뤘다. 20년 전 내가 머리로만 구상한 일이 현실화된 거다.
기업, 주민센터, 구청 단위의 단체전과 중국 일본 등 주한 외국인 가족들이 참가하는 자리도 마련되었다.

09 최종 결승은 사전 예선과 현장 예선을 통과한 어린이 16명이, 1분 이내에 정확한 젓가락질로 작두콩을 옮기는 형식으로 진행됐다. 취학 전 아동을 대상으로 한 본선은, 젓가락으로 콩을 1분 안에 옮겨 담는 것이다. 어린이 참가자들이 상 앞에 앉아 젓가락으로 접시에 담긴 콩을 유리병으로 옮긴다. 고사리 같은 손이지만 콩 한 알, 한 알을 정확히 집어 올리는 젓가락 끝은 매섭다. 보송보송한 얼굴에는 진지함이 가득하다. 부모들은 응원하랴, 사진 찍으랴 바쁘다. 외신기자들도 두 개의 얇은 쇠막대로 아이들이 작은 콩알 집어내는 모습을 신기한 듯 카메라에 담았다.

10 젓가락신동에는 심유빈(내수읍 동심어린이집) 어린이가 대상을 수상해 상장과 금 젓가락을 받았다. 최우수상을 수상한 어린이에게는 은 젓가락이, 우수상에는 동 젓가락, 장려상에서 옻칠 젓가락이 선물로 주어졌다.
금 젓가락은 100만 원 상당의 것으로 지능젓가락 전문회사의 협찬을 받아 옻칠과 금으로 만들어졌다. 세계 최초의 금 젓가락 트로피가 탄생한 것이다. 수상을 못 했지만 본선에 오른 어린이도 내년에 열리는 행사에

출전권을 주기로 했다.

1분에 콩 29개를 옮겨 초등부 대상을 받은 한정은(청주 남평초 4) 양은 "유치원 때부터 스스로 젓가락질을 해서 밥을 먹었다"며 "이런 대회가 열리니 재미있고 상으로 젓가락을 받았으니 앞으로 더 열심히 사용하겠다"고 소감을 밝혔다.

11 이날 행사에서는 그랜드 피아노 11대를 22명의 피아니스트가 〈젓가락 행진곡〉과 〈환희〉를 연주하며 행사의 메시지를 공연예술로 표현하는 장관을 연출하였다. 우리나라 피아노의 대모 장혜원 교수를 비롯한 22명의 피아니스트는 출연료의 일부를 청주 지역의 음악발전을 위해 기부키로 해 훈훈한 감동까지 선사했다.

또한 충청어린이예술단의 깜찍한 율동과 한중일 3국의 젓가락 장단 합동공연이 이어지면서 젓가락의 날이 축제의 장, 동아시아 화합의 장이 되었다.

12 이 공연과 젓가락 경연이 진행되는 동안 손가락이 몇 개 움직였나, 젓가락이 몇 번 움직였나 드론으로 찍어서 전 세계에 중계한다고 하자. 드론 가지고 맨날 장난치다 남의 집 지붕 떨어뜨리지 말고 그런 공연을 찍으면 얼마나 아름답겠나. 희고 검은 건반과 그 위를 동시에 움직이는 손가락들의 협연은 굳이 편집하지 않아도 멋진 영상 예술이 된다. 그런 데 쓰라고 드론이 있는 게다. 이 연주를 통해 참으로 놀라운 짝의 힘을 확인하고, 함께 협연하는 것처럼 더불어 함께 살아가는 것의 힘과 아름다움을 음악으로 들을 수 있다. 이런 게 한국과 아시아의 로컬문화를 글로벌화하는 거 아닌가. 젓가락을 통해 가능하다는 이야기다.

13 한국의 옛날 젓가락부터 현대의 젓가락까지, 여기다 문화재급 수저도 보여주고, 오늘날의 숟가락 젓가락 제작과정을 보여준다면 젓가락의 시대상을 한눈에 볼 수 있는 시간축이 완성된다. 거기에 한중일의 젓가락을 모두 모아놓으면 이번에는 젓가락의 공간축이 완성된다. 젓가락의 시공간을 한 번에 보여줄 수 있는 전시가 되는 것이다. 젓가락은 크기는 작지만 쌍으로 죽 늘어놓을 수 있으니 벽면에 아름답게 디스플레이할 수 있다. 젓가락만으로 하는 일종의 설치미술이다.

14 젓가락의 날에는 한중일 유물 젓가락, 창작 젓가락, 문화상품 등 2,000여 점 젓가락의 전시 및 젓가락 장인의 시연과 일반인들의 체험행사도 열렸다. 한중일 3국의 진기명기 젓가락을 비롯해, 생명문화를 한자리에서 만나볼 수 있는 특별전도 있었다. 18일간 옛 청주 연초제조창 일원에서 열린 특별전은 '젓가락, 담다'를 주제로 삶, 멋, 흥이라는 세 개의 세션으로 꾸며졌다.
또한 이 기간 중 청주시가 개발한 '청주 젓가락'도 선보였다. 분디나무(산초나무) 젓가락, 옻칠나전 젓가락, 유기 수저 세트 등이 전시, 판매되기도 했다. 또한 내 젓가락 갖기 운동, 젓가락 선물하기 운동도 함께 펼쳐졌다.

15 이색 작가들의 특별전도 눈길을 끌었다. 이소라 작가는 천 조각 4,000여 개를 엮은 조각보를 전시해, 한국의 섬세하고 아름다운 손바느질과 조각보의 우수성을 선보였다. 이규남 작가는 청개구리가 젓가락을 갖고 노는 모습과 젓가락이라는 손글씨를 작품에 담은 금속젓가락을 출품해 어린이들에게 인기를 끌었다. 이 작품은 젓가락을 테

마로 한 대형 설치작품과 젓가락 벤치 등으로 제작해도 손색없다는 평가를 받았다. 이 외에도 도예가 손종목 작가의 백자 젓가락 받침, 옻칠 명장이자 충북도 무형문화재인 김성호 작가의 옻칠나전으로 마무리한 1미터 젓가락, 산에서 직접 채취한 분디나무를 활용해 만든 이종국 씨의 젓가락 등 우리 젓가락의 아름다움과 산업적 가치 두 가지 가능성을 모두 보여준 젓가락들이 전시되었다.

12 생명축제 고개 2-샛길 〈청주발 젓가락〉

16 이렇게 수천 년을 이어온 젓가락을 창의적으로 만들어 보는 것, 여기에 우리 젊은이들의 희망이 있다. 일본은 지그재그 젓가락을 개발했는데, 그 발상에서부터 완성하기까지의 전 과정을 다큐멘터리로 만들어 NHK에서 방송했다. "젊은이들이여 이러한 창의성을 발휘하라"라고. 한국에서 그런 젓가락을 만들면, 젓가락 가지고 뭘 그래? 별것도 아닌 것을. 이러면서 상대 안 했을지도 모른다. 하지만 그게 아니다. 작은 것부터 시작하는 것이다. 그 작은 것들이 모여 큰 문화를 만들어낸다.

17 젓가락의 날 행사에는 세계 각국에서 100여 명이 참석해 대성황을 이루었다. 한중일 3국의 동아시아 문화도시는 물론이고, 중국의 베이징 · 상하이, 일본의 도쿄 · 후쿠오카 · 가나자와 · 오바마 시 등에서도 작가와 전문가가 참여했으며, 태국, 베트남, 미얀마, 대만 등 젓가락을 사용하는 문화권에서도 참여했다.

국제젓가락문화협회 우라타니 효고(浦谷兵鋼) 회장은 "젓가락은 음식이고 손이며 생명 그 자체이기 때문에, 소중하고 가치 있게 활용하면서 발전시켜 나가야 한다"라며 젓가락 루프톱을 개최한 청주의 놀라운 선택에 깊은 감사를 표했다. 또, 동아시아뿐만 아니라 지구촌을 감동시킬 수 있는 축제로 발전시켜 나가자고 덧붙였다.

18 외신들의 취재 열기도 대단했다. 일본의 NHK WORLD에서는 9일부터 청주에 상주하며 젓가락 루프톱의 준비과정과 특별전, 학술심포지엄, 젓가락의 날 행사 등을 자세히 취재하여 세계 150개 지역으로 생중계했다. 또 젓가락 문화권도 아닌 아랍계 방송 알자지라 방송에서도 젓가락 페스티벌 전 과정을 아랍 전역에 특집 보도하기도 했다. 중국 칭다오, 취안저우, 일본 니가타 등에서도 방송과 신문의 취재가 이어졌다. 우리나라의 수많은 축제 가운데 성공을 거둔 축제라 해도, 해외 언론에 이토록 큰 관심을 받은 축제가 있었던가 싶을 정도로 뜨거운 호응을 받았다.

19 마지막 고개를 넘으니 한중일이 서로 어우러진 축제 한마당이다. 한중일 3국이 모여 동아시아 문화의 원형인 젓가락 문화를 함께 지켜나가는 모습에서 우리는 한중일의 미래를 볼 수 있다. 전쟁과 갈등으로 얼룩진 아시아의 역사를 새로운 평화의 모델로 바꿀 수 있다. 현재 3국은 이 루프톱을 계기로 젓가락 문화의 유네스코 세계문화유산 등재를 공동으로 추진하고 있다.

꼬부랑 열두 고개를 넘으며 고개고개 굽이굽이 펼쳐진 젓가락 이야기를 들어보니 어떤가. 알겠는가. 작다고 무시하지 마라. 작은 젓가락 안에 한국인의 문화유전자가 담겨 있고, 한중일 3국이 공존하는 길이 담겨 있다. 싸우지 말자. 젓가락은 평화 아닌가.

청주발 젓가락

청주발 젓가락은 2016년부터 나름대로 성과를 거두고 있다. 분디나무 젓가락뿐 아니라 청주에는 다양한 장르의 공예작가가 활동하고 있는데 옻칠나전, 유기 수저, 수젓집 등 전통 장인과 현대 창작자들이 참여해 다양한 종류의 젓가락을 생산하고 있다. 청주의 가정주부 5명이 젓가락협동조합을 만들었고, 청주대학교에서는 학생들이 젓가락 창업 동아리도 만들었다. 대한민국에서 최초로, 대한민국에서 유일하게 청주시가 생명 젓가락을 상품화하고 브랜드화하고 있는 것이다. 젓가락 선물하기 운동, 내 젓가락 갖기 운동도 본격적으로 전개하겠다는 것이다. 생명문화도시 청주를 대표하는 콘텐츠로 손색없지 않을까.

청주시의 이 같은 노력은 단순히 젓가락 문화상품 개발에만 머무르지 않는다. 젓가락 교육프로그램 개발을 시작했고, 젓가락 박물관과 미술관을 건립키로 했으며, 젓가락 장단, 젓가락 음식문화 등 다양한 장르에 걸쳐 특화하기로 한 것이다. 실제로 청주의 향토기업인 ㈜젠한국은 자신들의 사옥을 활용해 젓가락 전문 공간을 꾸미겠다는 의지를 갖고 있으며, 청주시가 개발한 젓가락을 자신들의 전국 매장을 통해 판매하기 위한 준비에 들어갔다.

이종국 작가의 분디나무 젓가락

이종국 작가는 산에서 직접 채취한 분디나무를 활용해 다양한 젓가락을 만들었으며, 지역의 새로운 문화상품 가능성을 확인했다는 평가를 받고 있다. 또한 자신이 직접 닥나무를 재배하고 한지를 만든 것을 활용해 삶의 공간을 연출해 지역문화와 전통문화의 가치를 국내외에 널리 알리고 있다.

금속공예작가 이규남의 젓가락

청주대학교 공예디자인과 교수인 이규남 작가는 청개구리가 젓가락을 갖고 노는 장면과 젓가락이라는 손 글씨를 작품에 담은 금속젓가락을 출품해 어린이들에게 인기를 끌고 있다. 이 작품은 젓가락을 테마로 한 대형 설치작품과 젓가락벤치 등으로 제작해도 손색없다는 평가를 받고 있다.

도예가 손종목의 젓가락받침

전시장 한 면을 손 작가의 젓가락 받침으로 전시했다.

진천공예마을에서 활동하고 있는 도예가 손종목 작가의 백자 젓가락 받침도 인기다. 손종목 작가는 꽃 모양의 백자 젓가락받침 200개를 출품했는데, 식탁 문화를 아름답고 윤택하게 가꿀 수 있는 아이디어 상품으로 최적이라는 평가를 받고 있다.

칠장 김성호의 옻칠 젓가락

1미터 크기의 옻칠나전 젓가락을 출품한 칠장 김성호 작가의 활약이 눈부시다. 옻칠 명장이자 충북도 무형문화재인 김성호 작가는 옻칠나전의 1미터 젓가락 외에도 다양한 문양의 옻칠 수저 세트를 선보이면서 우리 고유의 삶과 멋을 유감없이 발휘했다. 특히 이종국씨와 함께 분디나무(산초나무)를 활용한 옻칠 젓가락도 선보이면서 관심을 모으고 있다.

진화하고 있는 젓가락

수많은 디자인상을 수상한 일본의 디자인 스튜디오 Nendo는 일본의 젓가락 장인들과 콜라보레이션을 이루어 세련된 젓가락을 만들어낸다. 이 작업의 전 과정을 NHK 다큐멘터리를 통해 보았는데, 젊은 디자이너가 전통 기술을 현대에 계승하려는 노력을 보고 큰 감동을 받은 적이 있다.

원래는 “두 짝”인 젓가락을 “한 짝”으로 했다. 사용 시에는 반으로 나누고, 사용하지 않을 때에는 서로 “붙여서” 다시 한 짝이 된다. 장인의 수작업과 디지털 제어기인 다축절삭기를 합치는 것으로 실현이 가능해졌다.

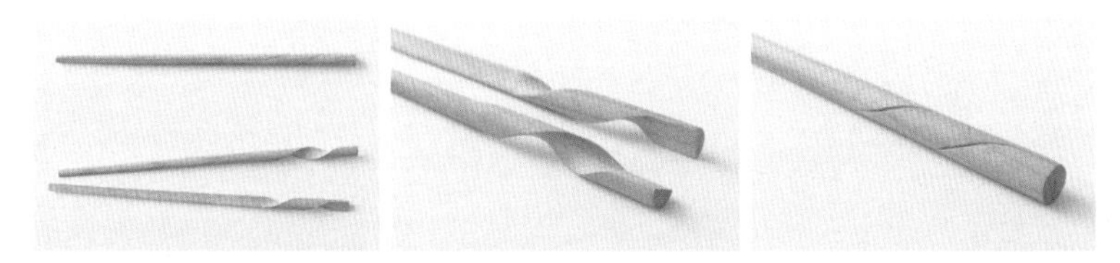

Nendo 사의 젓가락. 두 짝을 서로 붙여서 한 짝을 만들 수 있다.

단면이 꽃 모양을 한 젓가락

한 쌍의 젓가락이 거꾸로 하나로 붙여있는 젓가락

사진 출처 http://www.nendo.jp

저자와의 대화

인류 최초의 요리사와 전사戰士의 도구, '부지깽이'와 '작대기'

정리 : 김태완(《월간조선》 기자)

이어령 선생의 두 번째 한국인 이야기는 젓가락이다. '하찮게' 여기는 젓가락이지만, 젓가락 안에 "한국인의 문화적 밈(Meme), 우리 민족의 아이덴티티(정체성), 신분증이 들어 있다"는 게 선생의 생각이다.

유래는 알 수 없으나 동양 문화권에서 수천 년을 이어온 젓가락은 지렛대 원리를 이용해 사람의 손가락을 완벽하게 대신하는 도구다. 그런데 한 짝으론 아무 구실을 못 한다. 오로지 두 짝이어야 한다.

이유식을 뗀 아이가 밥을 먹으면서 배우는 것이 젓가락질이다. 숟가락과 달리 젓가락은 평균 이상의 악력이 필요하다. 아이는 점차 성장하면서 젓가락으로 콩자반을 집거나 깻잎장아찌를 떼는 과업을 차근차근 달성하며 밥상 대열에 안착한다.

때로 메추리알, 방울토마토, 매실절임 같은 난도(難度)가 높은 음식과 성실히 맞서는데, 면(麵)을 돌돌 말거나 쌀밥을 한 톨씩 집는 극강(極强)의 젓가락질은 마치 성장통처럼 청소년기를 거치며 습득할 수 있었다.

그 시절, 젓가락질이 서툴면 혀 차는 소리를 듣거나 닭똥 같은 눈물을 흘려야 했다. 때로 굶을 각오까지 해야 하는 비정한 밥상머리 교육을 감내

할 수밖에 없었다. 그러나 세상은 그때와 많이 달라졌다. 선생의 말이다.
"요즘 초등학생 가운데 젓가락질을 할 줄 아는 아이가 열 명 가운데 한두 명밖에 안 된대요. 하지만 정말 하찮은 것이라면 백제 무령왕(통치 기간 501~523) 능에서 금관 장식과 함께 청동 수저가 발굴되었겠습니까. 백제인의 피와 몸은 사라졌어도 그 하찮은 젓가락은 그 짝을 잃지 않고 나란히 우리 눈앞에 있습니다.
1500년 전 모든 것은 모두 다 변하고 사라졌는데도 어떻게 그 젓가락만은 지금까지 전해져 끼니마다 변함없이 사용되니 신기하지 않습니까."

— 젓가락도 우리 문화의 일부군요.
"그럼요. 젓가락을 떠올려봐요. 자연의 나뭇가지를 손으로 집는 순간, 문화가 생겨나게 되는 겁니다. 그냥 나뭇가지가 아니라 자신의 손가락을 닮은 가지를 꺾고 다듬는 단순하지만 최초의 공정, 도구를 만드는 과정이 문화예요.
손으로 잡기 쉽게, 처음에는 꼬챙이처럼 한 가닥이 있던 것이 두 개로 짝을 만들어 음식을 집는 순간 자연과는 다른 문화의 세계, 그 문이 열리는 것이지요."

중국, 일본과 다른 한국의 젓가락 문화 '수저'

선생은 또 "동북아 한중일(韓中日)이 같이 공유하면서도 우리만이 가지고 있는 문화유전자를 젓가락에서 찾을 수 있다"는 말도 했다.
"우리는 젓가락만이 아닌 '수저'를 사용한다는 점에서 중국·일본과 달라요. 아시아에서 유일하게 숟가락과 젓가락을 합친 수저를 한 쌍으로 사용해요. 중국, 일본에는 그런 개념이 없어요. 연암 박지원이 〈혹정필담(鵠汀筆

談)〉에서 이야기했듯 중국과 우리나라의 젓가락 문화는 수저에서 확연하게 달라요."

선생에 따르면, 숟가락은 주로 국물을 떠먹는 것으로 음(陰)에 속한다. 양(陽)에 속하는 젓가락은 고체 형태의 음식을 집는 데 용이하다. "젓가락은 양, 숟가락은 음, 건더기는 양, 국물은 음이다. 양으로 양을 집고, 음으로 음을 뜨면서 음양이 조화를 이룬다"는 것이다.

"같은 젓가락 문화권인 일본이나 중국과 달리 한국 문화는 수저를 같이 쓴다는 점에서 일체형의 음양 조화 문화를 가장 철저하게 생활화한다고 할 수 있어요."

듣고 보니 고개가 끄덕여졌다.

"그런데 보세요. 한중일 3국 중에 유일하게 쇠젓가락을 가진 민족이 우리입니다. 쇠젓가락은 밥상을 두드려도 소리가 나고, 소주병을 잡고 즉석 연주도 가능하죠. 나무젓가락은 밋밋하고 소리가 안 나."

"쇠젓가락은 가락을 좋아하던 우리 민족에게 훌륭한 악기였다. 젓가락 장단으로 '니나노~' 하잖아"라는 말에 웃을 수밖에 없었다.

그런데 이 대목에서 선생은 다시 '진지' 모드로 돌아갔다.

"한국인의 정체성이 담긴 젓가락이 어디까지 올라가느냐 하면 인류 최초의 전사(戰士), 최초의 요리사까지 올라갈 수 있어요. 다시 말해 '작대기'와 '부지깽이'로 연결됩니다."

기자가 잠시 멍한 표정을 짓자 선생은 혀를 차듯이 덧붙였다.

"김 기자! 시작부터 황당하다는 눈빛인데, 들어봐요.

헤라클레스가 사자를 때려죽일 때 쓴 도구가 뭐예요? 곤봉이거든요. 다시 말해 작대기입니다. 《서유기》에서 손오공이 자기 마음대로 늘였다 줄였다 하던 작대기가 여의봉이잖아요. 유럽의 군주들에게 권력을 상징하던

지휘봉이 왕홀(王笏)입니다. SF의 명작으로 꼽히는 스탠리 큐브릭(Stanley Kubrick) 감독의 〈2001: 스페이스 오디세이〉(〈2001: A Space Odyssey〉)를 떠올려 보자고요."

불의 발견과 부지깽이

젓가락에서 '작대기' '부지깽이'로 이야기가 옮겨가던 선생의 사유(思惟)가 갑자기 SF영화로 종횡무진 시공간을 넘나들었다. 기자의 뇌 이쪽저쪽이 동시에 반응하기 시작했다.

"영화 속 인류의 진화를 가장 극적으로 드러낸 장면이 뭐예요? 그렇지. 원숭이 한 마리가 자신이 쥐고 있던 뼈다귀를 하늘 높이 드는 거라고. 이 뼈다귀가 바로 '작대기'의 원형이고 꼬부랑 할머니의 '지팡이'야. 권력과 파워(힘)의 상징인 거죠."

영화 속 묵직한 정강이뼈로 다른 무리를 제압하는 원숭이의 모습이 얼핏 떠올랐다.

"원숭이가 하늘 높이 던진 뼈다귀가 천천히 내려오면서 화면이 다음 장면으로 이어지잖아요. 넓디넓은 은하계, 우주 비행선이 날아가고 푸른 지구가 나오는 장면입니다. 우리 인류의 과거와 미래를 상징하는 거잖아요.

이 뼈다귀를 쥔, 저 작대기, 곤봉을 쥔 이가 바로 인류 최초의 전사인 거지."

선생은 영화 속 유인원에 집중했다.

"원래 원숭이는 네 발을 사용해 자유자재로 나무를 타잖아요. 나무를 못 타는 원숭이는 무리에서 쫓겨나게 됩니다. 진화론 관점에서 그 쫓겨난 원숭이가 인간으로 발달하게 됩니다. 그러고 보면, 인간은 본질적으로 결핍의 존재일 수밖에 없어."

기후의 변화로 열대 우림이 점점 줄어들고 사바나 지형이 형성되었다. 나무를 잘 타지 못하는 원숭이는 나무 열매에만 의존할 수 없어 평지 생활을 시작하게 된다. 수렵 채집의 시작, 채집문명의 도래다.
"원숭이는 살아남기 위해 고개를 높이 치켜들고 두 발로 서게 됩니다. 두 손은 자연히 자유로워지게 된 거지. 그때 저쪽에서 하이에나가 막 몰려옵니다.
어떻게 하겠어요. 막 도망치다가 발에 차이는 돌을 집어 던지고(호모 훈디토르 · Homo Funditor · 投石人), 나무 작대기를 찾지 않겠어요?"
젓가락의 시원(始原)을 파고들던 선생은 작대기에서 '불의 발견'으로 이야기 방향을 조금 틀었다.
"인류학자인 하버드대 리처드 랭엄 교수가 이런 말을 했어요. '날달걀을 먹으면 영양이 근육으로 가고, 삶은 달걀을 먹으면 뇌로 간다'고 말이죠. 화식(火食)으로 인간의 뇌가 본격적으로 발달하기 시작했어요. 뒤집어 생각하면, 최초의 인간은 작대기를 든 사람이 아니라 불을 이용하는, '부지깽이를 든' 사람이라 말하는 게 더 정확하지 않을까."

고대 문헌에 부지깽이가 없는 이유

리처드 랭엄 교수는 인간 역사에서 가장 중요한 전환점이 바로 '불의 발견'이라고 설명한다.
인간이 이룩해낸 가장 중요한 것이 불로 음식을 요리하는 '화식'의 발견이며, 이 화식이 인간의 모든 것을 바꿨다는 '요리 본능 학설'을 주장한다.
"그런데 잘 보라고. 사냥한 짐승을 익혀 먹을 때 불을 어떻게 다뤘을까요. 손으로 했겠냐고. 부지깽이로 했겠지요.
우리가 캠핑을 가봐도 알 수 있어요. 나뭇가지를 모아 불 피우려면 불쏘시개가 필요하고 부지깽이가 있어야 해요."

— 시골에서 자라 부지깽이가 뭔지는 알지만, 고대(古代) 유적에서 부지깽이가 발굴됐는지 궁금합니다.

"어떤 학자는 부지깽이 흔적이 인류사에 없다고 주장합니다. 《사피엔스》를 쓴 유발 하라리 같은 학자도 부지깽이의 존재를 모릅니다. 생각해보세요. 왕의 무덤 속에 상아(象牙)나 금, 청동, 옥으로 만든 젓가락은 넣어도 부지깽이를 넣겠어요?

시골 부뚜막에서 불을 피워본 사람은 공감하겠지만 부지깽이 역할을 한 '불쏘시개 작대기'는 마지막에 다 태워버리잖아요. 그러니 화석(化石)으로 안 남죠."

고대 문헌에 부지깽이 사용법이 없는 이유는 간단하다. 부지깽이는 일상에서 아주 자연스럽게 접목되었기 때문이다. 불을 이용하는 데 없어선 안 되는, 그러니까 요리를 하는 여자에게 단순한 도구를 뛰어넘는 생활의 편리함을 가져다주었다. 역사적 기술(記述)이 대개 남성의 시각에서 정리됐다는 점도 배제할 수 없다.

"문화인류학자들은 화석으로 남지 않으면 역사적 실체로 인정하지 않는 경향이 있어요. 문자로 인간 생활을 기록하고 보존하는 시대를 '역사 시대'라고 부르고, 문자 이전을 '선사(先史) 시대'로 명명하잖아요."

선생이 목소리를 높이며 성토하기 시작했다.

"김 기자! 생각해보세요. 인간 역사가 문자로 시작한다? 웃기는 놈들이야. 말이 없이 글(문자)이 어떻게 나와? 글보다 말이 먼저잖아. 인간의 '인지(認知) 혁명'은 글보다 말에서 먼저 시작되는 거야. 그렇지 않아? 문자 발명은 아무것도 아니야. 말의 발명이 더 위대해.

말이 애비(아비)고 글은 자식인데, 자식에게 역사가 생기고 애비는 역사에서 제외한다? 이게 가능하냐고. 문자를 쓴 1만 년의 세월로 문자 이전의

350만 년을 다 지워버렸어, 이놈들이."
선생은 두 손을 불끈 쥐더니 이내 눈을 감았다.
"언제 예수님이 글을 쓰셨어? 제자들이 써 신약(新約)이 됐는데, 성경 이전에 기독교가 없었겠네. 정말이지 웃기는 거여."

부지깽이를 든 여자, 인류 최초의 요리사

세계적 고고학 저널리스트인 후베르트 필저가 쓴 《최초의 것(Das Erste Mal)》(지식트리 刊, 2012)을 보니, 인간 손으로 불을 붙인 최초의 실제 증거들이 이스라엘 북부 요르단 계곡의 고갈된 호수 주변에서 발견되었다고 한다. 그곳에서 79만 년 전에 모닥불이 타올랐다는 증거가 나왔다. 까맣게 탄 낟알, 나무껍질, 나뭇조각, 부싯돌, 그리고 사용되지 않은 목재들이 발견된 것이다.
불을 땔 때 불을 헤치거나 끌어낼 때 쓰는 도구가 부지깽이다. 인류학자들은 불을 길들이던 시점을 약 80만 년 전쯤으로 본다. 선생의 설명이다.
"불을 일상적으로 이용하게 된 인간은 극심한 추위를 이겨냈고 수렵 채집의 한계를 극복했으며 으르렁대는 호랑이, 사자의 공격을 막을 수 있었을 겁니다.
자연의 열매로는 소화가 어려운 밀, 쌀, 감자가 인간의 주식(主食)으로 등장하게 된 것도 불 덕분이었어요."
"불에 익히면 음식을 오염시키는 세균과 기생충의 위협에서 벗어날 수 있었고 심지어 죽은 동물도 구워 먹을 수 있었다"는 것이다.
"흔히 '잠자는 사자'라고 하잖아요. 사자는 먹으면 온종일 자. 왜? 소화시키느라 자는 겁니다. 다 소화시킨 뒤 배가 고파야 다시 어슬렁거립니다. 그런데 불로 익혀 먹으면 소화하는 시간이 날것으로 먹는 것에 비해 1/10

이면 돼요. 그러니 인간은 짐승보다 활동하는 시간이 더 많게 되고, 화식으로 뇌가 발달한 덕에 정교한 사냥이 가능해진 거야."

잠시 생각하더니 다시 말을 이었다.

"짐승은 참을성이 없거든. 그 자리에서 다 먹어. 인간은 불로 익히고 요리를 해서 먹으려면 참아야 해요. 요리는 기다림이잖아. 또 여럿이서 공식(共食)을 합니다. 그것을 콘비비알러티(conviviality · 향연 혹은 연회)라고 합니다. 기독교 성찬식에서 예수님의 성체인 빵과 포도주를 나눠 먹는 것과 다 연결이 됩니다.

인간만이 참고 기다리며 공식합니다. 음식을 나눠 먹는 결속이 마을을 이루고 국가를 형성시킬 수 있었던 거지. 저 거대한 매머드를 혼자서는 잡을 수 없어요. 그러나 집단을 이루면 인간보다 몇 배나 큰 동물도 사냥할 수 있어요.

집단주의는 개인을 죽이는 게 아니야. 개인의 힘을 확장시키는 것이야. 개인(의 능력)이 개인 이상을 발휘하기 위해 집단을 형성하는 거라고. 그러나 오늘날의 집단주의는 개인을, 개인의 개성을 죽이잖아."

인류 최초의 요리사, 꼬부랑 할머니, 미토콘드리아 이브

선생의 말이 점점 빨라지기 시작했다. 이야기는 '인류 최초의 요리사', 꼬부랑 할머니로 이어졌다.

"불을 다루는, 부지깽이를 든 여자가 바로 인류 최초의 요리사입니다. 남자들은 보통 사냥을 나가잖아요. 사냥해온 짐승을 누가 요리해요? 여자는 애 낳고 키우면서 자연히 집에 있게 되잖아요.

헤겔은 '최초의 전사(남성)'가 역사를 만들었다고 하지만 내가 볼 때 아니야. 최초의 역사를 만든 이는 싸움꾼이 아니라 '이야기꾼'입니다. 그 이야기 속 가장 큰 상징이 부지깽이를 든 여성입니다. 그게 우리나라에 오면 꼬부랑 할머니죠.

견강부회(牽强附會)라고? 아닙니다. 영화 〈쥬라기 공원〉처럼 DNA를 복제해 공룡을 만들듯 '인류 유전학'에서 미토콘드리아 DNA 변이를 거슬러 올라갈 때 상정할 수 있는 인류 최초의 모계 공통 조상을 '미토콘드리아 이브(Mitochondrial Eve)'라고 부르잖아요.

그게 바로 다름 아닌 꼬부랑 할머니여."

— '최초의 역사를 만든 이는 싸움꾼이 아니라 이야기꾼'이라고 했는데 풀어서 설명해주세요.

"개인이든 집단이든 파이어 플레이스(fire place) 곁에 옹기종기 모여 음식을 익혀 먹게 됩니다. 먹고 마시며 이야기를 나누고 상상력의 꽃을 피우는 거야. 바로 그 자리에서 '스토리텔러'로서의 인류가 시작하는 겁니다. 그게 호모 나랑스(Homo Narrans), 이야기꾼이야."

라틴어 '나랑스'는 영어로 내러티브(narrative), 즉 허구 또는 실제 사건들의 연속된 이야기를 말한다.

"지식과 지혜가 있다고 '호모 사피엔스'라고 부르고, 도구를 만들어 쓸 줄 안다고 해서 '호모 파베르'라고 불러요. 호모 루덴스(유희적 인간), 호모 아카데미쿠스(공부하는 인간), 호모 쿨투라(문화적 인간), 호모 폴리티쿠스(정치적 인간) 등 인간의 학명(學名)이 수백 가지나 됩니다. 다 하위 개념이야. 상위 개념은 딱 하나입니다. 바로 호모 나랑스!"

— 왜 그런가요.

"'인지 혁명'으로 인간만이 '창조적 상상'을 할 수 있으니까요. 인간만이 불 앞에 옹기종기 모여 밤하늘을 바라보며 무수한 별 이야기를 만들 수 있으니까요. 거짓말과 허구, 상상의 세계를 원숭이나 침팬지가 꾸며낼 순 없었어요. 호모 나랑스는 '호모 작대기' '호모 부지깽이' '호모 젓가락'으로 연결됩니다."

일꾼보다 이야기꾼!

선생의 눈이 반짝이기 시작했다.

"네발짐승이 두 발로 일어섰을 때를 상상해보세요. 저 멀리 땅끝 지평선이 보였을 것이고 하늘이 보였을 겁니다. 밤하늘, 수많은 별이 눈동자에 추락하는 것을 볼 수 있었을 거야.

직립보행하는 인간의 눈에 그제야 대자연의 넓고 큰 땅(大地)이 들어오고 잠재된 상상력이, 신화(神話)의 세계가 분출되기 시작하는 겁니다."

이 대목에서 선생은 초대 문화부 장관(재임 1989년 12월~91년 12월) 시절을 떠올렸다.

"클래식 발레의 '육법전서'라는 소련 볼쇼이 발레단이 방한했어요. 그들 앞에서 이런 환영사를 했습니다.

'인간 역사 가운데 가장 가슴 설레고 가장 놀라운 이벤트 두 가지가 무엇이겠느냐. 바로 두 발로 딛고서 땅끝을 처음 보았을 때가 아니었을까. 그제야 하늘의 별이 눈에 들어왔을 것이다. 그리고 두 발로 선 인간이 높이 솟구쳐 오르려 할 때가 아니었을까. 시몬 베유(Simone Weil)가 말하는, 아래로 떨어지는 중력의 비극(悲劇)에 맞서 끝없이 위로 올라가려 하는 인간의 상승 욕구와 같다. 하늘로 솟구치려는 고양(高揚)! 고양! 날개 없이 횃불처럼 솟구치려는, 높이 뛰는 자가 바로 당신들'이라고 하니 발레단 단장이 흥분해서 나를 5분 동안이나 껴안았어. 하하하."

선생의 회고를 듣자니 그는 타고난 이야기꾼이라는 생각이 들었다.
"사람들은 '일꾼'을 대단히 여기지만 일꾼보다 이야기꾼이야."

— 왜 그런가요.
"사냥꾼보다 사냥한 경험담을 이야기하는 사람이 더 대단해. 왜? 수렵은 짐승도 하니까. 하지만 이야기꾼은 짐승을 잡고서 '야, 이놈 뛰어가는데 잡으려다 죽을 뻔했어'라고 허풍을 보태면서 경험담을 늘어놓을 수 있잖아. 그러니 일꾼보다 이야기꾼이 먼저가 아니겠어? 그게 바로 문화고 '세미오시스(Semiosis)'라고 부르는 상징이지."

꼬부랑 할머니의 지팡이와 세미오시스

기호학자인 선생은 세미오시스라고 부르는 언어와 기호의 상징체계를 오랫동안 연구해왔다. 기존의 피시스(Physis · 자연계)와 노모스(Nomos · 법과 제도)로 설명할 수 없는 세계를 상징계를 통해 풀이해온 것이다.
"내가 안데르센 동화 〈성냥팔이 소녀〉 이야기를 자주 하잖아요. 차가운 길바닥에서 얼어 죽은 소녀의 얼굴에 왜 '미소'가 가득했을까요? 사람들은 이유를 알 수 없었어요.
추운 겨울(피시스), 비정한 도시 문명(노모스)의 시각에선 그 '미소'를 해석할 수 없어요. 오직 상징(세미오시스)으로만 이해할 수 있어요.
그 상징이 일종의 픽션(fiction)의 세계입니다. 어원인 라틴어 '픽티오(fictio)'는 꾸며내거나 작위적으로 만들어진 현실이라는 뜻인데 바로 꼬부랑 할머니 이야기입니다."
은유와 상징으로서의 작대기, 부지깽이 이야기가 절묘하게도 꼬부랑 할머니 이야기로 연결되었다. 선생의 시각에 무릎을 칠 수밖에 없었다.

"바로 부지깽이와 작대기가 꼬부랑 할머니 지팡이의 상징인 겁니다.
서양에서는 인류 역사를 대개 이항(二項) 대립으로 보잖아요. 남자 대(對) 여자, 지배 대 피지배자, 주인과 노예라는 식으로 말이죠. 대개 '노모스'와 '피시스'의 관점에서 대립과 전쟁을 변증법으로 정리한 거야.
그러나 세미오시스의 눈으로 전쟁과 요리의 기원을 더듬다 보면 부지깽이와 작대기로 연결됩니다. 어때요, 기가 막힌 상징 아니에요? 하하하."

— 아무도 선생님처럼 생각하는 이는 없을 겁니다.
"작대기는 곤봉을 든 전사들이고 남성 원리가 지배하지. 결과적으로 전쟁과 폭력을 의미합니다.
반면 부지깽이는 요리사들이고 여성 원리를 담지. 전쟁과 평화의 상징입니다. 남자는 생명을 죽이고 여자는 생명을 낳아요. 생명을 기르는 어머니의 젖이 요리입니다. 하늘이 주신 요리여. 아이가 젖을 떼면 그때부터 엄마의 요리를 먹어요."

부젓가락, 젓가락의 등장

잠시 숨을 돌린 선생은 다시 말을 이었다.
"그러니까 최초의 요리사, 최초의 전사가 우리의 여자고 남자가 되는 겁니다. 바로 인류의 조상인 꼬부랑 할머니인 셈이죠. 부지깽이와 작대기는 자연 그대로 꼬부랑 할머니의 지팡이지요."

— 불의 이용과 화식, 뇌의 질적 변화, 부지깽이가 다 연결이 돼 있네요.
"불을 이용해 요리하려면 부지깽이가 반드시 필요하죠. 그런데 두 개가 있어야 효율성을 높일 수 있어요. 이렇게 등장한 것이 부젓가락이고 젓가락이 된 것입니다. 젓가락은 하드웨어 개념이 아니라 소프트웨어 개념이죠."

분석처럼 젓가락은 불씨를 옮기는 부젓가락의 운명을 타고났다가 점점 요리할 때, 또는 식사할 때, 아니면 두 경우 모두에 쓰였을 것이 분명하다. 지금도 가정에는 요리용 (긴) 젓가락이 있다. 뜨거운 음식을 옮기고 뒤집거나, 혹은 달걀 같은 액체를 저을 때 젓가락이 쓰인다.

선생은 불을 이용하기 위해 부지깽이와 부젓가락이 등장할 수밖에 없는 배경을 이렇게 설명했다.

"브레이크가 없으면 자동차가 존재할 수 있나요? 멈출 수 있어야 출발할 수 있지. 같은 이유로 불을 끌 수 있어야 불을 이용할 수 있어요. 끌 수 있는 도구가 부지깽이고 부젓가락입니다.

인류의 발명품은 대개 네거티브를 통해 증명할 수 있어야 해요. 불을 켜는 만큼 끄는 역할이 중요하죠. 발화(發火)만 중요한 게 아닙니다.

마찬가지로 인간 욕망을 이해하려면 섹스를 참을 줄 알아야 하죠. 욕망만으로 섹스가 존재할 수 있겠어요? 성적 억압과 금기의 역사도 존재하잖아. 너무 한 방향으로 죄다 보면 독재가 되고, 금욕이 되고, 움직이지 않는 자동차가 되는 겁니다. 자동차를 발명한 이유는 움직이기 위해 만든 것이지 정지하려고 만든 것은 아니니까요.

문명의 시작은 항상 리스크(위험)를 각오하고 앞으로 나가는 거잖아요. (자동차의) 브레이크 장치가 약간 서툴지만 한번 가보는 거야. 이런 불안과 긴장이 사회를 만드는 겁니다."

꼬부랑 할머니가 한국에 온다면…

— 역설이네요.

"역설이죠. 움직이게 하려면 그 반동력으로 움직이지 못하게 하는 기술이 필요해. 이것이 바로 문명을 만드는 슬기고 지혜인 것입니다.

인공지능이 왜 두려우냐. 제어가 안 되기 때문이지. 불이 귀하지만 끌 줄 몰라봐요. (불을) 옮길 줄 모르면 어떻게 되겠어요. 그래서 부지깽이가 필요하다고요. 끄고 불붙이고 옮기고… 컨트롤(관리)할 수 있는 도구가 부지깽이인 거지."

심각했던 얼굴을 푼 선생은 열두 고개를 넘듯 기자에게 질문을 던졌다.

"인류 모계 공통 조상인 미토콘드리아 이브가 살아 돌아왔다고 칩시다. 아니면, 진화론적 관점에서 나무 못 타는 원숭이, 사바나 초원의 벌거숭이(원숭이), 그러니까 최초로 불을 쓰기 시작한 인류의 조상이 지금 한국에 왔다고 칩시다."

그 미토콘드리아 이브가 바로 '꼬부랑 할머니'란 사실을 독자들이라면 금방 알아차렸을 것이다.

"그 조상이 한국의 어디를 가겠어요? 서울의 고층 건물과 수많은 자동차 사이에서 길을 잃을 겁니다. 사람들마다 손에 들고 있는 스마트폰을 보고 그 쓰임새를 눈치챌 수 있을까요? 짐작조차 못 할 겁니다.

옷 입고 돌아다니는 강아지를 보고서 무슨 이런 세상이 있나 할 테고 물이 채워진 변기를 보고는 신식 대야라 생각하고 세수를 할 수도 있어요. 비데 물줄기라도 경험하게 되면 혼비백산 소스라치지 않을까요."

선생은 말을 긴장감 있게 몰고 가면서도 기발한 비유로 미소를 끌어낼 줄 안다.

"거의 유일하게 한눈에 용도를 알아보고 당장이라도 익숙하게 손에 쥘 수 있는 것이 무엇일까? 바로 부지깽이입니다.
우리의 꼬부랑 할머니는 서울을 벗어나 시골 초가집 부뚜막에 가지 않겠어요? 그 부뚜막 앞에 쭈그리고 앉아 불을 피우곤 부지깽이를 손에 쥐지 않겠어요? 이글이글 타는 불길을 바라보며 350만 년 전처럼 환하게 웃지 않겠어요? 김 기자! 경이롭지 않아요?"

생명의 작대기에서 젓가락이 나와

인간이 도구(무기)를 이용해 집단 내 경쟁자나 맹수를 제거한다는 가정은 뇌의 발달을 전제한다. 화식으로 말미암아 뇌가 커지면서 의식적으로 '살인 무기'를 사용하려는 저열한 동기(動機)들이 생겨났을 것으로 짐작한다.
"인간이 작대기를 가지면 대개 폭력적인 상황과 관련이 있어요. 사람(짐승)을 때리거나 싸워서 심지어 죽일 수 있는 무기인 셈이죠. 인류의 조상 때부터 작대기(곤봉, 방망이, 몽둥이)는 동물을 위협하거나 쫓아내기 위해 사용되었어요. 그런데 놀랍게도 이 작대기를 평화롭게 쓴 것이 한국인과 아시아 문화권입니다."

— 어떤 면에서 그런가요.
"빨랫방망이를 생각해보세요. 원 없이 두들겨도 그게 누굴 해치거나 무언가를 망가뜨리는 것이 아니라 오히려 빨래를 더 깨끗하게 만들잖아요. 다듬이는 어떤가요. 구겨진 옷을 말끔히 펴는 데에 쓰이잖아요. 이 작대기로 죽은(더러운) 옷을 다시 살립니다."
선생은 "작대기는 파괴하고 망가뜨리는 것이 아니라 살리고 돌려놓는 '생명'의 도구"라면서 이렇게 덧붙였다.
"똑같은 작대기로 남들은 죽이고 폭력을 휘두르는데 그것으로 빨래를 빨고 다듬고 작은 것으로 만들어 식사를 해온 겁니다. 젓가락의 발명은 대단한 것이고 그냥 넘길 수 없는 이유죠.

그렇지만 한국인은 이상적 평화주의자는 아니야. 전쟁 위협을 느끼면 남자는 작대기를 들고 용감한 전사로 돌변하지. 부엌에서 음식 하던 여자는 부지깽이를 들고 뛰어나오는 겁니다."

선생은 작대기의 다른 예로 전라북도 익산 지역에서 전해져 오는 '익산(益山) 목발노래'를 이야기했다. 목발노래란 지게 작대기로 목발을 두드리며 부르는 노동요(勞動謠). 나무로 된 두 개의 지게 다리를 일컬어 목발이라 부른다.

"'익산 목발노래'는 일을 마치고 마을로 돌아올 때, 혹은 나뭇짐 지고 신바람이 날 때 지게 목발을 작대기로 두드리며 부르는 노래입니다. 등짐이 무거울 때, 가벼울 때, 빈 지게로 나갈 때 등 상황에 따라 곡조의 장단이 다 달라요.

인생사의 회포를 풀 때는 긴육자배기 가락으로, 신명 나게 부를 때는 엇모리장단, 흥을 돋울 때는 시나위 조의 굿거리장단으로 부릅니다. 심지어 패랭이에다 계화를 꽂고서 매호래기춤을 추며 고된 노동을 잊었어.

작대기로 노래 장단을 맞추는 것이 처음엔 우연히 시작됐을지라도 노동에 생기를 불어넣은 '생명'의 악기가 된 겁니다.

시골 부뚜막의 부지깽이에 인류의 원형이 남아 있다면 우리 농촌의 지게 작대기가 그 원형인 것이죠. 이것이 바로 문화고, 한국의 지게 문화인 거지. 무궁무진한 거여."

맺는 시

보릿고개 넘어 젓가락 고개로

보리가 익기만을 기다리던 시절이 있었습니다.
이름을 몰라 보리밥을 깜깜한 밥
쌀밥을 그냥 "환한 밥"이라 불렀던
배고픈 아이들의 기억이 있었습니다.

하지만
보릿고개를 넘다 아이들은 배웠습니다.
보리는 모든 곡식이 사라진 뒤에도
홀로 서리 내린 벌판 위에서 일어선다는 것을
땅이 얼수록 뿌리는 단단해지고
밟힐수록 잎은 더 무성해진다는 것을

눈물로 참고 땀으로 일하는 끈기도 배웠습니다.
"남들도 먹어야 살지."
밥 한 숟가락 남기는 가난 속의 예절도 익혔습니다.

보세요.
지금 그 애들이 보릿고개를 넘어
우리에게 왔습니다.
가슴 한 아름 보리밭의 추억을 안고
생명 쌀 그득히 한 짐 지고
여기 함께 모였습니다.

이제 이 아이들이 넘어야 할 꼬부랑 고개를 위해
젓가락 한 벌을 주어야 합니다.
보릿고개가 배고픈 고개였다면

지금 우리가 넘어야 하는 고개는 마음이 고픈 고개이기 때문입니다.
하늘나라에서는 자기 팔보다 더 긴 젓가락으로
밥을 먹어야 한다는데
그건 아무리 애를 써도 불가능한 것

하지만 음식을 가져다 자기 입에 넣지 않고
남의 입에 넣어주면
지옥이 천국으로 변한다는 것
그래요. 보릿고개를 넘듯이
가락이 있고 짝이 있고 사이를 만들어가는
이 젓가락의 문화유전자로
또 하나의 고개를 넘는 한국인 이야기.

이어령 유작 목록

채집시대로부터 농경, 산업, 정보화 시대를 넘어가는 거대한 문명의 파도타기!
평생의 지적 편력을 집대성한 최후의 저작 시리즈!

한국인 이야기 | 전4권

너 어디에서 왔니(출간)

해산 후 미역국을 먹는 유일한 출산 문화와 더불어 한국인이 태어난 깊고 넓은 바다의 이야기들. 아가미로 숨 쉬던 태아의 생명 기억으로부터 이어지는 한국인 모두의 이력서.

너 누구니(출간)

복잡한 동양사상과 아시아의 생활양식이 함축된 한국의 젓가락 문화를 통해서 한국인 특유의 생물학적 문화적 유전자를 밝힌다.

너 어떻게 살래(출간)

AI 포비아를 낳은 알파고와 이세돌의 바둑 대국에서 오히려 긍정적인 한국의 미래와 비전을 도출해내는 과학과 마법의 언어들.

너 어디로 가니(근간)

한국인이라면 누구에게나 있는 일제 강점기의 어두운 트라우마. 한국 근대문화의 절망, 저항, 도전, 성취의 4악장 교향곡이 아이의 풍금소리처럼 들리는 격동 속의 서정.

아직 끝나지 않은 한국인 이야기 | 전6권

내 마음은 방패연(가제)

연은 많아도 가운데 구멍이 뚫린 연은 오직 한국에만 있다. 대체 하늘을 향해 무슨 마음을 띄웠기에 가운데가 빈 연을 올렸던가. 유불선 삼교일체의 융합사상을 창조한 한국인의 지혜.

걷다 보면 거기 고향이 있었네(가제)

도시는 고향을 떠난 실향민의 눈물과 추억으로 세워진 탑이다. 대도시의 아파트에서 한밤중에 눈을 떠 땅속의 지렁이 울음소리를 듣는 디아스포라의 문명 읽기.

바이칼호에 비친 내 얼굴(가제)

한국인의 정체성을 담고 있는 내 얼굴은 생물과 문화, 두 유전자의 공간과 시간을 찾아가는 신체 지도이다. 얼굴을 통한 한중일 세 나라의 비교문화사.

어머니의 반짇고리(가제)

옷은 날개이고 깃발이다. 그것은 우리가 추구하는 진선미의 하나다. 어머니의 작은 바늘과 반짇고리 속에 담긴 한국인의 마음, 한국인의 문화 이야기.

얘야 밥 먹어라(가제)

아이들이 뿔뿔이 흩어져 제집으로 달려갈 때, 아무도 부르지 않는 빈 마당에서 저녁노을을 맞이하는 아이들. 한국 식문화의 어제와 오늘을 통해서 본 한국 번영의 출구.

강변에 세운 집(가제)

모든 문명은 그 시대의 건축과 도시로 축약되고 우리는 그 속에서 나와 민족의 정체성을 읽는다. 충격과 화제를 낳았던 강연 <건축 없는 건축>의 비밀스러운 내용.